臺灣歷史與文化 研究輯刊

五 編

第 15 冊

殖民地風景的現代性：
1930年代臺灣白話小說文體風格研究

李敏忠 著

花木蘭文化出版社

國家圖書館出版品預行編目資料

殖民地風景的現代性：1930 年代臺灣白話小說文體風格研究
／李敏忠 著 — 初版 — 新北市：花木蘭文化出版社，2014〔
民 103〕
目 4+198 面：19×26 公分
（臺灣歷史與文化研究輯刊 五編：第 15 冊）
ISBN：978-986-322-647-5（精裝）
1. 臺灣小說 2. 白話小說 3. 文學評論
733.08　　　　　　　　　　　　　　　　103001768

ISBN-978-986-322-647-5

9 789863 226475

臺灣歷史與文化研究輯刊
五 編 第十五冊　　　　　　ISBN：978-986-322-647-5

殖民地風景的現代性：
1930 年代臺灣白話小說文體風格研究

作　　者　李敏忠
總 編 輯　杜潔祥
副總編輯　楊嘉樂
編　　輯　許郁翎
出　　版　花木蘭文化出版社
社　　長　高小娟
聯絡地址　235 新北市中和區中安街七二號十三樓
　　　　　電話：02-2923-1455／傳眞：02-2923-1452
網　　址　http://www.huamulan.tw 信箱 hml 810518@gmail.com
印　　刷　普羅文化出版廣告事業
初　　版　2014 年 3 月
定　　價　五編 24 冊（精裝）新台幣 48,000 元

殖民地風景的現代性：
1930年代臺灣白話小說文體風格研究

李敏忠　著

作者簡介

李敏忠，臺灣梧棲（五汉）人。成功大學臺灣文學博士。曾任中學教師，現職高雄應用科技大學、臺南應用科技大學等校兼任助理教授。專攻殖民現代性、臺灣文學研究。著有《日治初期殖民現代性研究——以《臺灣日日新報》漢文報衛生論述（1898-1906）為主》（臺南：成功大學臺灣文學系碩士論文，2004）、《殖民地風景的現代性：1930年代臺灣白話小說文體風格研究》（新北市：花木蘭文化，2014），詩集《徵友啟事》（新北市：讀冊文化，2013.02）。

提　　要

　　整體而言，三〇年代臺灣知識分子已由政治運動轉為新文化運動。這從當時報紙、雜誌、文藝社團的繁盛可見一斑。就當時的臺灣白話文小說而言，受臺灣話文論爭及左翼時潮的影響，其書寫在報紙、雜誌等媒體上形成寫實、混雜而日趨成形的文體風格；而就其內涵來說，這些現代小說所摹寫的個體而內面的殖民地風景，實為寫實主義與現代主義的混雜產物。

　　就三〇年代臺灣白話文小說而論，這些作品既代表當時知識分子從事新文化運動的具體成果；在媒體上所形成的文體，更建構了臺灣人自己定義的話語場域。而這場域所暗含的語文同一性，既是威脅殖民統治的同化基礎，也是三七年殖民當局促使各界自動廢止漢文欄的主要原因。

　　但對三〇年代臺灣白話文小說的混雜文體風格、語文同一性等現代性意涵，戰後的文學研究並無給予太多的關注與詮釋，甚而將之忽略。舉凡論及臺灣的「現代主義」文學，大多從五〇、六〇年代談起。然則時至今日，臺灣文學研究已為學術體制內的一門學科，諸多日治時期的作家資料亦相繼出土、整理，使文學研究有更加完備、多樣的基礎。誠如所謂前人種樹，後人乘涼。故在此基礎上，本研究的目的有二：其一，提供戰後現代主義文學研究的參照。其二，借鏡西方固有的「文體風格即修辭」觀點切入，以舉證三〇年代臺灣白話小說的殖民地風景裡的現代性及其作家的在地性意涵。

緒　論 ··· 1
　第一節　問題的提出 ··································· 1
　　一、寫實，尚待檢視的概念 ·················· 1
　　二、現代小說的內涵？ ·························· 8
　第二節　分析方法 ····································· 11
　　一、文體風格，「style」的譯詞 ··········· 11
　　二、不同的方法來自不同的文體風格的界定 ··· 14
　　三、一種修辭手法的研究 ···················· 17
　第三節　先行研究回顧 ····························· 21
　　一、臺灣新文學史分期研究 ·················· 21
　　二、臺灣話文論爭的相關研究 ··············· 23
　　三、與文體風格相關的先行研究 ············ 25
　第四節　漢文、殖民地風景的書寫與研究目的 ····· 28
　　一、漢文與臺灣話文的意義 ·················· 28
　　　（一）漢文的認同意義 ····················· 30
　　　（二）漢文的啓蒙意義 ····················· 31
　　　（三）「漢文＝白話文＝臺灣話文」的在地
　　　　　　視野 ···································· 33
　　二、「殖民地風景」的提出 ·················· 37
　　　（一）是內外摹寫的風景 ·················· 39
　　　（二）是被殖民者個體彰顯的風景 ········ 41
　　三、研究目的 ···································· 43
　第一章　殖民地風景中的鄉土 ·················· 47
　第一節　〈以其自殺，不如殺敵〉的左翼鄉土 ····· 52
　　一、〈以其自殺，不如殺敵〉的作者疑議及其
　　　　定位 ··· 52
　　二、破敗的農村，「直抒」的文體風格 ····· 55
　第二節　楊逵的內面摹寫與「說謊」說 ········ 56
　　一、〈剁柴囝仔〉的內面摹寫 ··············· 58
　　二、楊逵的「說謊」說 ························ 60
　第三節　黃石輝的漢字觀與鄉土文學論 ········· 62
　　一、混雜而「便宜」的漢文書寫 ············ 62
　　　（一）混雜的文體不是「默不作聲」的例
　　　　　　證 ······································ 62

（二）「言文分立」、「便宜」的書寫立場 ···· 64

　　二、把臺灣規定做一個鄉土 ·················· 66

　小　結 ······································ 71

第二章　殖民地風景中的傳統 ················ 73

　第一節　「平衡」文體風格的尋索 ·········· 75

　　一、〈蛇先生〉的「平衡」文體風格 ······ 76

　　二、彳亍於現代繩索上的傳統 ············ 77

　　三、文如其人 ·························· 79

　第二節　「感傷」文體風格的批判與反襯 ···· 82

　　一、〈榮歸〉、〈興兄〉與〈脫穎〉的批判 ······· 82

　　二、〈秋信〉的反襯 ···················· 86

　第三節　啓蒙的文體風格書寫 ·············· 89

　　一、〈鬼〉的對比 ······················ 89

　　二、〈媒婆〉的訓誨 ···················· 91

　　三、〈王爺豬〉的質疑 ·················· 92

　小　結 ······································ 93

第三章　殖民地風景中的個體 ················ 97

　第一節　現代小說的個體意義 ·············· 97

　　一、歐洲現代小說的本義 ················ 97

　　二、坪內逍遙的「人情」說 ·············· 98

　　三、朱點人的「內面」說 ················ 99

　　四、「個體」是理會殖民地風景的依據 ···· 101

　第二節　兩性摹聲的文體風格 ·············· 102

　　一、女性解放的聲音 ···················· 103

　　　（一）「明朗」的文體風格 ············ 105

　　　（二）「內面」的文體風格 ············ 109

　　二、男性青澀的聲音 ···················· 111

　　　（一）〈浪漫外紀〉的酒神寓意 ········ 112

　　　（二）〈歸家〉的陌生感 ·············· 114

　　　（三）〈惹事〉的逃遁 ················ 115

　　　（四）單戀的〈無花果〉 ·············· 116

　第三節　雙重的敘事聲音 ·················· 119

　　一、殖民地心靈的聽筒 ·················· 119

　　　（一）〈島都〉青年的覺醒 ············ 119

（二）〈王都鄉〉的不具 ⋯⋯⋯⋯⋯⋯ 121

（三）〈鮮血〉的象徵 ⋯⋯⋯⋯⋯⋯⋯ 123

二、病與老的聲音 ⋯⋯⋯⋯⋯⋯⋯⋯⋯⋯⋯ 125

（一）〈蟬〉的領悟 ⋯⋯⋯⋯⋯⋯⋯⋯ 125

（二）〈老與死〉的苦笑 ⋯⋯⋯⋯⋯⋯ 127

三、獨語（自我對話）的聲音 ⋯⋯⋯⋯⋯⋯ 129

（一）〈爸爸！她在使你老人家生氣嗎？〉
的父權再現 ⋯⋯⋯⋯⋯⋯⋯⋯⋯ 129

（二）〈跳加冠〉的號跳 ⋯⋯⋯⋯⋯⋯ 130

（三）〈一個同志的批信〉的獨語 ⋯⋯⋯ 132

小　結 ⋯⋯⋯⋯⋯⋯⋯⋯⋯⋯⋯⋯⋯⋯⋯⋯ 134

第四章　殖民地風景中的語文同一性 ⋯⋯⋯⋯⋯ 139

第一節　現代標點符號的使用 ⋯⋯⋯⋯⋯⋯ 139

一、日治時代臺灣媒體的現代標點符號使用
概況 ⋯⋯⋯⋯⋯⋯⋯⋯⋯⋯⋯⋯⋯⋯ 142

二、漢文的語體化與現代標點符號的關聯 ⋯ 145

第二節　臺灣白話文的意義 ⋯⋯⋯⋯⋯⋯⋯ 148

一、漢文書寫的兩面性 ⋯⋯⋯⋯⋯⋯⋯⋯ 148

二、從章回到白話的速成習得 ⋯⋯⋯⋯⋯ 150

第三節　從發明傳統到現代個體的摹寫 ⋯⋯⋯ 154

一、「發明傳統」的可能——以黃純青的論述
為例 ⋯⋯⋯⋯⋯⋯⋯⋯⋯⋯⋯⋯⋯⋯ 154

二、從 1937 年漢文欄的「廢止」論臺灣白話
文的成形 ⋯⋯⋯⋯⋯⋯⋯⋯⋯⋯⋯⋯ 158

三、臺灣白話小說的文體風格 ⋯⋯⋯⋯⋯ 162

（一）混雜的文體 ⋯⋯⋯⋯⋯⋯⋯⋯⋯ 163

（二）現代主體的彰顯 ⋯⋯⋯⋯⋯⋯⋯ 165

小　結 ⋯⋯⋯⋯⋯⋯⋯⋯⋯⋯⋯⋯⋯⋯⋯⋯ 171

第五章　結論：侷限與思索 ⋯⋯⋯⋯⋯⋯⋯⋯⋯ 173

參考書目 ⋯⋯⋯⋯⋯⋯⋯⋯⋯⋯⋯⋯⋯⋯⋯⋯⋯ 179

附錄　小說分析文本刊行表 ⋯⋯⋯⋯⋯⋯⋯⋯⋯ 189

跋 ⋯⋯⋯⋯⋯⋯⋯⋯⋯⋯⋯⋯⋯⋯⋯⋯⋯⋯⋯⋯ 195

緒　論

第一節　問題的提出

> 每一件偉大的藝術品都有助於我們覺察到現實的一些新尺度。〔註1〕
>
> ——羅傑・加洛蒂（Roger Garaudy）

一、寫實，尚待檢視的概念

　　社會學研究已指出，因爲二○年代臺灣社會的重大轉變，〔註2〕使隨後三
○年代的臺灣人接受了——作爲臺灣社會、政治運動的另一面——的文藝與思
想活動。這可從 1932 年 1 月，文藝雜誌《南音》半月刊問世。以後文藝社團
（臺灣藝術研究會、臺灣文藝協會、臺灣文藝聯盟）、文藝雜誌（福爾摩沙、
先發部隊、第一線、臺灣文藝、臺灣新文學）相繼成立。《臺灣新民報》也從
1932 年 4 月 15 日改爲日刊，臺灣文壇呈現空前的盛況〔註3〕得到應證。雖然

〔註1〕　羅傑・加洛蒂（Roger Garaudy）著；吳岳添譯，《論無邊的現實主義》（中國
　　　　天津：百花文藝出版社，1998）頁 180。

〔註2〕　這些重大的轉變，如一九二一年之後，臺灣社會瘟疫已不再威脅，瘧疾也大
　　　　有改進，西醫的人數已比中醫多，連牛瘟也能夠肅清。現代性的社會運動就
　　　　是在此時發生的。教育也較普及，保守的農民已能積極採取新品種、新技術，
　　　　因而生產爲之提高。人民的移動性漸增加，腳踏車、汽車、卡車的使用也漸
　　　　普及，生活也稍有改進。尤其是一九二六年以後之死亡率之穩固的降低、自
　　　　然增加率之堅定上升的社會背景。總之，臺灣社會自二○年代經歷了重要的轉
　　　　變期。見陳紹馨著，《臺灣的人口變遷與社會變遷》（臺北：聯經，c1979，1997。
　　　　初版第五刷）頁 127。

〔註3〕　陳少廷編撰，《臺灣新文學運動簡史》（臺北：聯經，1981）頁 79。

當時的社會並非均質的整體，有其城鄉上的差距，但整體來說，上述的現象仍代表臺灣知識分子已有了新文化的需求。也就是說，三〇年代「新文化已成爲深具影響力的文藝、思想型式」〔註4〕。當然這不是說當時的政治與文化運動可以截然二分，反而是「兩面一體，絕不可分開而論」〔註5〕，這代表當時知識分子由政治抗爭轉向文化抗爭的思索。這樣的觀察可以從當時報紙、雜誌等媒體內容體認到，尤其是在複雜的殖民現代性（colonial modernity）〔註6〕衝擊下，思索著肆應之道及臺灣的前景。而所謂的殖民現代性，在此，以Gi-Wook Shin 的研究爲例作說明。Gi-Wook Shin 是將這個概念運用到韓國被殖民時期的現代性討論的美國學者〔註7〕。基本上，他以爲「對任何霸權過程的適當理解，必須考慮到對抵抗霸權聲音的辯證關係。」〔註8〕以韓國來說，日本殖民時期殖民者雖透過學校和大眾媒體發起統治意識形態，但韓國人在早期社會、知識的和政治形式的意識下，對現代性、殖民主義與民族政治／認同多樣刺激的反應過程中，是採取與殖民霸權競爭的立場，因而使現代性被複雜化。

換句話說，韓國的日治時期，其現代性的發展是殖民者與被殖民者競合、彼此互動的複雜歷程。因此，複雜化是理解殖民歷史的前提，否則「殖民主義、現代性和民族主義這樣二分概念」〔註9〕將持續存在，也就無法認清「殖民現代性」的作用；而且他也指出「在日本統治下，韓國殖民現代性

〔註4〕 《臺灣的人口變遷與社會變遷》，頁490。

〔註5〕 朱鋒（莊松林），〈不堪回首話當年〉。作於1954年10月10日，原載於《台北文物》3:3（臺北市文獻委員會，1954.12.10），見《日據下台灣新文學明集5 文獻資料選集》，（臺北：明潭，1979）頁392。

〔註6〕 提出「殖民現代性（colonial modernity）」概念的學者，據目前所見，應是伊朗裔美國文化論述與思想史學家 Hamid Dabashi（1951-）在其著《不滿的宗教理論（Theology of Discontent（1993; 2005））》所提出的術語。該書提及啓蒙現代性的歐洲計畫爲世界其他地方弔詭的接受，藉此指出非歐洲人，在否認其歷史能動性的當時是被精確分配的主體。在其論文《伊斯蘭與西方：文明化（For the Last Time: Civilizations）》，他亦斷定「伊斯蘭與西方」之間的成對位置，作爲對歐洲現代性與世界其他低級地方，如同中心對周圍之間引起一個想像中心的主要敘事策略。

〔註7〕 另外，將研究視野深入東亞的學者，如華盛頓大學歷史系教授，專研中國近代婦女史研究的 Tani E. Barlow。

〔註8〕 Gi-Wook Shin and Michael Robinson, eds., *Colonial modernity in Korea*, Cambridge, Mass.: Harvard University Asia Center, 2004, c1999.p.9.

〔註9〕 *Colonial modernity in Korea*, p.6.

的不規則擴散，在持續的文化霸權複雜的領域內，創造一個建構身分多樣的、競爭形式的潛力。」〔註10〕簡言之，「殖民現代性」的提出讓吾人理會到殖民支配與殖民地社會的互動是彼此滲透，無法單一而論的辯證關係。同樣的，日治初期臺灣人對現代性的追求也呈現一種殖民理性與在地理性相互交雜、滲透的動態肆應關係。〔註11〕

　　就文學研究而言，戰後的文學批評視野限於諸多文獻、史料未見充足等因素，對於日治時期的文學研究卻少有前述複雜化的理解，而多以「寫實主義（realism）〔註12〕」或「鄉土文學」的單一角度給予描述或評價。然而隨著臺灣文學成為一門學科之後，更多、更完整的文獻、資料的整理、出土，上述的研究視角，實有補充或重新檢視的必要，以增其研究的豐厚性，避免予人一種——反映日治殖民壓抑僅有「寫實主義」手法——的印象。雖然在反映被殖民者的苦境上，「寫實主義」手法的確具有一定的效果。但細究過去以「寫實主義」概括日治時期臺灣新文學風貌的說法，似乎暗示當時臺灣新文學也與歐洲小說（由古典走向浪漫，再由浪漫走向寫實以至現代主義）的發展路數同步（難道我們不可能同時吸收這些歐陸的文學思潮嗎？）；一旦有此概括，就無須細究臺灣新文學「寫實主義」的實質內涵？換言之，在筆者看來，日治時期臺灣文學的「寫實主義」，此概念本身就待釐清、分析。

　　關於文學「寫實主義」，在二○年代臺灣知識分子的話語當中，如甘文芳在〈現實社會與文學〉（実社会と文学）一文就已被提出。他說：「文學與生活之間存在著根本的嚴肅認真的往來關係，文學並非根據不同於偉大文豪或

〔註10〕 *Colonial modernity in Korea*, p.14.
〔註11〕 詳見拙論，《日治初期殖民現代性研究——以《臺灣日日新報》漢文報衛生論述（1898～1906）為主》（臺南：成功大學臺灣文學研究所碩論，2004）。
〔註12〕 與 realism 相應的中文譯詞，大抵有「現實主義」與「寫實主義」兩種。前者如所謂「國際政治的現實主義」，此屬政治學的觀點以為這個世界原是不完美的，是人性內在各種力量所促成的結果。為了改進這個世界，人們必須運用這些力量（權力），而不是逆之而行。見廖中和著，《國際政治的理想主義與現實主義》（台北：台灣商務印書館，1985）頁 120；或者如日人近藤伸二描寫面對國際現實的打壓仍流露樂觀氣質的臺灣人，其「現實」的觀察得出：「臺灣人即使有一些失敗而產生逆境，但是也不會消沉太久，搞不好已在想下一個事情。他們一面受大國的捉弄，一面也堅韌地度過」近藤伸二著，〈第 4 章　臺灣人気質と日常生活〉，《続・台湾新世代—現実主義と楽観主義》（東京：凱風社，2005.10）。這裡近藤的「現實主義」也屬國際政治學的用法。而本文則採用切合歷史現場用語的「寫實主義」譯詞。

任何人所具有的性質而被創造出來的產物，毋寧說是徹徹底底地擁有民眾之心，深入現實生活的最底層，顯現人們的七情六慾，並大量擁有的存在物。」〔註13〕雖然此文並無論及寫實主義文學之名，但實已回顧了十九世紀末以降自然主義、新浪漫主義的進路，並具體地提出「平民」、「現實生活」等寫實主義的文學觀點。而且此文的出現，對當時留日的臺灣學生與閱讀《臺灣青年》的臺灣讀眾來說，對「寫實主義」此早已普遍的外來語理應已有相當程度的理解。〔註14〕

再如1925年蔡孝乾在〈中國新文學概觀〉〔註15〕論及當時中國新小說特色所描述的，當時中國作家取材是「平民社會如農家、男女織工、車夫等的貧苦情形。」這裡所說的「平民社會」與十九世紀歐洲的「寫實主義」作家的立場是一致的。接著，他藉由評論魯迅及其作品《吶喊》而提到「寫實主義」文學的另一個前提——「客觀」態度。〔註16〕文中他指出魯迅的「客觀」描述，與對人間進行「何等醜惡、何等卑劣，赤裸裸展開給我們看」的話語形成有趣的對照。在此，蔡孝乾無疑指出了「赤裸裸展開給我們看」的寫實主義文學的另一面——「主觀」目的。〔註17〕

總之，就上述二例可知，二○年代臺灣知識分子已普遍認知、宣揚並實踐此「寫實主義」的文學觀〔註18〕。到了三○年代，「寫實主義」的文學觀仍持續出現在時人的論述當中，如1934年楊逵對「寫實主義」的界定。楊逵以為：「進步的文學原是主動積極的，也就是寫實主義。如果主動、積極的文學不是立足於寫實主義的話，目前就有陷入所謂法西斯主義的危險；沒有穩固的社會基礎，就是虛假的文學。……只看得見眼前、看不見明天的東西，這並不是真正的現實主義，而是自然主義的殘餘。」〔註19〕這裏，「寫實主義」文

〔註13〕 見《臺灣青年》3:3（1921.9.15），頁33～34。
〔註14〕 這樣的理解基礎來自其時代的思潮背景。大正間日本已出現作為「realism」相應的「寫實主義（リアリズム）」藝術術語。見吉沢典男等著，《外來語の語源》（東京：角川書局）頁667。
〔註15〕 該文連載於《臺灣民報》第三卷第十二號到十七號（一九二五年四月二十一日至六月十一日）。
〔註16〕 〈中國新文學概觀（四）〉，《臺灣民報》第三卷第十五號（一九二五年五月廿一日）。
〔註17〕 在此，本研究無意探究魯迅對其文壇的影響，而是著眼於作為文學信條的「寫實主義」概念本身。
〔註18〕 作品如賴和的〈一桿「稱仔」〉（1925.12.4），《臺灣民報》92、93號，1926.2.14、21。
〔註19〕 見其著，邱振瑞譯，〈藝術是大眾的（1934）〉，收於彭小妍主編，《楊逵全

學則代表一種「進步的」、不「虛假的」文學。

　　然則甘文芳、蔡孝乾、楊逵等人縱使在「反映現實」的「寫實主義」文學立場上差異不大，但在寫作的要求上，楊逵卻有具體、細膩的方法論（容後詳述）的提出。此外，三○年代的臺灣新文學，除了「寫實主義」文學，實際上也出現了其他風格的作品。在 1933 年 9 月《臺灣新民報》上，清葉就曾提及都會文學和農村文學同時是當時出現的文學型式，前者即是所謂的「現代主義和新感覺派」〔註20〕作品。無獨有偶的，1933 年底劉捷在《福爾摩沙（フオルモサ）》〔註21〕發表的〈一九三三年的臺灣文學界〉（一九三三年の臺灣文學界）〔註22〕中亦提及「心境小說」〔註23〕又開始在內地流行起來，「並在臺灣不斷地擴大氣勢」的文壇情況；並預料臺灣文壇未來也會與內地「文藝復興」的呼聲一起，與嶄新的「純文學」一起精進。〔註24〕雖然卒讀此寄望「具有社會、科學性的作品」誕生的文章，很難不給人一種「很不果敢」、「模棱兩可」的印象，〔註25〕但從這篇希望未來有「馬克思派」的傑作出現，並提及「感覺藝術派」風潮以及「現代主義（モダーニズム）〔註26〕、無意義（ナンセンス）、色情主義（エロティシズム）」等時興名詞的文章裡，吾人大抵得知「寫實主義」、「現代主義」文學並存於三○年代文壇的實況。

　　而饒富興味的是，戰後葉石濤評論曾發表「怎樣不提倡鄉土文學」、「再

集　第九卷　詩文卷（上）》（臺南：國立文化資產保存研究中心籌備處，2001）頁 138。

〔註20〕見清葉著：吳枚芳譯，〈具有獨特性的臺灣文學之建設——我的鄉土文學觀〉，《文學台灣》38（2001.4.15），原刊於 1933.9.4《臺灣新民報》。另收錄於中島利郎編，《一九三○年代臺灣鄉土文學論戰資料彙編》（高雄：春暉，2003）頁 329。

〔註21〕該刊於東京發行。從一九三三年七月十五日至一九三四年六月十五日為止，前後僅發行三期。

〔註22〕原載於一九三三年十二月三十日，《福爾摩沙》2。今收錄於中島利郎編，《一九三○年代臺灣鄉土文學論戰資料彙編》（高雄：春暉，2003）。

〔註23〕案：心境小說（しんきょうしょうせつ）是日本小說兼劇作家久米正雄（1891～1952）在〈私小說與心境小說〉（私小說と心境小說，1925）評論中開始使用的「純文學」用語，意指作者一面描繪自己所觸及的日常生活，一面藉由小說中筆致將自己的心境調入的小說。代表作家有志賀直哉、尾崎一雄等。

〔註24〕《一九三○年代臺灣鄉土文學論戰資料彙編》（高雄：春暉，2003）頁 491～492。

〔註25〕見毓文，〈同好者的面影（二）〉，《臺灣新文學》1:4（1936）頁 88。

〔註26〕日治時期，特指自大正末期到昭和初期新感覺派、新興芸術派等一系列的文學、藝術運動的總稱。

談鄉土文學」等評論，而掀起三〇年代「鄉土文學／臺灣話文論爭〔註27〕」的黃石輝時，葉石濤則以為其「鄉土文學」主張即是只描寫「臺灣事物」的文學，因為葉石濤相信「臺灣話文的文法，文字都可應用漢文建立起來」，故其文學「必定會往寫實主義的路上跑。」〔註28〕

　　無獨有偶，後繼的評論者更將「寫實主義」擴大為臺灣新文學的主流地位，如梁明雄即指出日據時期的臺灣，不論是城鄉，一般人民的生活艱苦，謀生困難，因此不只農民，其他各行各業的庶民百態，也都成了作家取材的對象。因此，這種「具有鮮明的地方色彩，而反映臺灣人民生活的現實主義文學，即是以寫實的筆鋒，真實地描繪生息於斯的土地和人民，因此日據時期作家所寫以鄉土為主題的文學，基本上即是一種鄉土文學，而這也是日據時期文學的主流和臺灣文學的傳統。」〔註29〕這樣的話語，相較於三〇年代臺灣文壇的實況，與其說是一種後設的文學史論，毋寧說是主觀的思維產物。

　　而類似的主觀思維，同樣發生在劉紀蕙的論述當中，她從楊熾昌、林亨泰的詩論考察，擴而得出臺灣文學史中有「前衛」與「本土」的對抗宿命。她以為在尋求「台灣文學史」的呼聲高漲時，「前衛每每會被壓抑而隱沒」；並有「『台灣』等於『本土』，『本土』等於『鄉土』、『民族』與『社會寫實』，以至於以趨向異己而尋求變革的前衛藝術與文學時常被「台灣文學史」排除在正統之外。」〔註30〕的說法。進而她提出對戰後臺灣文學史編寫者意識形態的觀察，如下：

　　　　臺灣文學的「正常」是所謂的「新文學運動」，此「新文學運動」
　　　　無法放棄寫實身分政治，**文學創作以國族立場與本土精神為前提，**
　　　　而無法嘗試接納異於己的他者經驗與翻轉現實的形式實驗，使得從
　　　　語言改革為起點的台灣新文學卻轉變為民族意識高昂與改革文化
　　　　的社會寫實運動。台灣現代文學場域中反覆出現的這種意識形態矛

〔註27〕此「鄉土文學／臺灣話文論爭」的表記，乃引用陳淑容的用法。相關討論請見其著，《一九三〇年代鄉土文學／臺灣話文論爭及其餘波》（臺南市立圖書館，2004 年 12 月）頁 1～4。如是的表記在於呈現該論爭議題的兩面性。然求書寫之便，下文皆以「臺灣話文論爭」示之。

〔註28〕葉石濤著，《臺灣文學史綱》（高雄：春暉出版社，1991）頁 26。

〔註29〕梁明雄著，《日據時期臺灣新文學運動研究》（臺北市：文史哲，1996）頁 254。

〔註30〕劉紀蕙著，〈前衛的推離與淨化：論林亨泰與楊熾昌的前衛詩論及其被遮蓋的際遇〉，周英雄，劉紀蕙編，《書寫臺灣：文學史、後殖民與後現代》（臺北：麥田，2000）頁 143。

盾，揭露了企圖依附父祖而推離自身／異己的恐個人化現代之徵

狀。〔註31〕（粗黑體為筆者所加，以下各章節引文皆然，不再贅註。）

然則誠如上述所言，日治時期台灣文壇早有「現代主義」、「寫實主義」文學
並存的現象，其所謂「前衛」與「本土」的對抗局面云云實有簡化、忘却前
述「殖民現代性」的複雜理解之嫌；上面的論述不僅簡化，更逕與戰後文學
史編寫者的「國族立場與本土精神」等意識形態混為一談。筆者以為，縱使
戰前「前衛」如楊熾昌的超現實主義詩作備受批評甚而不被理解，但其主張
仍是殖民體制下，動態的殖民現代性肆應產物；更遑論將其遭遇與戰後「『台
灣』等於『本土』，『本土』等於『鄉土』、『民族』與『社會寫實』」云云的
立論作聯繫。而更值得商榷的是，在劉紀蕙的論述裡，我們看不到她對「本
土」內涵的界定。

　　若「臺灣」等於「本土」是在主體性的形塑與展現的「本土化」〔註32〕
思維上說的，則「本土」是文學史編寫再自然不過的想像。然則我們所關注
的不僅於此，若它等於「鄉土」、「國族」與「社會寫實」，那麼其「現代」內
涵呢？林載爵在 1997 年 11 月 9 日一場名為「關於臺灣現代小說史」座談會中
即以為，日本人佔據臺灣之後，就應該算是進入了臺灣現代史的階段，因此，
臺灣現代小說史也就應該包括日據時代的臺灣小說，然後再進入 1949 年以後
的當代。〔註33〕這個觀點，獲得與會座談的李孝悌贊同，進而李以為欲討論
臺灣文學史上的現代化，「還是要從 1920 年代初開始〔註34〕」。而另一位與會
的東年則準確地觀察到 1920 年代，對於臺灣整個經濟、政治、社會的運作，
以及知識分子的起源具有的意義。「特別是當時的作者，已經開始現代化的書
寫。〔註35〕」這個面向。此外，日治時代的新舊文學始終是並存的，而其時
的知識分子也未必壁壘分明地分處新、舊兩端。換言之，戰後的文學研究應
該超脫二元對立的思維看待日治時期的文學發展。而更重要的是，三〇年代的
臺灣作家早有將「臺灣」視作「本土」或「鄉土」的提法；而且他們追求文

〔註31〕　《書寫臺灣：文學史、後殖民與後現代》，頁 159。
〔註32〕　簡而言之，「本土化」乃一具特定空間意涵之關係的啟動式活動，指向的是一
　　　　　個地區之自主性的追求和肯定，也是主體性的形塑和展現。見葉啟政對社會
　　　　　研究「本土化」主張的解讀，見其著《社會學和本土化》（臺北：巨流，2001）
　　　　　頁 110。
〔註33〕　〈關於台灣現代小說史〉，《聯合文學》14:2=158（1997.12）頁 110。
〔註34〕　〈關於台灣現代小說史〉頁 110。
〔註35〕　〈關於台灣現代小說史〉，頁 114。

學的現代化之際，卻從不把「寫實」說死。

因此，雖然臺灣側重「社會反映」的寫實主義文學乃日本殖民統治下臺灣新文學的主流，並建立了堅實的反抗強權、啓蒙大眾的傳統，爲臺灣文學樹立典範。相形之下，有論者指出，戰前的現代主義作家所重視的「心理的寫實」則有別於人道關懷者或是馬克思主義文學家強調的「社會寫實」。〔註36〕而實際考察三〇年代臺灣白話小說的書寫，即使以反映殖民地境況爲依歸的寫實主義取向的小說裡，人物「心理的寫實」的描繪仍是作家多所著墨的技巧；然而所謂「心理的寫實」，不也是「社會反映」的一環？因此，「寫實」的內涵，經常因時因人而異，它並非是一個無須檢視的概念。

二、現代小說的內涵？

回顧戰後的文學研究，論及所謂「現代主義」，不外是從五〇、六〇年代談起；或直指臺灣文學的發展，乃因政權的更迭、斷裂，而阻絕了現代主義文學的傳承，而有三〇年代的「萌芽」與五〇、六〇年代的「再起」說法。據研究者陳美美指出的，臺灣現代主義曾有過兩次的引進：第一次在一九三〇年代。誠如施淑所指出的，受到日本現代文學的影響，透過留日青年，引進新感覺派與超現實主義，且開始出現帶有日本現代主義文學耽美與頹廢風格的作品。〔註37〕這是臺灣現代主義的萌芽期。「隨著日據的結束，這一次的現代主義文學並未能在當代形成一股普遍風潮，也未對後代造成太多直接影響。」而第二次台灣引進現代主義則是在一九五〇年代開始，在六〇年代達到高峰。〔註38〕

對三〇年代現代主義小說的考察，陳美美以早期的巫永福與翁鬧的少數日文作品爲例，指出他們較符合新浪漫派或新感覺派的美學特質，以及作家初步將視角由外在寫實的關心，轉移到內心所遭遇到的問題及內心真實聲音的表露。但她進一步以爲，「由於大部分的作品並沒有運用標準西方現代主義小說所標記的哲理思維與意識流、自由聯想等技巧，因此頂多只能算是運

〔註36〕黃建銘著，《日治時期楊熾昌及其文學研究》（臺南：成功大學歷史學研究所碩論，2002.6）。

〔註37〕施淑著，《兩岸文學論集》（臺北：新地文學出版社，1997）頁 119～120。

〔註38〕陳美美著，《臺灣現代主義文學的萌芽與再起》（佛光人文社會學院文學研究所碩論，2004.6）。

用內心獨白的心理小說而已，尚不能算是完全的現代主義小說。」〔註39〕

　　對此，本研究將不以「標準西方」的技法來衡量三○年代臺灣文學的發展，而是以不同系譜的角度來看待，畢竟對外來文學思潮的引進，這引進本身就是揀擇的過程。而外來思潮的落地開花，自然會因各地風土的不同而有不同的在地面貌。此外，在日文小說興起的同時，臺灣白話小說的現代化角色也不宜小覷。從時序上來說，臺灣現代小說從臺灣白話文轉換成日文的書寫，這期間的變化並非是一分為二的歷程；從臺灣白話文／寫實主義過渡到日文／現代主義文學的歷程裡，其間兩種語文的轉換是有其過渡與重疊性。筆者以為，當時寫實主義與現代主義文學同樣是現代小說的產物。由於臺灣重層、壓縮的現代化歷程，當時寫實主義與現代主義文學的關係，與西方的發展並不相類，兩者毋寧說是「你中有我，我中有你」的混雜出現於新文學作品裡。不管是先前的臺灣白話小說，或是日後的日文小說皆然。而這樣的現象正反映了「後進」的臺灣，在吸納「早先」的西方「寫實主義」與「現代主義」文學思潮時的「同時性」、「混雜性」的臺灣文學的在地性格。

　　而回到「寫實主義」文學上來說，所謂「寫實主義」終究是後設、概括的方便用語，其內涵恐怕是難以說盡、界定的。它之所以難以界定或不被信任的根本原因，在於「真實（reality）」本身的難以界定。〔註40〕不僅如此，面對日治殖民壓迫的「真實」，「寫實」手法亦未必是當時作家唯一的書寫策略。譬如楊熾昌於1980年11月7日《聯合報》發表的〈回溯〉一文即清楚交代他以超現實主義作為書寫策略的時空背景。他說：

> 在舉目皆非的環境下，要想有所作為實非易事，處境之艱難實非局外人所能瞭解，其中尤以寫實主義為甚，以文字來正面表達抗日情緒，雖是民族意識的發揚，……又有誰能逃過日帝的掌力。筆者以為文學技巧的表現方法很多，與日人硬碰硬的正面對抗，只有更引發日人殘酷的犧牲而已，唯有以隱蔽意識的側面烘托，推敲文學的表現技巧，以其他角度的描繪方法，來透視現實社會，剖析其病態，分析人生，進而使讀者認識生活問題，應該可以稍避日人凶焰，將

〔註39〕陳美美著，《臺灣現代主義文學的萌芽與再起》（佛光人文社會學院文學研究所碩論，2004.6）頁130。

〔註40〕Damian Grant, *Realism*, London : Methuen, 1970. p.4；參酌譯文，Damian Grant 撰：蔡娜娜譯，顏元叔主譯，《寫實主義》（臺北市：黎明，1985）頁5～6。

> 殖民文學以一種「隱喻」的方式寫出，相信必能開花結果，……有
> 鑒於寫實主義備受日帝的摧殘，筆者只有轉移陣地，引進超現實主
> 義。〔註41〕

依上文所示，殖民壓迫仍是當時臺灣人共同面對的「眞實」，然對楊熾昌而
言，以「隱喻」的方式才是使殖民文學得以維繫的書寫策略。因此，在文學
功能上來看，無論是寫實主義或者超現實主義，它們都可能是時人回應殖民
體制的書寫策略。

　　換言之，理解臺灣新文學的發展，「寫實主義」未必是唯一的路數，更無
須先見地落入「寫實的泥淖」當中〔註42〕。畢竟文學或藝術的寫實無非是作
者所再現（represent）的眞實，誠如張慶堂在〈老與死〉〔註43〕這篇敘述四十
八歲農民烏肉兄體弱多病，妻死後，憑著頑強的生命力與責任感，與六歲小
女相依爲命的小說。在其平素的筆調裏，卻眞實地反映了人世的常理：

> 這酸苦的東西，可說完全是由他底熱情的良心所壓泄了出來的，因
> 爲雖然他是這麼硬著嘴巴，背著良心說是不老！其實「老」這東西，
> 老早就已經是偷偷地找他來。在他並不是完全不發覺的，像皮膚逐
> 漸地寬鬆了去，雞腸似的筋條是多麼樣地浮顯了起來。並且牙齒也
> 是漸少了，腰骨要想挺直起來須要很費力……這完全是老下去的象
> 徵！顯然又是連他自己都不能不相信的事呢。可是他因深怕自己置
> 身於昏闇底恐怖的環套裏去，於是乎便用「我是不能老下去喲！」
> 這十足滑稽的心情去填補他底心房的空虛。〔註44〕

由於「架在身上」養育女兒的責任，使烏肉兄不自主地升起生之欲望，藉以
對抗老與死的宿命。然而老態卻不因而減緩，面對這樣的困境，敘事者極其
細微地摹寫出烏肉兄不服老的內心世界。因此，筆者以爲這樣的摹寫，與其
說是寫實文體展現，毋寧說是極富「現代」感的內面書寫。正如西方所謂反

〔註41〕楊熾昌著，葉笛漢譯，呂興昌編訂，《水蔭萍作品集》（台南：台南市文化中
　　　　心，1995）頁224～225。
〔註42〕這裡所指的「寫實的泥淖」，意指在眞實、不眞實之間的無謂討論。或謂「眞
　　　　實」或「眞理」根本無法一如切片般的被展示；「眞實」根本不存在，只有心
　　　　理上的眞實；文學世界是虛構的或是部分的眞實。筆者以爲文學的「寫實」
　　　　涉及的是書寫者的再現，這是文學虛構的價值。簡言之，文學無須在寫實或
　　　　不寫實的概念上打轉。
〔註43〕本篇作於1936年3月9日十一時，原載《臺灣新文學》1:7（1936.8.5）。
〔註44〕《陳虛谷、張慶堂、林越峯合集》（臺北：前衛，1990）頁152。

寫實主義的卡夫卡的作品、畢卡索（Pablo Ruiz Picasso, 1881-1973）所謂「立體派（Cubism）」的繪畫思維一樣，被視爲「非寫實」的寫實主義藝術。在羅傑・加洛蒂（Roger Garaudy）的眼中則是「更合乎人情的、更爲現實的狀態〔註45〕」的作品。

　　總之，無論是「寫實主義」或是「現代主義」文學，它們都或濃或淺地成爲臺灣現代小說書寫的趨向。據此，本研究將從現代小說的文體風格著眼，以探索三○年臺灣白話小說的內涵。

第二節　分析方法

一、文體風格，「style」的譯詞

　　說到「文體風格」，本節先從英語的「style」說起。在《牛津英語辭典》（O. E. D, SECOND EDITION 1989）對 style 有如下的解釋：

13. a. 一位特殊作家（包含演説者），或一個文學團體或時期的表現的手段；被視爲一位作家在明晰、有效、美等等的表現方式。

　　　〔註46〕

　　c. 眾所周知的片語，文如其人。〔註47〕

14. 一般的意義：不屬思想或表達問題的內容，而是文學作品的形式和表現的特色。經常用語如：好或美好的文體風格。〔註48〕

15. 論述的方式，或講話的語氣，對他人講話或普通的交談所採用的方式。〔註49〕

綜合上述 13. a. c. 14. 與 15.等項的解釋，「style」既有書寫、言辭兩種的「語

〔註45〕羅傑・加洛蒂（Roger Garaudy）著；吳岳添譯，《論無邊的現實主義》（中國天津：百花文藝出版社，1998）頁 179。

〔註46〕原文：The manner of expression characteristic of a particular writer（hence of an orator）, or of a literary group or period; a writer's mode of expression considered in regard to clearness, effectiveness, beauty, and the like.

〔註47〕原文：Proverbial phr. the style is the man.

〔註48〕原文：In generalized sense: Those features of literary composition which belong to form and expression rather than to the substance of the thought or matter expressed. Often used for: Good or fine style.

〔註49〕原文：A manner of discourse, or tone of speaking, adopted in addressing others or in ordinary conversation.

言形式」的指涉，亦有個人或集體「風格」的指涉。而在日語，對「文體（ぶんたい）」的界定，也與《牛津英語辭典》的解釋相近，如『国語学大辞典』的解說：「文體是基於語言表現面向的特殊性。一般而言，是指書寫語言。文章表現的風格（style）。」〔註50〕這裡的「文體」即兼具「語言形式」與「風格」的意涵。

據此，「style」的譯詞經常有「文體」與「風格」的兩種。後者，可溯及古典意涵，亦可廣泛運用於文學、藝術乃至人物品評上，不一而足；至於前者，則經常用於語言形式的指涉上。而本研究實際操作上即兼具文體與風格兩項意涵，故採用「文體風格」這樣的折衷譯詞，以切合既著眼於現代小說的語言形式，亦關注其風格展現的研究目的。

關於語言形式，先從「言文一致」的近代思維說起。在日本，所謂的「言文一致」體是指明治前期神田孝平（1830～1898）〔註51〕所主張的，「依據平常說話的語言寫文章」（平生說話ノ言語ヲ以テ文章ヲ作ル），選擇口語著手書寫精鍊、漂亮的口語文的文體。〔註52〕

二十世紀初，中國白話文運動者主張以新的拼音文字作爲教授中國文字的工具，以取代漢字。這些革命性的主張即是呼應「言文一致」的語體化要求。〔註53〕而後「文言文」的廢除在其全國教育政策上獲得確認〔註54〕。當時這些改革者主張「口語是生動的語言，是創造生動的中國文學的唯一媒介」

〔註50〕見麻原美子編，《日本文學及其語言》（日本の文学とことば）（東京：東京堂，2007）頁74。

〔註51〕神田孝平（1830～1898）經濟學者、政治家。生於美濃。與福沢諭吉一起介紹英國經濟學到日本的先驅者。歷任兵庫縣長、元老院議官、貴族院議員。著「経済小学」「和蘭政典」等。（大辞泉）

〔註52〕1884（明治17）年神田孝平在「文章ヲ読ム」（『東京學士会院雜誌』七卷一号）一文中爲近代文体論，最先主張「言文一致」的口號而廣受注目。轉引自陳伯陶，〈明治前期言文一致体の発生と挫折──『浮雲』を中心に〉，《淡江學報》第三十六期（1998.07）頁75。另見〈近代文体發生史年表〉，山本正秀著，《近代文体發生の史的研究》，（東京：岩波書店，1965）頁789。

〔註53〕其主張最後沒有實現，但其思維卻產生重大意義。見周策縱原著，楊默夫編譯，《五四運動史》（臺北：龍田出版社，1981.1）頁409。

〔註54〕1919年10月，中國教育聯合會決議，要求政府將白話文提昇爲官話。1920年秋天，教育部訓令全國國民小學一、二年級國文改爲白話文。三月，教育部命令小學各年級廢棄文言文。白話文的採用迅速地遍及中學及高中，1920年及1921年間，白話文已被視爲「國語」。同時，中國的「注音符號」也在1918年到1919年間完成了。《五四運動史》，頁415。

的話語，即是與上述日本的「言文一致」主張相一致的近代思維。

同樣的，在三〇年代的臺灣，力主臺灣話文的要角郭秋生亦主張書寫「言文一致」的文體〔註55〕，他說：

> 什麼叫做臺灣話文？對這命題捷說一句，就是臺灣語的文字化啦！……作文的時候，只將自己要說的話一五一十寫落紙面，也不用苦苦思索什麼適合的字句，來間接的表現，又在受的人一邊，一句話就是一句話，可即時徹底對方人的意思表示，不免揣料字義的含糊，又不免三翻五覆去會意，……簡接的表現言語的文句，大都以三分表言七分合意爲特色。所以作者的眞情，在讀者往往有兩人異見，這在言文一致的文字可免。〔註56〕

郭秋生在此所「捷說〔註57〕」臺灣話文的話語，即是力主「將自己要說的話一五一十寫落紙面」而避掉揣料字義的可能（亦即「言文一致」的主張），藉此作爲臺灣話的文字化的理論基礎。

總之，二十世紀日本、中國、臺灣三地的語體化改革者聲言的「言文一致」主張，主要著眼於語言形式的「文體」觀，是近於西方文學批評術語 style 的概念。回到三〇年代的小說來看，如蔡秋桐後期作品的〈王爺豬〉〔註58〕既有「語言形式」上的文體意義，亦有其一貫「風格」的展現。底下以該作的一段文字爲例：

> 整個庄的弟子這時候大家都端端正正跪在壇口，等王爺公鑒納過的啓示——聖筶。出其不意，攻其不備，S 大人豬檢印的，應該是歸去了的，這時忽然又同夫乳腳瓦部長，引率一隊應援的部隊來了，由庄頭起開始大搜查，太屬害，各人帶有他們特別爲要搜查而考案（こうあん，發明）的鈎仔，他們的搜查法若提出論文，這搜查偷刣豬博士定必通過！一入灶腳將鈎子向鑪裏鈎來鈎去，如有發見著豬

〔註55〕當然「言文一致」主張的支持者不止於郭秋生，如同樣支持臺灣話文的黃純青、黃石輝亦然。在此以郭秋生之論作例。

〔註56〕郭秋生《建設「臺灣話文」一提案》，原刊《台灣新聞》，1931 年 7 月 7 日，連載三十三回。今收錄於中島利郎編，《一九三〇年代臺灣鄉土文學論戰資料彙編》（高雄：春暉，2003）頁 47。爲求行文之便，下文引用此書者皆以《彙編》示之。

〔註57〕捷，原有敏、疾之意。按其文意，當爲「直接」之意，故「捷說」即臺灣話「直講」、「簡單講」。郭秋生省略「說」、「講」臺灣語音的不同，認爲只要了字，隨即可讀出正確的臺灣話音，如讀「捷說」即能會意爲「直講」、「簡單講」。

〔註58〕原載於《臺灣新文學》第一卷三號（1936.4.1）。

> 毛或羊毛，就是偷剖的被疑者了，早上歡天喜地的善男信女，現在
> 呼天喊地了，除起在壇口跪求著王爺的弟子而外，個個都是驚惶失
> 措！〔註59〕

通篇小說除了是以臺語對話鋪陳情節之外，在「王爺」信仰的敘事裡，仍寫
實地屢入如「夫乳腳瓦」部長（古川ふるかわ，取其諧音）、被疑者（ひぎし
ゃ，嫌疑犯）等日語詞彙。此外，就其文體風格來說，小說巧妙運用諧擬以傳
達其一貫的諷刺風格。相對於日文的書寫，漢字並非臺灣作家無以避免的他者，
而是其固有的文學語言；然則更重要的是，它是臺灣話文論爭後的演練、實踐，
即使是混雜的文體，使「言文一致」的初衷無以落實，但這具體的書寫，更促
使新文學作家領略漢文書寫的傳統資源。筆者以為傳統的「文白異讀」、「言文
分立」即文字與語言分離的書寫習慣，雖使「言文一致」的目標無法實現；但
相反的也使語體漢文得以橫跨臺灣話文、中國話文兩種文體，亦即可以這兩種
語言「默讀」，如所引〈王爺豬〉（1936）小說即是一例〔註60〕。至於人物的摹
寫，不僅再現了那些「善男信女」的驚惶失措，更是對王爺信仰終究脫離不了
殖民當局的干擾而失去其莊嚴性，批判的風格展現〔註61〕。

二、不同的方法來自不同的文體風格的界定

誠如前述，自古以來「文體風格」有諸多的界定，譬如：1. 文體風格即
修辭（style as rhetoric-Gorgias）；2. 文體風格即形式（style as form-Aristotle）；
3. 文體風格即雄辯術（style as eloquence-Cicero）；4. 在恰當之處使用恰當的詞
（proper words in proper places-Swift）；5. 文如其人（Le style, c'est l'homme
meme.-Buffon）；6. 文體風格即個人表達上的特點（style as personal idiosyncrasy
-Murry）；7. 文體風格即前景化（style as foregrounding-Mukarovsky）；8. 文
體風格即意義潛勢（style as meaning potential-Halliday）；9. 文體風格即表達
（style as expressiveness-Ullman）〔註62〕等等不同的界定。而這些不同的「文

〔註59〕張恆豪編，《楊雲萍、張我軍、蔡秋桐合集》（臺北：前衛，1990）頁 259。

〔註60〕而這樣模式，待於各章節再舉證細說。

〔註61〕另外對〈王爺豬〉這篇小說，也有「批判多數農民迷信觀念」的詮釋觀點存
在，如蔡孟珂即以為蔡秋桐「多以啟蒙的角度，希望這些百姓能夠擺脫傳統
與迷信的束縛」。參見氏著，《蔡秋桐及其小說研究》（雲林科技大學漢學資料
整理研究所碩論，2007.1）頁 97。

〔註62〕劉世生，朱瑞青編著，《文體學概論》（中國北京：北京大學出版社，2006.12）
頁 4～5。

體風格」界定則產生不同的分析方法。

　　誠如《牛津文學術語簡明辭典》（*The Concise Oxford Dictionary of Literary Terms*）所界定的：「文體是指任何使用語言的具體方式，這方式是一位作者、學派、時期或文類的特色。特別的文體可以被他們的用語（diction）、語法（syntax）、意象、格律以及修辭用法，任何其他語言學特徵來界定。」〔註63〕依據這樣的界定，其涉及的研究方法，包括有作家造字遣詞的選擇（如在恰當之處使用恰當的詞）、語法、修辭手法（如文體風格即修辭），或整體的風格、意義（如文體風格即表達、文體風格即意義潛勢）等分析。而這些方法，即點明文體學（stylistics）〔註64〕是借鏡於語言學的研究範疇。

　　在日本亦然，文體學的研究方法也因界定的不同而異。傳統上的分法有：1. 根據語言的基本構造・表記法的不同而分類的文體，如「和文」、「漢文」、「和漢混淆文」等。2. 根據文章樣式不同而分的文體，如「だ・である調」的常體、「です・ます調」的敬體（小学生教科書等大多使用）等。或以近代以降的日本文學來說，則有如坪內逍遙在『小說神髓』所提倡的「雅文体」、「俗文体」、「雅俗折衷文体」之分；或如谷崎潤一郎在『文章読本』所提倡「講義体」、「兵語体」、「口上体」、「会話体」等分類。

　　或依「個人風格」與時代做區分，前者如小說家志賀直哉（1883〜1971）其直觀而細膩、明晰的文體則被概括為「志賀體」。〔註65〕研究志賀直哉此作家及其作品的固有表現的方法，則有以比喻等修辭的特徵與用字・用語的使用頻率等做根據的分析。至於後者，如「年輕世代的文體」、「明治時代的書生文體」，或由個人風格集體形成一種類型的「私小說〔註66〕」。除此之外，

〔註63〕　譯自 "style" The Concise Oxford Dictionary of Literary Terms. Christopher Baldick. Oxford University Press, 1996. Oxford Reference Online. Oxford University Press. National Cheng Kung University. 5 March 2008.（http://www.oxfordreference.com/views/ENTRY.html?subview=Main&entry=t56.e935）

〔註64〕　日本則稱之為「文體論」，其意即是研究文體的學問。

〔註65〕　「志賀直哉」。《大英百科全書》。2009 年。大英線上繁體中文版。2009 年 1 月 16 日（http://wordpedia.eb.com/tbol/article?i=068489）。

〔註66〕　20 世紀日本文學的一種形式或體裁，其特點為採取自我暴露的敘述法，通常以作者為中心人物。私小說產生於 20 世紀前幾十年在日本文壇居主導地位的自然主義運動。這一術語用於描述兩種不同類型的小說，一是懺悔小說，特點是冗長的、往往是自我菲薄的暴露；一是「心理狀態」小說，作家在小說中探索對於日常生活瑣事的內心思想或態度。私小說的著名作家有：葛西善藏、宇野浩二、嘉村礒多、網野菊、瀧井孝作和尾崎一雄。「私小說」。《大英

相對於書面語的「文體」與口語使用的「話體」（談話體）〔註67〕也是一種分法。而據根岸正純對日本七○年代文體學研究的分法，則有「文章論」、「文章史」、「文體史」、「文體論史」、「表現技法論」、「文體本質・研究方法論」、「個別文體論」以及「文學文體論・文體批評」等八個領域。〔註 68〕其中「重視作家作品的個性差異，與伴隨而來的語言事實（文體素）特徵的文體成立的證據」〔註69〕的「個別文體論」是與本研究最接近的領域。

　　而縱使日本的文體研究領域如此繁多，但其「文體」界定仍受到西方文體學的影響。例如，據時枝誠記所言：「文體的概念，是對文章類型認識所產生的。」「文體不僅關係到音韻、語彙、語法的構成，而且也關係到表現主體掌握怎樣地素材、題材，表現怎樣地態度，再者，也意識到怎樣地表現場面，藉以調整怎樣地表現上述這些因素，因此是存在著若干的類型。」（『文章研究序說』）又如中村明的定義：「所謂文體是根據表現主體所開展的文章，在根據受容主體的參與展開的過程中，完成作為異質性的印象、效果，成為這些動力的作品形成的語言性格的統合。」（『表現研究』第二○號）【種類】換言之，所謂的文體，有類型式文體與個性式文體兩種。然而上述時枝、中村的「文體」定義並不相同，前者是以作者為中心來理解文體，而後者則是依讀者的認知，更重視表現的印象、效果等方面。作為現代文學的文體，後者的受容主體讀者的參與觀點受到重視。而且「個性式文體」也有「一定構成有些的類型式文體」的特色。

　　就日本的現代文學來說，「個性式文體」的解明已成為主要課題。〔註 70〕而這種「個性式文體」的解明思維，正是慣有的「文如其人」文體觀，譬如大江健三郎在《思考言語與思考書寫（話して考えると書いて考える）》一書，就是如此看待文體與作家的關係：

> 不只文學的文本，所有文本皆是所謂「文體」這東西。因而書寫這文本的人，呈現了在怎樣的時間、怎樣的心情、對怎樣的讀者的書寫。此外，所表現的與其說是更明確的內容，毋寧說是怎樣的人物。

百科全書》。2009 年。大英線上繁體中文版。2009 年 1 月 16 日（http://wordpedia.eb.com/tbol/article?i=036099）。

〔註67〕見飛田良文〔編〕（2007）『日本語學研究事典』（明治書院）の「談話体」の項。
〔註68〕根岸正純著，《近代作家の文体》（桜楓社，1985 年 3 月版）頁 290～293。
〔註69〕《近代作家の文体》，頁 293。
〔註70〕譯自麻原美子編，《日本の文学とことば》（東京：東京堂，2007）頁 74～75。

表現了怎樣的人物書寫，就表現了一個文本。這具體簡單的子，請
想想村上春樹的「文體」和大江健三郎的「文體」就可明瞭。〔註71〕
這裡我們看到「文如其人」此古老的文體觀。此外，西方的文體學也與「修辭」相關聯，因爲它原是古老修辭學（rhetoric）的研究概念。雖然時至今日，此認識論已不斷受到挑戰，其方法和領域也不斷被擴大。方法上，它已從文本的詳述、分析走到整體文本乃至與社會、政治與權力相一致的話語分析。這些領域的文體學強力地加入社會語言學。這樣的趨勢，反映了文體學的概念已轉到話語的多樣性（diversity）的認知上。〔註72〕也就是說，西方的文體學研究已日漸有了廣泛的界定。但誠如《牛津語言學辭典》（1997）所界定的：「文體學，乃語言的文體研究：傳統上，屬於文學及其他文本文體用法的變化研究；現在，更一般的，屬於任何系統文體變化的研究，有關論述類型或其脈絡，而非關於和方言在任何書寫或講話的差異。……因此，『文學文體學』，除了在方言或語言使用的相關差異研究之外，也研究各自的作家、時期或類型。」〔註73〕。這裡的「研究各自的作家、時期或類型」仍是西方文學文體學的傳統領域。而在筆者看來，這裡文學文體學研究，仍與修辭概念相關。其理下文細說。

三、一種修辭手法的研究

誠如上述，本研究所著眼的三〇年代臺灣白話小說的文體風格，即屬於所謂的「文學文體學（literary stylistics）〔註74〕範疇。具體而言，本研究的方法

〔註71〕譯自大江健三郎著，《「話して考える」と「書いて考える」》（東京：集英社，2004）頁264。

〔註72〕譯自 Preminger, Alex; Brogan, T. V. F.（co-eds）; Warnke, Frank J.; Hardison Jr, O. B.; Miner, Earl（assoc. eds）., *The New Princeton Encyclopedia of Poetry and Poetics.* Princeton, New Jersey: Princeton University Press, 1993.

〔註73〕譯自 R. H. Matthews 編，《牛津語言學辭典》（中國上海：上海外語教育出版社，2000）頁357。

〔註74〕西方有所謂語言文體學（即語體學）、文學文體學之分。但文體學或是一般文體學（general stylistics）仍是概括性術語，以概括語言的非文學變化的分析之用。而文體學研究的其他領域，尚有：對被視爲社會團體的書寫者語言的研究；或「流行」（fashions）語言的研究；或者作爲語言教學之用，成爲那些以英語作爲母語的人、學習英語的外國人而逐漸被當作語言以及文學研究的教學工具：如教學文體學（pedagogical stylistics）等等。參見 Wales, Katie, *A dictionary of stylistics*, New York: Longman, 1991. p.437-438。

是基於以下兩個界定而來：

（一）文體風格即修辭

　　這個說法實際上是來自敘拉古（Syracuse）〔註75〕的高爾吉亞（Gorgias）〔註76〕在西元前 5 世紀時，在希臘提出的。後來在羅馬學校，修辭實際上等同於高等教育本身。直到西元前 4 世紀，在這些學校裡，修辭是最重要的研究，是人文學的通科，它把演說與寫作的藝術結合到任何話語之中。因此，伊格爾頓（Terry Eagleton）認為在整個古代與中世紀，「批評」實際上就是修辭。在隨後的歷史時期，修辭仍然是統治階級獲得政治霸權技巧的文本訓練手段。因此，文本分析經常被視為文本寫作的預備：研究文學的精妙和風格技巧的意義就是訓練自己，以便在自己的意識形態實踐中有效地運用它們。〔註77〕故此，伊格爾頓以為修辭學是世界上形式最古老的「文學批評」。從古代社會一路到十八世紀，已被公認為一種批評分析，研究的是建構言說的方法，目的在於「獲致某些效果」。〔註78〕也就是說，修辭學或修辭手法之所以成為文體風格的手段，即著眼於將文學視為與社會互動之下的產物；而本研究的「修辭」正是詮釋、挖掘兩者互動關係的分析。

　　因此，本研究既以三〇年代臺灣白話小說作對象，則意味著不能忽略當時作家的時代情境；也就是說，這些小說文本必然是作家與這樣時代互動下的產物，而其文學書寫可說是政治活動的延伸，如「啟蒙大眾」即是當時作家極為重要的動機之一。一旦有了這樣的動機，那麼其小說的書寫，必然暗含說服、適切性的修辭考量，亦即如何獲致某些效果的考量，這是其書寫前提。所以說，有怎樣的修辭就有怎樣的文體，反之亦然。而本研究自修辭入手，其理在此。不過，要強調的是，這裡「修辭」指的是遣詞造句以至如何說服讀者的適切手法，而非狹義的辭格（figure）運用而已。

〔註75〕敘拉古是古西西里重要的希臘城市。義大利語作錫拉庫薩（Siracusa）。

〔註76〕高爾吉亞（約西元前 487 年～前 376 年）希臘詭辯學者、前蘇格拉底時期的哲學家及修辭學家，原居於西西里 Leontini。與普羅塔哥拉同為首批詭辯學者。西元前 427 年，錫拉庫薩入侵，他被派往雅典要尋求支援。他的雄辯術在雅典引起廣泛注目，到處演講並開班授徒，為他帶來財富，後來定居雅典。

〔註77〕伊格爾頓（Terry Eagleton）著；郭國良，陸漢臻譯，《沃爾特‧本雅明》（中國南京：譯林出版社，2005.10）頁 133～134。

〔註78〕泰瑞‧伊果頓（Terry Eagleton）原著；吳新發譯，《文學理論導讀》（臺北：書林，1993）頁 256。

（二）小說是講究修辭手法的敘事體

筆者以為，作為敘事體（narration）的小說既被視作書面語言的藝術，則意味著是作家修辭成果。據此，文體風格既是一種研究方法，它將是揭示作家獨特性，即「揭示修辭行為中與眾不同的因素」〔註79〕的研究。舉例來說，楊守愚有一篇〈十二錢又帶回來〉〔註80〕的民間故事，其中一段如下：

> 「坐呀！阿舍。」理髮匠見是邱蟒舍進來，都大家打起招呼來：「椅仔頂坐啦！」
>
> 「剃頭是麼？」另一理髮匠問。
>
> 「著。」
>
> 剃完了髮；正在修面的時候，理髮匠因為慎重起見，見他的鬍鬚長得很，便問他要不要剪掉。
>
> 「不剃，要留下好命！」邱蟒舍隨便這麼一笑地說。
>
> 理髮匠祇道他要剪下來——因為要留下來好命，雖然是表示不要剪掉的口氣，但是再加上一個「？」的符號時，不就變成相反的口氣嗎？況以這地方的語言的不清，兼之邱蟒舍說時的含糊，所以便給剪下來了。〔註81〕

這故事最後，理髮匠受到邱蟒舍的斥責，因為前者誤會了後者「留下來好命」的語氣，亦即他將「！」誤以為是反詰（rhetorical question）句「？」。然而邱蟒舍為了不付錢，故意運用了「！」、「？」之間修辭手法的含糊（曖昧性）。總之，此「奸巧（kan-khiáu）」的文體風格是以反詰句的運用作基礎，進一步來自整體修辭的曖昧性。

當然，修辭不是小說文體風格研究的唯一方法。如中國學者申丹在其著《敘述學與小說文體學研究》〔註82〕即提出敘述學的「話語」和文體學的「文體」這兩者應互為補充的看法。進而以為敘述學與文體學對小說「如何說（故事）」的問題是兩者重合之處：敘述視角與人物話語。但在筆者看來，這些問

〔註79〕譯自 Kathleen Hall Jamieson, Karlyn Kohrs Campbell eds., *Form and Genre: Shaping Rhetorical Action*, Falls Church: Speech Communication Association, 1978. p.18.

〔註80〕本篇作於 1930 年 11 月 17 日，原載於《臺灣新民報》345 號（1931.1.1）。

〔註81〕楊守愚作；張恆豪編，《楊守愚集》（臺北：前衛，1990）頁 91。

〔註82〕申丹著，《敘述學與小說文體學研究》（第三版）（中國北京：北京大學出版社，2004.5）。

題仍屬於小說修辭層次的探討。因爲，修辭正是敘事作品的特點所在。借用汪民安所言，「關注文本對故事事件進行的藝術性安排。但同時我們也應該承認小說家在語言或書寫、詞彙、比喻、句型、句子間的銜接方式等所作的選擇並非不重要；這些範疇也是小說的藝術性所在。」〔註83〕而這裡所謂「藝術性安排」的說法，廣義的說，正與筆者所強調的修辭手法相一致，歸於如何說服讀者的適切手法的考量上。

　　總之，本研究選擇以修辭手法入手，除了意在形構、歸納三〇年代臺灣白話小說文體風格的特色。此外，更希望藉此跳脫對文本、形式分析的慣有印象，譬如向來頗重視文脈的新批評，卻經常被套上「形式主義」的先見，譬如美國文論史家里奇（Vincent B. Leitch）即指出對新批評的偏見，他引用說：「新批評的形式與內容並非二元式的概念，而是擁護「有機的」文學理論。亦即新批評既關係到作品的文脈（context）全體也集中注意到文本（text）的語言。各語言成爲獨特的 context 的一個因素，各語言的嚴密意義是由詩的 context 本身的位置來決定。」〔註84〕；或者，形式經常遭誤用，或被視爲手段而被輕忽（然則沒有手段如何成就目的？）。所以，本研究以班雅明（Walter Benjamin）的巧喻做爲方法論的總結：

> 每雙襪子的樣子都像一個小兜子，沒有比把手伸到兜子的最深處更有趣的了。我這樣做不是爲了暖手，吸引我伸到兜子深處的，是它裡面被抓在手裡的那個「兜著的」東西。如果我用拳頭把它攥住，努力確定了自己擁有這個柔軟的毛線團，揭曉這個遊戲的第二部份就開始了。這時我著手把那個「兜著的」東西從它的毛線兜子裡拉出來。我把它朝自己越拉越近，直到那件令人驚愕的事情發生：我把那個「兜著的」東西翻出來了，但是本來裝著它的那個「兜子」卻不翼而飛。這個過程我反覆嘗試，總也試不夠。它讓我領悟到，**內容與形式，包裹和被包裹住的其實是一體的**。它指導我從文學中小心地發掘眞理，就像孩子的手小心地把襪子從「兜子」裡拉出來。
>
> 〔註85〕

―――――――――――

〔註83〕 汪民安，〈評申丹的《敘述學與小說文體學研究》〉，《外國文學》，1999/05。頁 93。

〔註84〕 見 Vincent B. Leitch；高橋勇夫譯，アメリカ文學批評史，東京：彩流社，1995〔平成 7〕頁 52～53。譯自 Vincent B. Leitch, *American Literary Criticism: from the Thirties to the Eighties*, New York: Columbia University Press。

〔註85〕 班雅明（Walter Benjamin）著；徐小青譯，〈襪子〉，收於《駝背小人》（中國

在筆者看來，上述的文字既傳達了形式與內容互爲因果的哲學思辯，亦可引作修辭手法（兜法）與文體風格（兜子）兩者關係的說明。

　　對筆者而言，本研究方法既是延續西方古老的修辭觀而來，但也是文學研究的一個嘗試，嘗試去理解三〇年代臺灣白話小說作者如何書寫、創造其文學語言及文體風格。

第三節　先行研究回顧

> 　個體在集體創作中喪失掉，然而其個人表現卻以某種彈性與適應性
> 　留下一些痕跡，而成爲人類精神的所有集體創作的遺產。〔註86〕
>
> 　　　　　　　　　　　　　　　　　　—— Edward Sapir, 1921

此節將分別從一、臺灣新文學史分期、二、臺灣話文論爭、三、與文體風格相關的先行研究等三方面的回顧，說明本研究的範圍及觀點。

一、臺灣新文學史分期研究

　　就臺灣文學發展來看，三〇年代白話小說的書寫自然是延續自二〇年代臺灣新文學的開展而來。而二〇、三〇年代的說法，其實就是一種分期、觀點。然則對臺灣新文學的分期，向來學者間各有不同的觀點。島田謹二在〈臺灣文學的過現未〉（《文藝臺灣》2:2 1941）一文中將臺灣文學置於日本文學的架構中而分爲三期：第一期是自 1895 年起至日俄戰爭的十年期間，第二期是從 1905 年後到昭和初期的二十五年左右，第三期是自 1931 年的918 事變起；王白淵戰後在《臺灣年鑑》（臺灣新生報社，1947.6）的「文化編——文學」欄，根據使用語文的不同分爲「白話文文學期」與「日文文學期」；王詩琅則按照文學活動將新文學分爲三期：第一期「萌芽期」（1924～30 年），第二期「正式高潮期」（1930～36 年），第三期「戰時文學期」（1937～日本戰敗）；葉石濤將臺灣新文學發展分期爲三個階段，第一階段的「搖籃期」，指派自一九二〇年《臺灣青年》創刊到一九二五年爲止；第二階段的「成熟期」，指派自一九二六年起至一九三七年漢文欄廢止；第三階段的「戰爭期」，則是從一九三七年起至一九四五年的八年期間；許俊雅則不僅

　　上海：上海文藝出版社，2003.3 重印）頁 109。

〔註86〕Edward Sapir, *Language: an introduction to the study of speech*, New York: Harcourt, Brace and company, 1921. p.246.

從文學創作，亦參酌文化改良、社會改造與民族自覺的視野，分成三期：第一期（1920～1931），第二期（1931～1937），第三期（1937～1945）。而底下將選擇兩位學者的分期作爲筆者觀點的說明。首先是河原功的分期，他將臺灣新文學發展分成三期。河原 功的第一期起自1985年台灣割讓給日本到1920年代中國新文學進入臺灣爲止，第二期則又分成前、後兩期：前期稱爲「臺灣新文學運動的抬頭期」（1922～1931），主要著眼於臺灣受中國「文學革命」理論的影響以至新舊文學論爭的展開、生根的過程；後期稱作「臺灣新文學運動的自立上昇期」（1932～1937）。第三期「戰時下的臺灣文學」是從1937年至日本戰敗爲止。此期取代漢文創作的是另一批日文台灣作家的輩出。〔註87〕。而在其「臺灣新文學運動的自立上昇期」（1932～1937）的當中，河原功所注意到的臺灣文學的語言問題，這裡指的即是臺灣話文論爭所引發的語言思索。然而這樣的思索卻早在「臺灣新文學運動的抬頭期」（1922～1931）的末期即已開始。因此，本研究將以彈性的三○年代的說法來探討此議題。另一位是陳芳明的分期，基本上是以主體性的建構立場來看待臺灣新文學的發展。他在〈臺灣新文學史（1）——臺灣新文學史的建構與分期〉中將臺灣新文學運動分成「殖民時期、再殖民時期與後殖民時期等三個階段」。第一個殖民時期，指的「是從一八九五年到一九四五年，日本國主義的統治時期」；再殖民時期，則是「始於一九四五年國民政府的接收台灣，止於一九八七年戒嚴體制的終結」；後殖民時期，「當以一九八七年七月的解除戒嚴令爲象徵性的開端。」〔註88〕這樣的分期在筆者看來，實際上站在臺灣文學主體的建構立場所做的分期。雖然筆者對其「後殖民時期」的觀點多所保留〔註89〕，但其主體性的建構立場既與本研究的本土觀相應，也是極爲有效、可供參酌的觀點。正如柄谷行人曾在〈現代日本的話語空間〉提及的，分期對於歷史不可或缺。標出一個時期，意味著指派（assign）一個開始和一個結尾，並以此來理解認識事件的意義。〔註90〕就筆者看來，

〔註87〕河原功著：莫素微譯，《臺灣新文學運動的展開：與日本文學的接點》（臺北：全華，2004）頁120～121。

〔註88〕陳芳明著，〈臺灣新文學史（1）——臺灣新文學史的建構與分期〉，《聯合文學》178期（1999年8月）頁162—173。

〔註89〕筆者對陳芳明將1987年解嚴後的時期命名爲「後殖民時期」的劃分予以保留，原因在於臺灣文學長久維繫的漢文書寫，是否該視爲殖民文化的象徵？這顯然是不能簡化尚待釐清的複雜提問。

〔註90〕Kojin Karatani, Seiji M. Lippit trans., *The Discursive Space of Modern Japan*, *boundary* 2 18:3, 1991. p.193-194.筆者參閱董之林譯，〈現代日本的話語空

河原將 1937 年的漢文欄廢止作爲標準的範型（paradigm）視野，在其對臺灣新文學語言由漢文走向日文的更替歷程的關注，文學語言是核心問題；而陳芳明的史觀，則是傾向於認識論（episteme）的，因爲他呼應了史明的臺灣「現代化」史觀〔註 91〕，以臺灣文學的主體性作爲理解歷史的前提。然則本研究之所以以三〇年代做分期，關鍵在於欲將臺灣話文論爭此重大文學事件納入考察，進而反思「臺語的文學，文學的臺語」等主體性的論述。

二、臺灣話文論爭的相關研究

　　誠如前述，欲討論三〇年代臺灣新文學，臺灣話文論爭是無法繞過的重要事件。而歷來在其思想層次的探討，已有諸多的研究成果。如松永正義即質疑葉石濤在中國白話運動的影響之外，強調臺灣文學「自主性」的意念〔註 92〕說法，提出該論爭突出了民眾的契機與民族的契機的矛盾，而不認爲相對於「大眾化」的「本土化」是論爭的唯一結果。〔註 93〕無獨有偶，當林瑞明主張論爭之後臺灣文學主體性的概念更加確立，顯示出三〇年代殖民地臺灣表現出來的新文學，「既非日本文學的支流，也非中國文學的亞流」的看法。〔註 94〕對此尋求臺灣文學「自主性」的詮釋，呂正惠則提出反駁，主張這場論爭反倒證明了臺灣人「不是要和中國切斷關係；相反的，是想在客觀的困難條件下保存漢文化的一點命脈」〔註 95〕。以上這些針鋒相對的詮釋，筆者以爲忽略了日治時期臺灣存在的文化混雜（hybridity）現象。所謂「混雜（hybridity）」的最基本的意義即混合（mix）。因此，混雜意指混合的

間〉，《文藝理論研究》，1994（01）頁 91。

〔註 91〕史明以爲世界史上的「近代化（modernization）（資本主義化）起碼有四個因素，才算夠水準。這四個因素分別是：民主化、資本主義化、自我解放、近代民族化。以此四個因素做爲衡量尺度，則日治時期的臺灣社會的近代化仍非全面的、正常的、而是跛行的、變相的、片面的。參見史明著，《台灣人四百年史（上）》（臺北：蓬島文化，1980）頁 330〜331。史明在此所謂的「近代化」乃相應於英語 modernization 的譯詞，因之，本研究將它概括爲「現代化」。

〔註 92〕葉石濤著，《臺灣文學史綱》（高雄：春暉出版社，1991）頁 28。

〔註 93〕松永正義作；葉笛譯，〈關於鄉土文學論爭（1930〜32 年）〉，《臺灣學術研究會誌》第 4 期（1989.12.25）。

〔註 94〕林瑞明著，《臺灣文學與時代精神——賴和研究論集》（臺北，允晨，1993 年8 月）。自序Ⅷ。

〔註 95〕呂正惠著，〈日據時代「臺灣話文」運動平議〉，收於龔鵬程編，《臺灣的社會與文學》（臺北：東大，1995 年 11 月）頁 19。

所有物或事件。這個起源於農業的術語，而後卻長期強烈地與種族主義以及殖民歷史的種族純粹性的概念相關。至於當代，其用法則被擴及跨學術與大眾文化領域的研究上。混雜性的理論，主要運用在種族、後殖民主義、認同（社會科學）、反種族主義、多元文化以及全球化等論述。就後殖民主義的混雜修辭而言，有時根本上是指與後殖民話語及其文化帝國主義批評的浮現相連繫的混雜話題。在這個領域的關鍵理論家有霍米・峇巴（Homi Bhabha）、斯圖爾特・霍爾（Stuart Hall）、夏亞翠・斯皮娃克（Gayatri Spivak）以及保羅・葛羅伊（Paul Gilroy）等人，他們的作品反應1990年初期以來逐漸增強的多元文化自覺。而西方對混雜性研究，第二階段則集中在身分認同與文化混合作用在文學和理論相關的特徵描繪。這樣的發展，多少也投射在臺灣殖民地文化混雜性的研究，如三澤眞美惠在〈殖民地時期臺灣電影接受過程之「混合式本土化」〉中提出她藉由臺灣大眾藉由臺灣話的旁白解說來接受外來電影的現象考察，論證臺灣殖民地「混合式本土文化」的形成。〔註96〕再如李承機，於〈殖民地臺灣媒體使用語言的重層構造──「民族主義」與「近代性」的分裂〉中則以爲日治時期臺灣年輕人使用台語、中國普通語以及日本的語彙的現象，正是一種殖民地的混雜文化的呈現。〔註97〕此外，針對日治時期臺灣社會特有的混雜文體，陳培豐提出「東亞式的文體」之說，以凸顯臺灣人對於統治者或自己的（包括「祖國」）語言文化，經常有一套非常複雜、務實和巧妙的看法以及應用策略〔註98〕。此說即對臺灣人對於語言的選用，提出非文化或國族認同的視角〔註99〕。

　　易言之，臺灣話文論爭雙方支持何種語言，不等於認同其語言國籍。也就是說「國籍＝民族＝語言」此三位一體的邏輯，乃出自「國民國家」虛構性。如李郁蕙在其日治時期台灣人的日文小說研究中，即指出「民族≠語言」的「非對稱性」。〔註100〕再如日語文體即包括口語體、文語體、漢文體、和文體、和漢混文體、書簡體、論文體等不同的模式，而日語中的漢字則被視爲

〔註96〕若林正丈、吳密察主編，《跨界的臺灣史研究──與東亞史的交錯》（台北：傳播者文化有限公司，2004）頁241～270。

〔註97〕《跨界的臺灣史研究──與東亞史的交錯》，頁201～239。

〔註98〕陳培豐，〈識字・閱讀・創作和認同──1930年代鄉土文學論戰的意義〉，2006（第五屆東亞學者現代中文文學國際研討會論文）。

〔註99〕有關這部分請參考陳培豐，《「同化」の同床異夢》（東京：三元社，2000）。

〔註100〕李郁蕙著，《日本語文學與台灣──去邊緣化的軌跡》（臺北：前衛，2002）。

日語無以避免的他者〔註101〕。因而在漢文化與國族認同的關係上，當無人會
天眞地以「同文」的說法，將之與中國作「一衣帶水」式的「同種」連結，
甚而與國籍認同劃上等號。據此，看待臺灣話文論爭此文學史上的重大事件，
顯然無法以「成功」與否的角度來看待臺灣話文的主張。因爲這樣的評斷，
將忽略其對臺灣文學發展的影響價值〔註102〕。

　　而就臺灣話文論爭的起因與意義，黃棋椿認爲這場論戰是由社會主義思
潮所引發起的文藝大眾化運動之一環〔註103〕；而新近陳淑容的研究則對論戰
做了全面性的分析與整理，她指出在這場論戰中有世代、地域、經濟地位的
隔閡現象。以年齡來看，主張中國白話文者的年齡比較輕、普遍的擁有較高
的社會經濟地位，大部分都在中南部；而贊成臺灣話文者則年齡比較大，社
會經濟地位較低，大部分住在北部。〔註104〕不過，針對前者的說法，陳培豐
則進一步提出：「既然都是左翼也都主張文藝大眾化，爲什麼還會出現意見如
此分歧的現象？」對陳淑容的區域說法的有效性陳培豐亦提出質疑，譬如贊
成派中的主要人物——郭秋生是臺北人而非南部人。〔註105〕

　　綜合上述的研究，筆者將左翼視爲當時時興的思潮，是日治知識分子普
遍「知道」的思想，但時人由於認知、學養的差異，對「左翼」的理解卻無
法一概而論，譬如上述提及的楊逵與劉捷，兩人單就「寫實主義」的文學理
解就不盡相同。因此，本研究將改採各自作者的文體風格的具體檢視入手，
希望成爲理解台灣話文論爭以至三○年代臺灣白話小說思想、美學趨向的有效
進路。

三、與文體風格相關的先行研究

　　最後，底下將就三部新近研究的回顧〔註106〕，作臺灣白話小說文體風格

〔註101〕借用子安宣邦的用語。參見其著，《漢字論——不可避の他者》（東京：岩波
　　　　書店，2003）。
〔註102〕其影響如葉石濤即以爲臺灣話文的建立活動，顯示著臺灣新文學已經從語文
　　　　改革的形式進到內容的追究，向前跨了一大步。見其著，《臺灣文學史綱》（高
　　　　雄：春暉出版社，1991）頁27。
〔註103〕見黃琪椿，《日治時期臺灣新文學運動與社會主義思潮之關係初探（1927～
　　　　1937）》（新竹：清華大學文學所碩論，1994.7）頁169。
〔註104〕見其著，《一九三○年代鄉土文學／臺灣話文論爭及其餘波》（臺南市立圖書
　　　　館，2004年12月）頁213、226。
〔註105〕陳培豐，〈識字・閱讀・創作和認同——1930年代鄉土文學論戰的意義〉，註1。
〔註106〕這裏割捨了如杉森藍，《翁鬧生平及新出土作品研究》（臺南：成功大學臺文

的討論起始。

（一）張安琪《台灣白話漢文的形成與發展》〔註107〕

此研究為了突顯當時中國話文、文言文之外的在地「白話漢文」的面貌，論者將研究對象設定在官方的「土語學習雜誌」和民間的「歌仔冊」上，藉以說明「臺灣話文」經由土語雜誌工具書的編纂而得以實踐、發展；而在「本土語音化」、「長篇化」、「口語化」後，使歌仔冊成為徹底實踐「言文一致」的產物。在此筆者肯定論者提出「臺灣白話漢文」的概念以利於對白話文的歷史認識的用心，但正如論者提及的，此研究並未將新文學史料列入討論，而未能全面、動態性的理解臺灣文學的發展〔註108〕。再者，論者將歌仔冊視為「言文一致」的話語實踐最為徹底的文化產物〔註109〕，無疑是忽略「言文一致」在近代國民國家（nation state）建構的工具意涵，以及當時臺灣知識分子對此主張的理解內涵和實際遭遇到殖民困境與隨之而來的肆應策略。

（二）邱雅萍《從日刊報紙「漢文欄廢止」探究「臺灣式白話文」的面貌》〔註110〕

此研究主要在於說明臺灣總督府之所以於1937年將漢文欄撤廢的原因，在於「臺灣式白話文」近代語言的反帝國文化統合性質帶給日本當局難以忽視的威脅使然。論者以為此來自《臺灣新民報》的「臺灣式白話文」的混雜文體已超越日本當局可以理解、掌控的層次，而且加上該報一貫「去殖民」、啟蒙大眾為本位的立場，致使總督府在三〇年代軍國主義思想高漲下，將軍部的壓力巧妙地轉嫁到該報漢文欄上。依此，殖民當局備感威脅者並非「漢文」本身，而是此時「臺灣式白話文」已經具備的「議論、創作等能力」。〔註111〕

所碩論，2007.1）。其因在於杉森藍的研究集中於翁鬧的日文小說的文體研究，而且其量化研究方法與本研究的分析進路並不相類。至於黃美娥著，〈文體與國體：日本文學在日治時期臺灣漢語文言小說中的跨界行旅、文化翻譯與書寫錯置〉，日本：愛知大学「帝国主義と文学」會議論文（2008.8.1-8.3）一文則集中於日治初期的文言漢文小說的文體與殖民當局的國體關係的考察，故也不在參考之列。

〔註107〕 張安琪著，《台灣白話漢文的形成與發展》（新竹：清華大學臺灣文學研究所碩論，2006）。

〔註108〕 《台灣白話漢文的形成與發展》，頁65。

〔註109〕 《台灣白話漢文的形成與發展》，頁60。

〔註110〕 邱雅萍著，《從日刊報紙「漢文欄廢止」探究「臺灣式白話文」的面貌》（臺南：成功大學台灣文學研究所碩論，2007）。

〔註111〕 《從日刊報紙「漢文欄廢止」探究「臺灣式白話文」的面貌》，頁110。

然而誠如論者所言，作為一個具有「美學」考量的文學文字時，「臺灣式白話文」則尚待探究。〔註112〕

（三）呂美親《日本時代台語小說研究》〔註113〕

呂美親的研究主要是以全然臺語書寫的小說文本為中心的討論。〔註114〕因此，其主要分析文本有鄭溪泮、賴仁聲、蔡秋桐、楊逵、賴和、許丙丁、鄭坤五等人的臺語小說。該論文溯及教會公報及其白話字文學、三〇年代漢字台語小說以及台語傳統小說等文學史上的意義考察，指出台語文學自戰前分別進行了「白話字」與漢字這兩個書寫傳統。其中與本研究的混雜論題相關，值得進一步討論的是，論者指出由於日治時代「台灣話標準化」尚未實現，所以當時漢字台語小說呈現了作品形式與作者心理產生「變形、kún-chūn（案：掙扎）、透 lām（案：透濫）kap（案：和）扭曲 ê 款式」〔註115〕的說法。此說法雖點出當時臺語小說書寫在「言文一致」的落實難題，但同樣未深論「言文一致」在近代國民國家建構的工具意涵，也就是說，當時作者面對殖民語言體制的壓迫與隨之而來的肆應意義，更是值得分析的面向。因此，與其說那時的台語小說書寫是變形、透濫、扭曲的，毋寧說，日治時期的語言環境所投射出來的文學殖民地風景以至時人的心靈圖像是與殖民體制相互競合的複雜、動態的肆應產物。否則，依其論則四〇年代臺灣日文小說的書寫儼然是心靈扭曲的極致，更遑論戰後以北京話做為國語的文學書寫。

綜合上述三位的研究，無論是「臺灣白話漢文」或是「臺灣式白話文」的提法，或著眼於臺語小說的書寫，他們都指明了三〇年代臺灣白話小說的書寫受到「臺灣話文論爭」的影響，且日趨形成為當時讀眾理解的話語場域（field of discourse）。至於黃石輝的臺灣話文主張想像出一個獨特的臺灣人共同體〔註116〕的具體內涵，筆者無從妄斷。單就現代小說的文體來看，當時的臺灣白話文已在臺灣新文學二〇年代萌芽，而成形於三〇年代，比起日文、中國話文的時程，筆者以為臺灣人在這短短的十餘年間使此文體日趨成

〔註112〕《從日刊報紙「漢文欄廢止」探究「臺灣式白話文」的面貌》，頁111～112。
〔註113〕呂美親著，《日本時代台語小說研究》（新竹：清華大學臺文所碩論，2007.7）。
〔註114〕《日本時代台語小說研究》，頁8。
〔註115〕《日本時代台語小說研究》，頁240。
〔註116〕見吳叡人著，〈福爾摩沙意識型態——試論日本殖民統治下臺灣民族運動「民族文化」論述的形成（1919～1937）〉，《新史學》17:2（2006.6）。頁177。

形，並成功地成為三〇年代臺灣新文學的書寫語言。對臺灣總督府而言，相對於國語（日語）的臺灣白話文無疑是對其殖民統治話語的最大威脅。是故，邱雅萍推測一九三七年各界自動廢止漢文欄的原因是合理的。但與其稱此白話文體所形成的話語場域是「想像的共同體（imagined community）」〔註117〕，毋寧說是作者與讀眾於媒體上共同建構了語文「同一性（identity）」。而「想像的共同體」與這語文「同一性」的區別在於，前者須有廣大的「nation」作基礎，而此語文「同一性」則是就閱讀範圍內來說的，但它也可能成為「想像共同體」的雛型。而就文體來看，三〇年代現代小說所使用的臺灣白話文既有別於先前的文言漢文或淺近、平易的漢文，它既受到臺灣話文論爭的影響，更是臺灣現代化的集體遺產，稱職地成為新文學的書寫語言。

因此，本研究鎖定三〇年代臺灣白話小說做對象，其目的不僅是要驗證臺灣新文學成熟期的看法；更將藉由「殖民地風景」的提出（此概念容下節細說），以概括臺灣白話文體所書寫的現代小說意涵。

第四節　漢文、殖民地風景的書寫與研究目的

一、漢文與臺灣話文的意義

一般而言，正常的人類皆具有言語能力，然則這需要語言知識的學習才能獲致。簡單地說，當你懂一個語言，你就知道這些語音、詞彙，以及組合它們的規則。〔註118〕日治時期的臺灣人學習「國語（日語）」〔註119〕此官方

〔註117〕「想像的共同體」是由班奈特‧安德森（Benedict Anderson）所提出的術語。安德森指出集體社會的結合，必是想像而非直接通過面對面的互動經驗得來，這樣的共同體最具典型意義的即是國族。這是安德森的核心概念，它描述經由文學與印刷資本主義（print-capitalism）的擴散使近代民族主義與國民國家（nation-states）的興起。在這發展進程中，報紙、博物館和其它新「技術（technologies）」成為再現集體民族經驗的手段——只要經由不同個別的事件帶進空間聯繫（spatial association）（如報紙）。人口調查、地圖、博物館和小說同樣地成為被發展與再生產的民族觀念的所在（sites）。安德森的方法開啟了有關民族主義和民族國家文化、象徵方法為範圍的研究領域。詳見中譯本，吳叡人譯，《想像的共同體》（臺北：時報文化，1999）。

〔註118〕陳培豐著，〈日治時期臺灣漢文脈中的想像——帝國漢文‧殖民地漢文‧中國白話文‧臺灣話文〉，「帝國主義と文學」會議論文，愛知大學，2008.8。頁13。

〔註119〕此處日治時期的「國語」即指當時臺灣的官方語言——日語。下文皆同。

語言，卻不能僅從「懂一個語言」的層次來理解，而應看作殖民統治所帶來
的一個與近代國家息息相關的「國語」概念〔註120〕。不僅如此，「國語」概念
本質上即是一種政治運動。〔註121〕譬如在戰後初期發表的呂赫若《月光光》
小說裡，作者即藉由小說人物老祖母的忿怒：「你不是日本人，你是明明白白
的台灣人。爲什麼不准人家說台灣話呢？你是個吃日本屎吃得很多的人呀！
〔註122〕」言下之意，其控訴皇民化「國語」運動的壓迫是極其強烈的。

　　諷刺的是，戰後臺灣人依舊逃不開另一種「國語」（北京話）的壓迫。
1946 年 8 月 15 日，以陳儀爲首的臺灣行政長官公署於當日發布一紙緊急命
令，宣佈將於 10 月 25 日全面禁止新聞、雜誌刊登日本語，同時以另一種
「國語」取代日本語〔註123〕。此令一出，隨即引發諸多反彈意見〔註124〕，
其中吳濁流（1900～1976）不僅直言政府機關報紙不應該廢止日文，應該永
遠保存於民間，使其能在臺灣自由刊行。更饒有深意地指出，當時政府機關
報章雜誌的文體「不是言文一致體，既非（白話文）亦非古文體，亦即是「半
古董」式的文體。」相形之下，日文對臺灣人而言，不過是接觸各國文化的
語言工具〔註125〕。然而最後這樣語文觀不被當政者所理解，甚而成爲二二
八事件導因之一〔註126〕。這樣的悲劇，來自語文觀的衝突：一方視爲文明
汲取工具的語文，在另一方看來卻是文化、國族的象徵。一旦後者成爲殖民
支配者的觀點，那麼對被殖民者的壓迫將無以形之。

　　不論是戰前或戰後，語言學習一旦涉及政治霸權，這種語言學習就無法
簡而視之。譬如面對殖民「國語」政策，吳新榮（1907～1967）在日記（1938

〔註120〕周婉窈，《海行兮的年代：日本殖民統治末期臺灣史論集》，（臺北：允晨文化
　　　　出版，2002）頁 80。
〔註121〕這裡引用 Noam Chomsky 的說法，他說：所有所謂「國語運動」，本質上是
　　　　一種政治運動。轉引自劉福增，〈國語妨礙語言自由〉，原刊於《深耕》22 期
　　　　（1982.11.25）今收錄於林進輝編，《台灣語言問題論集》（台北：台灣文藝雜
　　　　誌社，1983）頁 32。
〔註122〕呂赫若，〈月光光〉，《新新》1:7（1946.10.17）。案：該小說，編者尚註明：「光
　　　　復以前」小說。
〔註123〕該命令隨即於當年十月二十五日實施。見吳濁流〈日文廢止に對する管見〉，
　　　　《新新》1:7（1946.10.17）。
〔註124〕陳培豐著；王興安，鳳氣至純平編譯，《「同化」的同床異夢：日治時期臺灣
　　　　的語言政策、近代化與認同》（臺北：麥田出版，2006）頁 478～479。
〔註125〕吳濁流，〈日文廢止に對する管見〉，《新新》1：7（1946.10.17）。
〔註126〕陳培豐著；王興安，鳳氣至純平編譯，《「同化」的同床異夢：日治時期臺灣
　　　　的語言政策、近代化與認同》（臺北：麥田出版，2006）頁 475。

年）中即流露其心理矛盾：

> 想起我一生下來，就已是日語統治下的人，而此半生完全接受日語教
> 育。由於這重大的事實，今我講日語、寫日語。此事和英國留學講英
> 語、寫英語的意義又不同。我寫日記只記錄我的生活，因此想要記錄
> 私生活的人，不得不以自己最容易了解的語言去寫日記不可。〔註127〕

對這位身受完整日語教育〔註128〕的臺灣人來說，以日語寫日記，雖是極其自
然的事，但他仍自覺與留學異國學習他國語言的意義不同。言下之意，其國
語經驗是迫於殖民統治。吳新榮強烈意識到其熟稔、慣用的不僅僅是日語本
身，而是語言背後的同化意涵。一旦「以日本話談話，用日文寫作，最後以
日本式的方法來思考。」勢必使「方便」與「必要」成為同化的不可缺的條
件。因而異民族的臺灣人學習「國語」之際，亦面臨被「日本化」的宿命。
面對這樣的宿命，他亦僅能說出「恐怕大和民族形成以前的日本人，也是如
此吧」〔註129〕的話語自解。因此，順著上述對日治時期語文環境的複雜理解，
底下將討論漢文以及臺灣話文的意義。

（一）漢文的認同意義

誠然如吳新榮日記所示，吾人似乎也很難依循——講日語＝認同日本—
—的單一邏輯，概括其文化認同的複雜與轉折。吳新榮在 1940 年 11 月 23 日
的日記所示，面對皇民化改姓名的壓力時，他即思索若非創姓不可的話，則
打算以「延陵／岡陵」（吳之別號）代替「吳」姓〔註130〕，以作為子孫溯祖的
依據。這裡吾人可以窺得吳氏對漢文化的堅持與隱晦。而就漢文來看，譬如
同具「國語」書寫能力的陳逢源（1893～1982）〔註131〕，在其日文作品集的

〔註127〕吳新榮著，〈一九三八年日文日記（一月三日）〉，葉笛等譯，呂興昌編訂，《吳
新榮選集 2》（台南縣新營市：南縣文化，1997）頁 141。

〔註128〕吳氏 1915 年就讀將軍庄漚汪公學校畢業後，於 1922 年進入臺灣總督府商業
專門學校豫科，2 年後畢業，轉入本科。1925 年負笈日本，插班入岡山市金
川中學四年級就讀。畢業後，於 1928 年考入東京醫學專門學校。1932 年
專畢業，於 9 月返臺，自此接手經營叔父吳丙丁開設之佳里醫院。據此，其
日語教育堪稱完整。

〔註129〕吳新榮著，〈日本化（一九三八年一月十九日）日記〉，葉笛等譯，呂興昌編
訂，《吳新榮選集 2》（台南縣新營市：南縣文化，1997）頁 143。

〔註130〕吳新榮著，〈一九四〇年日文日記（十一月廿三日）〉，葉笛等譯，呂興昌編訂，
《吳新榮選集 2》（台南縣新營市：南縣文化，1997）頁 149。

〔註131〕陳氏總督府國語學校國語部畢業。1911 年入三井物產株式會社臺南出張所任
雇員後長達九年。據此，陳氏當具有一定的日語能力。

〈漢詩世界〉（漢詩の世界，1942）雜文中，「以其矛攻其盾」般的以日文寫漢詩的「性靈說」（袁枚）、「神韻說」（王漁洋）等奧妙詩境，更開宗明義地說：

> 俳句特有俳句的味道，同樣的，漢詩有漢詩特有的味道。若不善於體會此味的話，是無法進入真實的漢詩世界的。不過體會此味，無論怎樣巧妙的翻譯也不可能接近。〔註132〕

言下之意，就是說漢詩境界是日人無法翻譯的，即使再經訓讀、仮名註解的方式也無法參透。他大量舉例中國的近體詩（如唐代王維、宋代王安石、清代王漁洋等人）作品為證，說明漢詩的「神韻」，並在大篇幅介紹中國古典漢詩之餘，不忘以其喜愛的日本漢詩人森春濤（1819～1889）的「崎阜竹枝」詩孤例旁證：

> 環郭皆山紫翠堆。夕陽人倚好樓臺。香魚欲上桃花落。三十六灣春水來。〔註133〕

然而他卻將此詩歸入漁洋詩之列，原因無他，唯此詩深具「神韻」之妙。無疑的，陳逢源文中所凸顯的不僅是「執友只餘袁伯業，此生端合作書顛」〔註134〕詩藝驕傲，更凸顯一向為日人所尊崇、仿效的漢詩，其背後尊卑鮮明的文化位階。也就是說，如今臺灣固有的漢文化是高於日本文化。是故，從吳、陳兩人對「國語」的肆應看來，漢文書寫的意義是複雜，無法簡單視之的符號系統；它既是臺日人交際〔註135〕、台日文化重疊的書寫系統，更可能具有被殖民者（如陳逢源）在文化上的認同意義。

（二）漢文的啟蒙意義

　　除了上述的認同意義之外，漢文亦有其現代肆應的一面。以鄭坤五（1885～1959）的漢文作品為例，1934（昭和七）年12月29日《三六九小報》「話柄」欄的〈雜色話〉一則，其文戲謔如下：

> 有慶應學生和早稻田學生野球合戰。是日歸早稻田大捷。一人拍掌

〔註132〕陳逢源『感想集　雨窗墨滴』，中島利郎・下村作次郎編，《台湾隨筆集二》（東京：綠陰書房，2003.4）頁120。
〔註133〕陳逢源『感想集　雨窗墨滴』，中島利郎・下村作次郎編，《台湾隨筆集二》（東京：綠陰書房，2003.4）頁126。
〔註134〕陳逢源，〈寒夜讀書解悶〉，《台湾隨筆集二》，頁129。
〔註135〕漢文書寫的交際功能，在如《台灣日日新報》固有的「詩苑」欄中即可經常見到臺、日詩人相互應酬的現象。

　　大笑曰「國貨獎勵啦」眾問其故。曰「慶応是 OK 反唱屬舶來品。
　　早稻田是ワセダ（和製啦）屬本國品。既是和製壓倒舶來。豈不是
　　國貨獎勵的好兆頭嗎」

這是淺近的文言文體，其中不僅運用慶応（けいおう）反讀音如 OK，ワセダ
與わせい（和製）的戲謔、諧趣；而且加入 OK、ワセダ等的日語詞彙以至「國
貨獎勵」日式語法，在在呈現了殖民地混雜（hybrid）的文化現象。鄭坤五不
僅擅於雜談，其淺近的漢文小說亦頗受注目〔註136〕，如自《南方》第一百六
十期（1942.9.15）起連載二十二回，最後由該雜誌於 1944 年 3 月出版的章回
小說《鯤島逸史》即是。至於寫作此書的目的，他在自序中說：「宗旨在使養
成守己、守分之心，警戒任性暴躁之念，獎勵忠孝，杜絕奸狡；破除迷信，
宣傳科學，維持公道，懲戒匪類」以期能「引導青年尚武，指使婦人雄飛。」
〔註137〕這段話最令人興味者，在於宣揚忠孝節義之餘，仍不忘「破除迷信，
宣傳科學」的啟蒙心態，實堪玩味。故摘述以下一段文字作例：

　　俗謂燕子來窠其家者家運必興。不知古人用意所在。……後始知燕
　　子。在餘雛時。每日捕捉害蟲。平均二千餘個。是為人類益鳥。理
　　當保護。設使古人。毫不粉飾。直言燕是保護鳥勸大家須歡迎保護。
　　試思民眾學識程度淺薄時期中。既不曾實驗果否。又且對於自己無
　　直接受益。誰肯常信一面之詞。未盡力保護。古人先知大眾心理。
　　〔註138〕

這裡不僅為古意探源，而且藉此淺近的文言（或稱平易漢文）文體作啟蒙書
寫。而這樣的書寫，其實早在臺中臺灣文社所刊行的《臺灣文藝叢誌》（1919
～1926）就看得到。譬如法學博士 林毅陸〔註139〕著，鹿津李啟芳譯的〈獨立

〔註136〕鄭坤五創作極具多樣性，不僅文言小說、詩歌詞賦、史讚文論、散文雜文、
　　　　詩畫猜謎等文學書寫俱有佳作，其繪畫成就也曾為他在 1924 年東京第五回的
　　　　「東洋藝術院賞」得到金牌賞。參見李陸梅著，《鄭坤五《鯤島逸史》研究》
　　　　（台中：東海中文所碩論，2002）頁 1、6、9。
〔註137〕鄭坤五著，《鯤島逸史》（高雄縣岡山鎮：高雄縣立文化中心，1996）頁 16。
〔註138〕鄭坤五著，《鯤島逸史》第二十二回「究真理始悟古人深用意／忍大辱可憐老
　　　　婦險傷生」，《南方》1944（昭和十九）年一月一日號（臺北：南天，2001）
　　　　頁 27～28。
〔註139〕林毅陸（はやしきろく）（1872～1950），日本思想、政治、教育家。慶應大
　　　　學畢，曾留學法國。歸國後，任母校政治科教授。著書「歐州最近外交史」
　　　　全三卷。

與協力〉〔註140〕的一段文字所示：

> 若國家能足保其生活。則永久亦甘受之。要之獨立氣風旺盛者。使
> 得見其眞正之協力也。然我國依賴主義之弊。到底不比於佛國。觀
> 此吾人愈々鼓吹絕叫獨立之精神痛言其必要焉。

據此可知，《臺灣文藝叢誌》不僅爲日治時期重要的古典漢文刊物，其平易漢
文文體也成爲翻譯新知、啓蒙的載體。

（三）「漢文＝白話文＝臺灣話文」的在地視野

　　自 1895 年日本殖民臺灣以降，臺灣總督府即以國語傳習所、公學校等
官方教育機構持續推行「國語」，以達其殖民同化的目的。相形之下，在強
勢的官方「國語」政策下，原本的在地用語——臺灣話〔註 141〕——將有逐
漸被「國語」壓縮終至被取代的危機感便因勢而生。相形之下，日人從一統
治初期，即著手研究臺灣話的動機則有不同。〔註 142〕這麼用心研究臺灣
話，當然並非出於臺灣話的保存、維繫，而是欲「藉由編纂臺灣話來瞭解
臺灣人，俾更有效地治理臺灣〔註 143〕」。至於臺灣人的研究有劉克明（1884
～1967）的《臺語大成》（1916）、陳輝龍的《台灣語法》（1934）等。至於
連雅堂（1878～1936）於 1933 年完成（於 1957 年由其哲嗣連震東重予整理，
陳漢光校訂出版）的《臺灣語典》則被視爲臺灣話語源學研究的經典〔註 144〕。
何以研究臺灣話？他說到：「余臺灣人也，能操臺灣之語而不能書臺語之字，
且不能明臺語之義，余深自愧。……余以治事之暇，細爲研究，乃知臺灣之
語高尚優雅，有非庸俗之所能知；且有出於周、秦之際，又非今日儒者之所

〔註140〕見《臺灣文藝叢誌》第五年第六號（大正十二年六月二十五日）。

〔註141〕本文所謂的「臺灣話」，係指日治時代臺灣島上多數人所講的本地語言。它爲
　　　　來自於閩南漳泉一帶而移民來台的多數漢人所用，亦即「福建系臺灣人所説
　　　　的語言」。見陳恆嘉譯，《王育德全集 6 台灣語常用語彙》（臺北：前衛，2002）
　　　　頁 3～5。「臺灣話」並非嚴謹的學術用語，但本於歷史現場的稱呼（如 1930
　　　　年代所發生的「台灣話文」論爭即是例證）而沿用。

〔註142〕當時的研究成果，有 1907（明治四十）年即發行臺灣總督府編的《日台大辭
　　　　典》，一九三一（昭和六）年則完成《台日大辭典》，以上兩書堪稱台灣話研
　　　　究之雙璧。而其間相繼出版的書籍另有岩崎敬太郎的《新撰日台言語集》
　　　　（1914）、東方孝義的《台日新辭典》（1931）等書。

〔註143〕王育德，〈想起連雅堂〉，原刊《台灣公論》四期，一九五九年十二月。收錄
　　　　於賴青松等譯，《王育德全集 14 台灣史論＆人物評論》（臺北：前衛，2002）
　　　　頁 163～164。

〔註144〕連雅堂，《臺灣語典》（臺北：金楓出版社，1999）。〈姚榮松導讀〉，頁 3。

能明，余深自喜。」〔註 145〕這裡連氏不僅為臺灣話溯源，亦為其文化意識尋求歸處。然則與其說連氏的研究是出於對臺灣鄉土的熱愛，毋寧說是出於對漢民族意識的維繫，無怪乎其言：「余懼夫臺灣之語日就消滅，民族精神因之萎靡，則余之責乃彌大矣。〔註 146〕」然而不同知識、學養背景，即使同樣的議題，亦會有不同的考量。如張深切在臺灣話文論爭之前，即對臺灣話的書寫文字作思考〔註 147〕。而早在 1924 年連溫卿的〈語言之社會的性質〉〔註 148〕一文也可看到，他說：

> 言語那個東西能夠看做，是當時文化的象徵，言語學者，也以這樣見地去珍重考究言語就知道了言語由社會的反映生出來的。而社會文化當是時，那社會人們造就的，言語一定也是被當時人們拿去使用。這是不錯。（標點符號為筆者所加，以下引文皆同。）

這裡，連溫卿技巧性地將語言與民族的關係脫鉤，藉以強調言語是當時社會文化的象徵。言下之意，最能表現殖民地社會文化的語言，自然是臺灣話而非「國語」。因此，在接下來的論述策略上，他藉由新渡戶稻造（1862～1933）在國際聯盟的報告書內容的轉述，加以批判：「叫同一民族要去服從同一權力的理想，說同一民族不可不使用同一的言語，獨乙的國歌有『獨乙的國在何處，獨乙語響到的地方』一節，這不但是獨乙帝國主義的反映，是由萬國的帝國主義者自身打出響破世界的弔鐘。」這裡，直接批判「獨乙」（亦作「獨逸」即德意志 Duits）帝國將言語問題視為民族感情的問題，無疑是對新渡戶所支持的「國語」政策作批判，連帶著即是批判「國語是國體的精神血液」的思維。雖然殖民者以「一視同仁」作同化的口號，但臺灣人與日本人的異民族關係，卻無法盡除。因此，連溫卿在此批判新渡戶將語言與民族劃上等號的思維，無疑是針對日人的「國語」政策而來。而這樣的批判，如其《將來之臺灣語》〔註 149〕一文亦清楚可知：

> 教育的根本是有同化問題在，總要把統治國的國語，去陶冶訓練他，

〔註 145〕《臺灣語典》，頁 30。

〔註 146〕《臺灣語典》，頁 31。

〔註 147〕張深切在〈觀臺灣鄉土文學戰後的雜感〉言及：「（……我對這方面，在六七年前就已經注意過了），還或應用國音字母傍註也是一法，不過字母的普遍工作是異常困難耳。」《彙編》，頁 418。此語發言於一九三三年十一月三日，故筆者判斷張氏在一九二七年左右即思考到臺灣話文的需要與可能。

〔註 148〕1924 年 10 月 1 日《臺灣民報》第二卷十九號，頁 13。

〔註 149〕1924 年 10 月 21 日《臺灣民報》第二卷第廿一號，頁 15。

這種政策是不經的與否？我卻也不敢擅斷。然最近布哇的教育用
語，都改成被統治者的言語了，他說因為要他們有自尊心，不如把
他們的言語去教育他們，是第一捷徑的。……不論經濟上，也是政
治上有甚麼干係，我們臺灣人需要改造我們的臺灣話，以應社會上
生活的要求。

這裡，他藉當時的美國統治布哇（ハワイ，即夏威夷 Hawaii）的領地時期
（1898～1959）使用本地語言作為教育用語為例，別有用意地呼應臺灣「教
育的根本是有同化問題在」。也就是說，作為同化工具的「國語」教育是有
問題的。而對「國語」教育的批判，臺灣知識分子是承先啓後、不曾中斷的
進行著，前述二〇年代的連溫卿如此，到了三〇年代臺灣話文支持者黃純青
亦是如此，吾人在其〈臺灣話改造論〉（1931）一文即可窺見他的批判：

吾人分子女，百人中，會得入初等學校只有卅五人，其餘六十五人
就是患了文盲病。救濟這樣分文盲病，的確是目前分急務。既然如
此，有甚麼藥方可來醫治呢？有！有！治本分方法在施行義務教
育；治標分方法在普及白話文。看起臺灣現在分實情，照我分意見，
不得不用治標分救急法。所以我主張臺灣話愛趕緊改做言文一致。
〔註150〕

黃純青在此挑明地道出「國語」教育的不足，並不能有效地解決文盲問題。
是故，他提出真正能解決問題的藥方——臺灣話文作為教學用語，或者另闢
一個場域來有效解決文盲問題。然細究其論述邏輯，似乎也暗示著固有且普
及於殖民地的生活用語——臺灣話遠勝於外來「國語」更能有效地解決文盲
問題。然而這樣的主張，勢必與殖民者的「國語」同化政策相扞格，且難以
與殖民教育體制抗衡。故其訴求對象當非統治者，而是更普遍、通曉臺灣話
的臺灣知識分子。因此，黃純青有以下的呼籲：

改造臺灣話有甚麼功效呢？有！有！除起救濟文盲病以外，還有三
項分功效。就是：
一、南進分國策，可以促進。
二、臺灣話將滅，可以防止。
三、漢文將亡，可以補救。〔註151〕

〔註150〕原刊《臺灣新聞》，一九三一年十月十五日至二十八日，分十四回連載，《彙
　　　　編》，頁123。
〔註151〕黃純青，〈臺灣話改造論〉（1931.10.15-28，十四回連載），《彙編》，頁138～

表面上臺灣話文具有促進南進國策的功效，實際上是將臺灣話文與漢文的存
續問題作並列思考。黃純青所堅持的無疑是臺灣話文與漢文的抗衡意義，
即使他是以「曲筆」書寫。這樣的理解，李尚霖〈漢字、台湾語、台湾話
文──植民地台湾における台湾話文運動に対する再考察〉（漢字、台語、
臺灣話文──日治時期臺灣話文運動之再考）〔註 152〕一文中也持有類似的
看法。不過，李尚霖認為日治時期臺灣口語文運動以漢文作表記的原因，在
於當時文字的使用上，大抵分成以蔡培火（1889～1983）為代表的羅馬派，
以及主張運用漢字表記台語的漢字派。不過，蔡培火的主張，在當時的知識
分子當中，雖獲得某種程度的支持，但反對者亦多，其因在於當時的知識分
子，依舊帶著強烈的漢文化意識〔註 153〕。因此，當時羅馬字不是被當成外
國的文字，便是被視為基督徒或文盲才使用的文字〔註 154〕。

　　另外，郭秋生對蔡培火的主張也有以下的結論：「臺灣既然有固有的漢
字，而這漢字任是什麼樣沒有氣息，也依舊是漢民族性的定型，也依舊是漢
民族言語的記號，所以理論上或可以簡便易寫的拼音字替代難寫的漢字，但
實際上這恐怕不是容易的工作，所以我要主張臺灣人使不得放棄固有文字的
漢字，又不可不將固有的漢字來記號臺灣語寫成臺灣話文。」〔註 155〕因此，
郭氏基於解救文盲的目的〔註 156〕，指出未來的臺灣話文身分，他眼中的臺
灣話文既「超出文言文體系的方言位置，又超出白話文（中華國語文）體系
的方言的位置，但卻不失為漢字體系的較鮮明一點方言的地方而已的文字。
〔註 157〕」。易言之，其主張提出了「漢文＝白話文＝臺灣話文」的在地視野。

139。
〔註 152〕李尚霖，〈漢字、台湾語、台湾話文──植民地台湾における台湾話文運動に
　　　　対する再考察〉，『ことば社会』9 号（2005.12.25）。
〔註 153〕除此之外，高賢治以為日治時代驅使臺人至私塾學漢文，其動機與「識字即
　　　　是文化人，是知識分子」有關。參見高賢治，〈再版後記〉，李獻璋，《臺灣民
　　　　間文學集》（台北：龍文，1989）頁 225。這裡的識字即是通曉漢字。易言之，
　　　　漢字在其人意識裡當有不可磨滅的地位，故民間有聖蹟亭（又稱惜字亭、敬
　　　　聖亭、字紙亭、惜字爐）在寺廟、庄頭、或書院週遭出現的建物。這種敬惜
　　　　字紙甚而不敢妄加褻瀆的觀念，當與羅馬字運動難以展開不無關係。
〔註 154〕廖毓文，〈台灣文字改革運動史略〉，《日據下台灣新文學明集 5 文獻資料選集》
　　　　（台北：明潭，1979）頁 474～475。
〔註 155〕郭秋生，〈建設「臺灣話文」一提案〉，《彙編》，頁 48。
〔註 156〕郭秋生，〈建設「臺灣話文」一提案〉，《彙編》，頁 31～32。
〔註 157〕郭秋生，〈建設「臺灣話文」一提案〉，《彙編》，頁 52。

〔註 158〕

　　對郭秋生的想法，李尙霖則以爲臺灣話文深具啓蒙大衆以及隱含與日語相抗衡的意義〔註 159〕。然則筆者以爲，此抗衡實是源於二〇年代臺灣知識分子的批判思維；更重要的是，啓蒙大衆之前，解決文盲是其前提，這也是郭秋生與黃純青兩人的共同思維。因而，雖然兩人對臺灣話文再造新字等意見相左，卻出於便利考量而選擇以漢文作臺灣話文的書寫語言，而反對蔡培火的羅馬字論〔註 160〕。

　　總之，誠如黃琪椿所言，無論臺灣話文論爭是出於歷史必然——是社會主義思潮下的產物〔註 161〕；或同時是對「國語」持續的抗衡，以爭奪語文支配權所興起的策略產物。日治時期漢文、日文的並存現象始終沒有消失，這不僅呈現了臺灣特殊、複雜的語文狀況，更反映了當時臺灣漢文的多面性，若單以薩丕爾（Edward Sapir, 1884-1939）所言：「語言不僅忠實地反映出其所服務的文化，而且語言史和文化史始終是沿著平行的路線前進的。」〔註 162〕作思考，那麼三〇年代臺灣話文的主張既是臺灣語言史上的重大思索，也是「漢文＝白話文＝台灣話文」在地性格的彰顯。

二、「殖民地風景」的提出

　　上述所言，是將臺灣白話小說納爲廣義的漢文書寫的範疇，這是本研究的前提；而此處將對「殖民地風景」的概念作說明，首先，「風景」，在日治時期報端上是常見的詞彙。如 1935（昭和十）年 1 月 19 日《臺灣日日新報》「沙鹿／視察州路」一則報導：「因近州設一大遠園地在大肚山主峰。風景絕佳之處是以該路。有急開鑿之要。」這裡的風景有「風光、景物」的指涉。其次，風景也有「人物的風采」之意。〔註 163〕最後，風景尙有「情景、狀況」

〔註 158〕李敏忠，〈混雜、嘲諷的文體風格與啓蒙意識形態〉，《臺灣文學研究學報》第十期（2010.04），頁 264～267。

〔註 159〕〈漢字、台湾語、台湾話文——植民地台湾における台湾話文運動に対する再考察〉，頁 178。

〔註 160〕〈漢字、台湾語、台湾話文——植民地台湾における台湾話文運動に対する再考察〉，頁 179。

〔註 161〕黃琪椿，〈日治時期社會主義思潮下之鄉土文學論爭與台灣話文運動〉，《中外文學》23:9（1995.2）頁 66。

〔註 162〕Edward Sapir, *Language: an introduction to the study of speech*, New York: Harcourt, Brace and company, 1921. P.233.

〔註 163〕以上日治時期「風景（ふうけい）」用法，與漢字原有的「風光、景物」、「風

的第三個指涉，如1930（昭和五）年6月19日《漢文臺灣日日新報》一則「商業會與總商會／所主催或後援之會況／數日風景幾為與殺盡／此後會期各要延緩」報導所示；或如1934（昭和九）年6月19日《臺灣日日新報》一則「海山特演／現非常時風景」的報導所示：「臺北州海山郡。夙努力防護團訓練。竝諸管制普及徹底。其準備工作已終。於去十六日。實施第一回豫行演習。午後一時。板橋街防護團。午後三時。鶯歌庄防護團。團員二百餘名。出席訓練。假想瓦斯彈投落。燒夷彈投落種種。熱心演習。現出非常時風景。又同夜自午後七時。至午後九時。實施郡下燈火管制。全郡化如黑暗云。」

　　總之，日治時期常用的「風景」一詞通常有以上三種用法、指涉。此外，「風景」一般雖指眼睛所看到的愉快景致，但成為其對象的亦不限自然。例如一家和樂的風景、心象（image）風景、眼前的情景以及由內在世界反映出來的視線皆是風景。〔註164〕所以本研究的風景，它既可能是自然景物的摹寫，亦可能是人物風采的描繪，或者內在世界的投射，不一而足。不過，本研究的「風景」尤指小說敘事所再現的文學風景。

　　文學是以虛構、想像的形式被作家創造，而被讀眾所閱讀。然則這樣的形式，也是社會文化的產物，它絕非憑空而生，而是書寫者的再現。三〇年代的臺灣，文學即被期許為新文化的載體。1932年1月在島內發刊的《南音》，其發刊詞上即寫下了他們的使命：

> 第一就是「怎樣纔能夠使思想，文藝普遍化」，……本誌應當期待先做箇研究，「怎樣纔能夠使多數人領納得思想和文藝的生產品」的機關，換句話講，就是甚麼方法或是用甚麼工具和形式來發表，纔能夠使思想，文藝浸透於一般民眾的心田，這是本誌應當努力的一個使命。……同人心願提供這一片小々的園地給大家利用，還想講究種々的方法去鼓勵作家，以期有所貢獻於我臺灣的思想，文藝的進展。這是本誌應當奉行的第二層的使命。〔註165〕

這裏可以看到藉文藝大眾化以提高文化的期許。同樣的，同年3月20日創刊的《福爾摩沙》，則更聚焦於藉「現代文學的發表形式」來「創造真正臺灣人所需要的新文藝」，進而該宣言主張跳脫偏狹的政治和經濟所拘束，「將問題

采」二義相同。
〔註164〕柴田陽弘編著，《風景の研究》（東京：慶應義塾大學出版，2006）頁6。
〔註165〕奇（葉榮鐘）著，《南音》創刊詞（1932.1.1）。

從高遠之處觀察，來創造適合臺灣人的文化新生活。」該宣言不僅明白指出時人欲跳脫舊文學形式的企圖，更正視起「現代文學」的改進事業。他們既要整理「鄉土藝術」以尋求臺灣人的文化根底，也要「從心裡新湧出我們的思想及情感」去創造「臺灣人的新文藝」〔註166〕。

綜合《南音》與而後的《福爾摩沙》的發刊詞看來，這除了代表繼二○年代臺灣社會轉變之後，三○年代文藝與思想活動，已被臺灣人所接受外，也代表著當時「現代社會」臺灣對「現代文學」的期許：文藝深具提高文化、深化思想的社會功能。這股急欲整理「鄉土藝術」，創造「臺灣人的新文藝」的急切。前者是發明傳統，後者是新文化的開創。換言之，無論新、舊，做為整體的文化已成為時人的重要議題；而當時的小說所展現的「殖民地風景」就是作家心底的世界，其筆下所再現的現實。這風景好比一座「倉庫」，這裡蘊含時人的內在視野、文化觀點。據此，本研究的「殖民地風景」並非著眼於如柄谷行人對日本近代文學起源意義的探討（容第四章詳述），而是將焦點擺在以下兩個面向來說明這個概念：

（一）是內外摹寫的風景

誠如上述，本研究以為三○年代臺灣新文學的發展是經由臺灣白話文的形成所促成。相對於日文書寫，漢字既為臺灣新文學的書寫工具，它既非無以避免的他者，也使書寫者領略漢字的傳統資源，游刃有餘地展現其書寫技巧。這些技巧當中，摹寫是當時白話小說的共相。

所謂摹寫，亦作摹擬、摹狀、摹況。英語的摹擬（mimesis）修辭其意即是摹仿，是藝術創造中的一條基本理論原則。根據柏拉圖的說法，所有藝術創造都是一種模仿的形式：真正存在的（在「理想世界」中）是上帝創造的一種類型；人在他存在的時候看到的具體東西，就是這種理想類型的模糊表現；因此，畫家、悲劇作者和音樂家都是一種仿製品的仿造者，離開真實又遠一步。亞里斯多德在談到悲劇時強調如下論點，即它是一種「行為的模仿」——即一個人從較高地位墜到較低地位的「行為」。莎士比亞在哈姆雷特對演員的一席談話中，即論及表演的目的是「……掌握事實，反映逼真」。〔註167〕因此，將此藝術創作的原理，落實於文學修辭的層次來看，它則包括聲音、

〔註166〕施學習著，〈臺灣藝術研究會成立與福爾摩沙（Formosa）創刊〉，《フオルモサ》，（東方文化書局復刻本　臺灣新文學雜誌叢刊）頁69～70。
〔註167〕「摹擬」。《大英百科全書》。2008年。大英線上繁體中文版。2008年1月25日 http://wordpedia.eb.com/tbol/article?i=106484.

色彩、氣味、觸覺等各種境況與情況的摹擬。因此，在聲音部分，英語的描摹（imitation）就包括聽覺上的摹聲（onomatopoeia, 或譯作聲喻〔註168〕）手法，如擬人聲、擬動物聲、擬物、擬自然現象等聲喻。〔註169〕在漢語修辭，陳望道將摹寫稱作「摹狀」指「摹寫對於事物情狀的感覺的辭格。」〔註170〕而黃慶萱則稱「對自己感受到的各種境況與情況，特別是其中的聲音、色彩、形狀、氣味、觸感等，恰如其實地加以形容描述」的辭格，而且此辭格乃「摹寫各種境況、情況的意思」故名爲「摹況」。〔註171〕然則文學既是語言的藝術，它不僅是修辭經營的呈現，也勢必涉及意象（Imagery）諸多感官〔註172〕的摹寫。

總之，本文的摹寫修辭包括視覺的、聽覺的（即摹聲或聲喻）、嗅覺的、味覺的、觸覺的等等綜合意象。以下試舉朱點人〈蟬〉〔註173〕中的一段作例（他例則留待各章節再作介紹），如下：

> 不知道經過了多少時刻，在地面上的混亂裏，空中的敵機已被擊退了。於是交通纔得恢復了順序，好容易才看到那個買　魚〔註174〕的從人叢裏爬出來。
>
> 那尾　魚看來倒有二三斤，但拿在手裏卻不甚活潑。純眞取出一個小盞兒放在桌上，一手強力地抓住牠，一手拿著銳利的刀兒，正要把牠刺殺，但刀尖兒剛舐著牠的身，不知怎的，拿刀的手就顫抖起來，把他猶豫了幾分間。但他終於硬了心腸，顫著手把刀尖兒刺到

〔註168〕所謂摹聲，此詞來自於希臘語 onomapoiia，其意爲 name-making。聲喻是指借助於與語言以外的某種聲響相似的詞語來表達的修辭格。聲喻是以一系列詞語爲基礎的，這些詞語（onomatope 擬聲詞）的發音模仿所描繪的現象所具有的聲響特點，它能產生特殊的效果。

〔註169〕尹懋謙、何詠華編著，《英漢修辭格比較》（中國長沙：中南工業大學出版社，1992）頁201。

〔註170〕陳望道著，《修辭學發凡》（台北：文史哲出版社，1989.1）頁151。

〔註171〕黃慶萱著，《修辭學》（臺北：三民書局，2004）頁67。

〔註172〕意象，在文學作品上的語言使用上，有別於抽象推論或闡述，包括那些經涉及可感知的或「具體的」對象、場景、動作或狀態的字面或比喻所喚起的感覺印象。因而文學作品的意象包括所用的一組圖像；這些需要的並非精神的「圖像」，而除了視覺之外，它也可以求助於各種感官。摘譯自 Chris Baldick, *The Concise Oxford Dictionary of Literary Terms*, Oxford; New York: Oxford University Press, 1990.

〔註173〕本篇作於1934年10月15日，原載於《第一線》，1935年1月6日出版。

〔註174〕鮘代魚（tāi-hî），即鯉魚。

牠的臍部去了。可憐的犧牲者，痙攣地搖著尾巴，拼命地掙扎，口
兒不住地開閉著，喊著無言的救聲，在這個瞬間，純眞發見了人類
的殘忍。〔註175〕

上面引文敍述主人翁純眞因其子珍兒發燒不退，盡求西藥、漢方卻毫無效果，
惶惶終日。此處是純眞爲珍兒殺魚以滋補其身的敍述。珍兒住院前適逢防空
演習，純眞爲求子退燒而手刃鯉魚，演習、殺魚，譟靜相襯，由外至內的摹
寫，其中有主人翁內面的躁動；在滴血鯉魚彷彿「喊著無言的救聲」的瞬間，
無聲地道出純眞對人類殘忍的感悟。再如王詩琅在同一刊物上發表的〈夜雨〉
〔註176〕。小說敍述自十五歲起在 W 印刷工廠「疊鉛字」工人有德，在三十九
歲這一年，因業主取消禮拜日休息的工資，而呼應臺北印刷工組合員總同盟
的串聯罷工。自此賦閒在家，後礙於經濟窘迫，竟讓十六歲女兒秀蘭至咖啡
店作女招待的故事。其中主人翁挫折感的摹寫是小說的著重之處，如下：

西裝青年、長衫女士、勞動者、紳士、自轉車、自動車、人力車、
貨車……這些構成近代都市的細胞，摩登的風景，在他灰黯的心情，
都是馬耳東風。無精無彩，癡獸獸慢慢地步著。他覺得自己的形影
很悄然，先前散工後，攜了隆興的小小的可愛的手散步，和現在好
像兩樣的人。〔註177〕

上面引文，同樣是內外摹寫的手法，唯殖民地風景與人物內心形成對比，由
外而內的摹寫，將人物悄然、灰黯的內在情狀展現無遺。

（二）是被殖民者個體彰顯的風景

　　無論小說是藉「你」、「我」或「他」的視角敍事，小說所涉及的不外是
「自我（self）」或「主體（subject）」〔註178〕的彰顯，是身心的綜合呈現。
〔註 179〕三〇年代臺灣白話小說中的人物可說是「身」、「心」領受殖民地現

〔註175〕張恆豪編，《王詩琅、朱點人合集》（臺北：前衛，1990）頁 190～191。
〔註176〕作於 1934 年 11 月 9 日，載於《第一線》（1935.1.6）
〔註177〕《王詩琅、朱點人合集》頁 21。
〔註178〕本研究的「自我（self）」意指自己，是作爲由個體體驗的行爲主體；是身處
　　　　於世界之中的人一旦有所思考或行動時，所感知的「自我」。據此，筆者將之
　　　　視爲「個體＝主體」的思維結果。故下文出現的「個體」、「自我」、「主體」
　　　　等詞皆屬相同的所指。
〔註179〕所謂「自我」並非如笛卡爾（René Descartes, 1596-1650）「我思故我在」所
　　　　言是獨立存在的心靈而已。若然，則「我痛故我在」的提法同樣也能成立。
　　　　因此，與其將自我做身心作二元的區分，毋寧將之視爲身心的整體。

實的自我體現。這種體現，即是現代文學上的個體彰顯。據此，無論這些人物是「善男信女」的複數或是個體，小說的殖民地風景便是以人物爲核心的書寫。以賴和〈一個同志的批信〉〔註180〕的一段文字爲例：

> 雖然是在頭殼裡獨語著，這樣發洩一下，心肝頭的悶氣也輕鬆了許
> 多。提起批，重再看一遍。啊！伊的身體原本軟弱，這款病的確無
> 騙我。不管伊啊，我那有氣力？不過——不過若會一下病就死去，
> 那都無講起了（那就不提），萬一病無死，後日出來，怎有面目好相
> 見？〔註181〕

這裡的「獨語」指的是內面獨白（interior monologue），藉此表達出現代小說人物「自己頭腦中的思想、感情和有關情況的一種獨白。」〔註182〕在人物的形塑上，小說敘事爲彰顯敘事者「心肝頭的悶氣」的掙扎心境，作者特意捨棄引號的對話，使「我」的自問自答的「獨語」更具渲染力。所謂「獨語」，它不僅意味著與自己的對話；同時亦是反思，這意味著現代個體被彰顯了。唯這個作爲單一主體的個體／我是徬徨的，急欲「公開」說明身爲被殖民者的苦境。因而賴和在小說最後藉由「我」閱讀／引用同志來信，讓許修發聲：

> ……這張信的郵費，是罄盡了我最後的所有，我不願就這樣死去，
> 你若憐惜我，同情我，不甘我這樣草草死掉，希求你寄些錢給我，
> 來向死神贖取我這不可知的生命，我也曉得你困難，但是除你以外，
> 我要向什麼人去哀求？……〔註183〕

這是一種力求平衡的你／我的對話設計。然而對話中，作爲主體的「我」仍被一再地彰顯，如運用「啊！同志！這是你的運命啊！」的感嘆將「我」凸顯出來。而小說最後又以附註說明：「這篇有些處應該是對話，因爲沒有對方的承諾，不敢妄爲發表，遂成獨白，恐閱者疑誤，故特聲明。」這裡，無疑是再次提醒讀者此作在《臺灣新文學》此媒體「公開」發表的事實。然而弔詭的是，此處的被殖民者卻是以「獨語」又公開的悖論方式再現於小說的殖民地風景當中。

〔註180〕原載於《臺灣新文學》創刊號（1935.12.28）。

〔註181〕賴和作：張恆豪編，《賴和集》（臺北：前衛，1990）頁 214。

〔註182〕大英線上繁體中文版。2009 年 3 月 30 日 http://wordpedia.eb.com/tbol/article?i
=050811 獨語有幾種形式，如引文的第一人稱的內面摹寫，或以第三人稱作處
理，如用「他想」或「他一轉念……」的說法來描述。

〔註183〕《賴和集》，頁 219。

　　當然「獨語」的書寫不限於〈一個同志的批信〉一例，郭秋生的〈跳加冠〉也是例子。不過，這樣的書寫尚待以下章節再做整體、具體的分析，藉以進一步探討三〇年代臺灣白話小說「殖民地風景」的意義。

三、研究目的

　　在日本，小森陽一從其日本「近代文學史」的觀察指出，一般以爲由坪內消遙所提倡的「言文一致體」，是在二葉亭四迷的《浮雲》及山田美妙的《武藏野》中首先嘗試，然後再經過後來的「小說家」們不懈努力才得以確立的。然而小森以爲這種說法實已排除了速記講談及速記相聲的歷史。尤其對那些隸屬於「歐文直譯体」的學者及知識分子們，特別是「文學家」們。小森以爲，這些文學家實際上是在創造「言文一致體」的神話，這是一些人爲了替自己強詞奪理而編造出來的。〔註184〕

　　在臺灣，三〇年白話小說的作家們受到臺灣話文論爭有形、無形的啓示，最後以實際的書寫呈現：在「言文一致」思維之外的混雜文體。他們不說神話（或說不曾細說過此神話），也不太強詞奪理（或說殖民者沒有給予太多時間），而是在短暫的三〇年代裡各自再現了「殖民地風景」，以其文體風格成就現代文學的意涵。基於這樣的認識，本研究將在賴和（1894～1943）、陳虛谷（1896～1965）、蔡秋桐（1900～1984）、朱點人（1903～1951）、郭秋生（1904～1980）、楊逵（1905～1985）與張慶堂等人的民間傳說、歷史、章回等書寫形式（容後討論）之外，專注於現代小說做直觀（intuition）的審美分析。這裡的直觀，底下筆者將借用 Walter Nash〔註185〕的「連接發現與刺激的程序圖」（The process of interlinking discoveries and impulses）〔註186〕加以來說明。

〔註184〕小森陽一著，陳多友譯，《日本近代國語批判》（中國長春：吉林人民出版社，2004.1.）頁119～120。此書譯自小森陽一，《日本語の近代》（東京：岩波書店，2000）。

〔註185〕Walter Nash，英國語言學家，英國諾丁漢大學（Nottingham University）現代英語系退休教授。

〔註186〕這個程序圖，申丹也曾引用，詳見其著，《敘述學與小說文體學研究》（第三版），（中國北京：北京大學出版社，2004.5）。但本研究的程序圖、譯文皆與申丹書略有出入。

連接發現與刺激的程序圖（Walter Nash, 1982）〔註 187〕

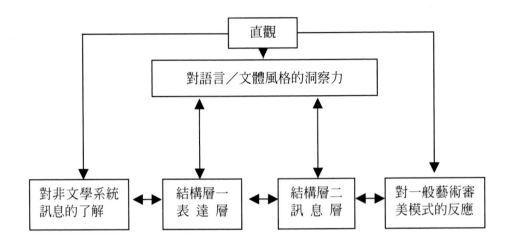

Walter Nash 假定文本理解的三個必需的步驟：一個對文本的直觀反應、一個對文本模式的探索，以及一個支持直覺與舉證這語言／文體特徵的模式的認確。〔註 188〕這三個步驟是環環相扣、相互支援的反應過程。所謂直觀意指極其重要的文學敏感度、發現意義模式的傾向。初次的文本直觀之後，「進而是隨著語言／文體特徵——或許經由配對（pairings）、對比（contrasts）、逐漸的變化（gradations），或某些其他前景化（foregrounding）的方法所標記——的觀察而來提示」。因而回過頭來，直觀又會被加強或修改，而且是被賦予開始在文本裡的結構層定義。〔註 189〕而所謂的表達層（結構層一）是指一個與文本裡的設計，這主要包括背景（setting）、視角（perspective）與情節發展等描述所結合的圖式（scheme）。至於訊息層（結構層二）則包括人物性格、象徵等要素，它是表達層的添加物。不過，在表達層的發現，包括訊息層的感知；而同時，語言特徵的持續發現，支持或限定了對結構解釋，引導直觀進一步地發現。因此，Walter Nash 依據經驗所圖繪的程序圖，指出「閱讀程

〔註 187〕此圖漢譯（原文）如下：直覺（intuition）；對非文學的信號系統的了解（awareness of non-literary sign systems）；對一般藝術審美模式的反應（response to aesthetic patterns art generally）；對語言／文體技巧的洞察力（perception of linguistic/stylistic devices）；結構層一：表達層（structural l plane of articulation）；結構層二：訊息層（structural 2 plane of information）。

〔註 188〕Ronald Carter edited, *Language and literature :an introductory reader in stylistics*, London; Boston: G. Allen & Unwin, 1982. p.112.

〔註 189〕*Language and literature :an introductory reader in stylistics*, p.113.

序的重要要素以及可以有用地引起對——在許多文體的描述必然是語言的與超（extra-, or supra-）語言的複合物的實例——這事實的注意。」〔註 190〕

　　而因 Walter Nash 的圖式，有助於說明本研究的文體風格特徵的分析，並非一種量化、數據化的文體風格研究，而是以直觀爲前提的超語言學的分析。但需申明的是，無論是量化、數據化的統計，或是直觀（或謂「印象」）的整體把握的方法，皆需要客觀的文體特徵的論證。〔註 191〕再者，文體風格是小說言說（telling）的樣式，這是小說表現（showing）的依據。前者屬於「用甚麼說」的問題，後者則是「怎麼說」的分析；亦即是從修辭手法入手的分析，而非固有的語言學層次的分析，其理在此。最後，本研究將分成四個章節，分別就「殖民地風景」中的鄉土、傳統、個體及其語文同一性的意義作探討，資以希望爲臺灣文學研究提出以下兩個思考：

　　（一）作爲臺灣文學研究方法上的新嘗試；
　　（二）作爲戰後現代主義文學研究的參照。

〔註 190〕Ronald Carter edited, *Language and literature: an introductory reader in stylistics*, London; Boston: G. Allen & Unwin, 1982. p.113-114.
〔註 191〕根岸正純著，《近代作家の文体》（桜楓社，1985 年 3 月版）頁 301。

第一章　殖民地風景中的鄉土

所謂小說，本來目的是賦予某一個主題生命，以幾個事件和各形各色的人物來組成，並不是一成不變按事實來寫。因此寫小說時，需要作者的想像力、關於現實社會的廣泛知識、以及不同個性的人物心理變化的知識。說難聽一點，就是需要說謊的天才。

——楊逵，文藝批評的標準，1935

　　這一章節所要討論的是鄉土書寫，然則這類書寫深受三〇年代左翼思潮的影響，因此下文將從「左翼」這個詞說起。「左翼」原有其漢字用法。〔註 1〕但時至近代，又添了政治「左翼（left wing）」的「激進」意涵〔註 2〕。而這個政治意涵的用法，也因不同國家或不同時期而有不同的意義。〔註 3〕

〔註 1〕 「左翼」原指禽鳥的左邊翅膀，如《詩經‧小雅‧鴛鴦》：「鴛鴦在梁，戢其左翼。」所示。而後它有了軍事上的意義，如《三國演義‧第四十五回》：「隨令甘寧為先鋒，韓當為左翼，蔣欽為右翼。」指的是作戰時位於正面左側的部隊。
〔註 2〕 「左翼」詞源可溯至法國大革命初期（1789）法國立憲會議（the French constituent assembly）座位的安排。當時激進的雅克賓（Jacobin）派坐在國王席位的左邊；溫和派坐中間；而保皇派、保守派坐在右邊。這個詞與許多改革和激進者的平等主義、民主和反教會干涉政治者的觀點有關，而相對於保守的「右翼」，捍衛其本身特權的貴族和神職人員。"right wing and left wing" *Dictionary of the Social Sciences*. Craig Calhoun, ed. Oxford University Press 2002. *Oxford Reference Online*. Oxford University Press. Taiwan Academic e-book Consortium. 19 September 2008.（http://www.oxfordreference.com/views/ENTRY.html?subview=Main&entry=t104.e1448）
〔註 3〕 不過，若據議題取向來看，「左翼」大抵包含如平等主義（egalitarianism）、支持（組織）工人階級、支持產業的國有化、敵視階層的標記、反對民族主

因此，論「左翼」不能不在特定、具體的時空來看。首先，在二〇年代末的臺灣，「左翼」也是革命組織的代名詞。如 1928 年 4 月 15 日在第三國際的指導下在上海成立的臺灣共產黨，該黨當時指稱的臺灣革命運動的力量，即是來自無產階級和農民的聯合力量。當時的革命被視爲是一種民族革命，臺共認爲當時並未到達提出「工農政府」以及「無產階級專政」口號的時機。﹝註4﹞換言之，當時的臺共所設下的社會主義遠景的革命，卻有不同於其他地區的特殊性。這樣的「左翼」革命組織即使直到覆滅仍無法以「工農政府」以及「無產階級專政」作目標。然則「左翼」這個詞卻普遍、經常出現在知識分子的話語中，如而後 1932 年賴明弘在〈對最近文壇的感想〉中即可看到：

> 說什麼自然主義的文學、浪漫主義的文學，自由主義，至於虛無主義的安那其文學，擁護×××大御用的法西斯文學……等等，已不是我們的文學了。我們已很明瞭的認識我們唯一的文學只是普羅文學而已。
>
> 島內的**左翼作家**及**普羅文藝**的愛好者呀！我們要觀察現在的情勢，快凝結起來結成個我們活動的舞臺吧！﹝註5﹞

賴明弘在此提及的「左翼」成了一種文學用法，是與普羅文學相連繫的。然則其左翼的文學內涵，他並沒有具體、明確的說明。所謂明確的說明，是相對於王詩琅在〈沒落〉﹝註6﹞敘事裡，清楚指涉主人翁當年參加 1928 年 4 月 15 日成立於上海的「臺灣共產黨」的「左翼」外圍組織，如下：

> 他連座在上海結成的**臺灣共產黨的別働隊**﹝註7﹞——臺灣學生社會科學研究會被領事館送還回來的時候，這小島上的社會運動正是百花繚亂地怒放著。一年餘的豫審後他被處了二年的懲役﹝註8﹞

義式的外交或國防政策等意涵。"left" *The Concise Oxford Dictionary of Politics.* Ed. Iain McLean and Alistair McMillan. Oxford University Press, 2003. *Oxford Reference Online.* Oxford University Press. Taiwan Academic e-book Consortium. 24 September 2008.

﹝註4﹞ 臺灣共產黨於一九三二年四月覆滅。盧修一著，《日據時代台灣共產黨史（1928～1932）》（台北：前衛，1990）頁 55、149。

﹝註5﹞ 原刊於《新高新報》337、340 號（1932.8.26、9.16），今見《彙編》頁 319～320。

﹝註6﹞ 作於 1935 年 6 月 30 日，載於《臺灣文藝》2：8、9（1935.8.4.）

﹝註7﹞ 別働隊（べつどうたい），支隊。

﹝註8﹞ 懲役（ちょうえき），徒刑。臺語讀作「têng-ek」。

了。〔註9〕

再如 1936 年王詩琅發表在《臺灣新文學》的〈十字路〉〔註10〕的內容所示:

> 新聞揭載開禁〔註11〕後,他纔知道他在臺灣××黨中比定秋占更重
> 要的地位,且是帶了國際共黨遠東支部隊臺灣××黨的改革指令的
> 使命回臺的。
>
> 那時候自己雖笑他們痴,然而為何這些誠實正直的青年們為何拋棄
> 家庭,斷絕富貴的希望。像以頭毛試火〔註12〕自尋苦吃的一個謎團,
> 卻不能解釋。〔註13〕

這裡的「左翼」雖僅以臺灣「××黨」(即指臺灣「共產黨」)表示,但仍能
使人意會其左翼政治組織的指涉。

回到文學來看,「左翼」政治組織的理念也能成為指導文學團體的意識
形態,如 1922 年在莫斯科成立的文學團體「左翼藝術陣線(Left Art Front)」,
其組織者和領導者詩人馬雅可夫斯基(Vladimir Vladimirovich Mayakovsky)
〔註14〕即以「左翼」激進派概念來標榜其革命政治色彩,〔註15〕具體以「共
產主義的未來派(Communist futurism)」來界定其文學理念。馬雅可夫斯基
認為「詩是一種武器,他之揮筆為革命效勞等於他人之揮劍作戰一樣。」
〔註16〕且明確將左翼文學視做「為**武裝的無產階級服務的**〔註17〕」文學。
在中國,「左翼」被視為「一種激進的、革命的文藝思想傾向」。而其左翼
文學,艾曉明則認為是廣義的「貫穿到中國現代文學這個歷史階段的終結」
〔註18〕

〔註9〕 《王詩琅、朱點人合集》,頁48。
〔註10〕 作於 1936 年 4 月 2 日,載於《臺灣新文學》1:10(1936.12.)。
〔註11〕 開禁(khai-kìm),解除禁制。
〔註12〕 頭毛試火,冒險。
〔註13〕 《王詩琅、朱點人合集》,頁79。
〔註14〕 馬雅可夫斯基(Vladimir Vladimirovich Mayakovsky, 1893-1930)俄國革命和
蘇聯早期最重要的詩人。
〔註15〕 艾曉明著,《中國左翼文學思潮探源》(中國北京:北京大學出版社,2007.1)
頁 5。
〔註16〕 馬克·斯洛寧著;湯新楣譯,《現代俄國文學史》(中國北京:人民文學出版
社,2001.8)頁 273。
〔註17〕 同上註,頁 272。
〔註18〕 艾曉明著,《中國左翼文學思潮探源》(中國北京:北京大學出版社,2007.1)
頁 6。

　　因此，不管是以「普羅文學」、「爲武裝的無產階級服務」，或是「文藝思想傾向」來界定「左翼文學」，其前綴詞的「左翼」已然成爲思想潮流的代稱。它展現在文學當中，也存在於社會生活之中。例如日本在 1927（昭和二）年有「馬克思男孩（マルクス・ボーイ）」、「恩格斯女孩」（エンゲルス・ガール）的流行語出現。〔註19〕這用法雖然戲謔，但也代表當時「左翼」思潮的普及。此外，「左翼」也以事件的形式影響社會，如 1933（昭和八）年就有「転向（てんこう）」的流行語，流行的主因在於當時日本官廳爲了鎭壓共產主義運動，欲人放棄共產主義思想而設下假釋許可方法，藉以剷平革命運動的內部。這許可機制就稱作「転向」。〔註20〕

　　綜之，「左翼」這個詞不僅可以具體指涉共黨組織、革命運動，也代表無形的社會思潮。尤其是後者，「左翼」經常化身爲長期存在且影響人們思維的「無產階級（普羅階級）」、社會主義、共產主義、無政府主義等思想，如早在明治初期的日本，就使用「社會」來做「society」的譯詞。〔註21〕1902（明治三五）年有了「社会主義（しゃかいしゅぎ）」這個流行語〔註22〕；到了 1921（大正一〇）年有「無產階級」的流行語出現。〔註23〕在日治時期的臺灣，「左翼」不僅代表臺共爲首的革命運動力量，也代表著社會主義思潮。然則

〔註19〕「馬克思男孩（マルクス・ボーイ）」指初學流行的馬克思主義理論書籍的青年。經常被用在指不實在幼稚的知識青年的代名詞。這樣的女性則稱爲「恩格斯女孩」（エンゲルス・ガール）。加藤迪男編，《20 世紀のことばの年表》（東京：東京堂，2001）頁 62。

〔註20〕當年 6 月 10 日共產黨委員長佐野学與鍋山貞親在獄中即發表「転向声明」。雖然該黨給予二人除名處分，但是有力黨員的獄中轉向仍相繼出現。加藤迪男編，《20 世紀のことばの年表》（東京：東京堂，2001）頁 72。

〔註21〕日本社會使用「社會」這個詞，其本義原爲「在春秋社日迎賽土神的集會」或「由志趣相同者結合而成的組織或團體」。但是在日本明治初年，後者的意義就被引申爲「society」。同上註，附錄 2：〈十九世紀文獻中的新詞詞表〉，頁 238。

〔註22〕起因是在前一年的 5 月 20 日由片山潜（1859～1933）、安部磯雄（1865～1949）、幸德秋水（1871～1911）等人創立日本最初的社会主義政黨「社會民主黨」（2 日後被禁）之後，即日起禁止結社自由。不過後來又因幸德秋水自稱「自己是社會主義者」使「社會主義」又流行起來。加藤迪男編，《20 世紀のことばの年表》（東京：東京堂，2001）頁 23。

〔註23〕起因是以無產階級與被壓迫階級的解放爲目標的金子洋文（1893～1985）等人的文藝雜誌，被視爲「普羅文藝的先驅」的《種蒔く人》在二月創刊。這用語也經常以片仮名「プロレタリア（德語：Proletarier）」來使用。加藤迪男編，《20 世紀のことばの年表》（東京：東京堂，2001）頁 53。

臺灣的左翼文學，陳芳明則有如下的界定：

> 不是傳統馬克思主義定義下的美學演出，而是臺灣作家涉獵了社會主義的思想之後，並不受拘於狹義左翼意識型態的羈絆，也並不從事三○年代所説的無產階級或普羅文學創作。他們突破意識形態的格局，以更實際的入世態度，以更活潑的文學形式，表現台灣社會被殖民過程中的階級與認同的問題。〔註24〕

這樣的廣義界定，是來自他對臺灣左翼文學特色的歸納。其論的第一個特色，陳芳明以爲是「作品中不斷凸顯殖民主義的事實」〔註25〕；第二個特色則是「階級問題上注入了種族與性別的議題。」這些議題，論者歸納爲殖民主義權力的延伸使然〔註26〕；第三個「對主體建構的追求」特色，更是來自於殖民體制所造成認同困境。〔註27〕

　　細究陳芳明的臺灣「左翼文學」的三個特色，筆者以爲，無外乎是要提醒吾人殖民體制的壓迫始終是關鍵因素。誠如論者所指出的殖民主義云云。這樣的「左翼文學」界定雖不失穩妥卻非創見，就如同臺共的革命運動口號未提到「工農政府」以及「無產階級專政」的境況一樣，關鍵不就是當時殖民體制使然？相形之下，施淑所謂「正格的」左翼文學應觸及到「文學與意識型態，作品的觀念和形式表現的內在關係，殖民地台灣的普羅文學之爲國際無產階級解放運動的一部分」，或者是「關於藝術、殖民地、私有財產、醫療或戰爭，都是對資本主義的社會制度及觀念的重新思考」〔註28〕的界定，顯然是明確多了。她告訴我們日治時期「左翼文學」做爲國際無產階級解放意識形態一環的事實。

　　然則不管是「正格的」或是廣義的「左翼」，正如施懿琳在定位王敏川的左翼立場時，她將「左翼」界定爲：「站在弱勢族群的立場，以激進態度對強權進行批判與抗爭，並試圖建構自我主體者。故隨著反抗程度的不同，『左翼人士』又有從『極左』到『中間偏左』等不同的思想光譜。〔註29〕」而這裡

〔註24〕陳芳明著，《左翼台灣——殖民地文學運動史論》（台北：麥田，1998）頁23。
〔註25〕《左翼台灣——殖民地文學運動史論》，頁19。
〔註26〕《左翼台灣——殖民地文學運動史論》，頁20。
〔註27〕《左翼台灣——殖民地文學運動史論》，頁21。
〔註28〕見施淑著，〈書齋、城市與鄉村——日據時代的左翼文學運動及小說中的左翼知識分子〉，收於其著，《兩岸文學論集》（台北：新地文學出版社，1997）頁72、78。
〔註29〕見施懿琳，〈日治時期臺灣左翼知識分子與漢詩書寫——以王敏川爲分析對

的「光譜」劃分，即說明歷來作爲思想立場的概括詞彙的「左翼」一詞，其本身就是指涉複雜且包容廣泛。因此，楊逵稱賴和爲「普羅文學的元老（プロ文学の元老）」﹝註30﹞，但王詩琅卻寧可稱他爲同情弱者的「人道主義者」﹝註31﹞，其理在此。因此，與其先有「左翼」這樣的名銜，不如先有「文學」的實質分析。

　　總之，本研究是將「左翼」視爲日治時期臺灣新文學的一種思想來源。但即使具有這樣的思想來源，其文學表現、題材的選擇亦不盡相同。因此，這裡的「左翼」是個泛稱，論作品的內涵仍須就實際的文本作考察。畢竟在殖民的高壓統治之下，相對於左翼的政治運動的禁絕，文學便經常成爲左翼思想的載體，譬如在諸多「左翼的鄉土」書寫即可見到。

第一節　〈以其自殺，不如殺敵〉的左翼鄉土

　　承上所述，本章節討論的左翼鄉土，意味著對普羅階級關注的鄉土書寫。而這類的作品爲求寫實，在語言上，經常是選擇當時多數的「福老話來做臺灣話」﹝註32﹞。而上述的階級與語言觀，在三〇年代爲期近四年的（由1930年開始至1934年爲止）的臺灣話文論爭中也可以看到。這場無論就參與的人數與涉及的媒體、討論的議題與層面來看，都是臺灣史上前所未有的﹝註33﹞論爭，其中支持「臺灣話」者即是基於普羅階級的關懷立場及其用語的寫實思考而來。是故，「左翼鄉土」的用語經常是以臺灣話文作書寫工具，而〈以其自殺，不如殺敵〉就是這樣的臺灣話文小說。

一、〈以其自殺，不如殺敵〉的作者疑議及其定位

　　就目前所見，〈以其自殺，不如殺敵〉是最早出土的臺灣話文小說。這篇註明「一九三一、二、十一日舊稿」的作品原稿藏於賴和紀念館。﹝註34﹞然

象〉，《國文學誌》第八期，彰化師範大學國文系，2004.6，頁2，註1。
﹝註30﹞見王錦江，〈賴懶雲論〉。原載於《臺灣時報》201號（1936.8），頁110。
﹝註31﹞〈賴懶雲論〉，頁110。
﹝註32﹞黃石輝，〈所謂「運動狂」的喊聲──給春榮克夫二先生〉，《彙編》頁407。
﹝註33﹞陳淑容，《一九三〇年代鄉土文學／臺灣話文論爭及其餘波》（臺南市立圖書館，2004年12月）頁318。
﹝註34﹞見呂興昌，〈頭戴台灣天・腳踏台灣地──論黃石輝台語文學分觀念俗實踐〉，《第二屆臺灣本土文化國際學術研討會論文集臺灣文學與社會》（1996.4）頁

自出土之後〔註35〕，其作者身分卻引發討論，論者主要有兩位，一位是呂興昌；另一位是陳淑容。前者以為該作當是黃石輝（1900.4.20-1945.4）的作品，其主要的論據有三：其一是以該作原稿筆跡求證黃石輝哲嗣黃承系，進而認定。這項論者最有力的論據如下：

> 今年七十三分黃先生（案：黃承系）講伊曾記得 in 老父（pe7）分字跡，伊一下看，講百分八十是 in 老父分稿，紲落來 koh chhoe7 出二字詳細對，講「的」佮「母」這二字，百分之一百是 in 爸（pa5）a 分手勢字！我想，伊家已分老父，本身 koh 亦是刻印師傅，對字跡真敏感，伊既然 chiah-nih 有把握，應該是會使做考証分根據才著，所以自 an2-ne 開始，才安心 a 確定這篇台語小説分作者是黃石輝。〔註36〕

這裡，呂興昌根據黃石輝「刻印」職業的「手勢字」，再加上與黃承系詳細校對「的」與「母」二字而確認；其二，據論者考據，與蘇德興有所交誼的許成章指出未曾聽聞蘇德興有白話文創作；其三，〈以其自殺，不如殺敵〉乃傾向無產階級的臺語作品，更不可能是蘇德興所作。

　　然而陳淑容提出異議，她從該作以臺灣戰線社二百字稿紙寫下 38 張篇幅，並註明「一九三一、二、十一日舊稿」的成稿時間，乃介於黃石輝 1930 年 8 月發表〈怎樣不提倡鄉土文學〉與 1931 年 7 月的〈再談鄉土文學〉之間。而該作首頁篇名下署名「蘇德興」，但信封卻註明是「黃石輝」由屏東寄予彰化賴和的事實論起，進而推論亦可能是蘇德興所作。其論據筆者歸納如下二點：

　　其一，陳淑容以為「可能是臺灣戰線社的稿件交予賴和審訂。〔註37〕」同時，蘇德興與黃石輝交誼匪淺，蘇德興曾任屏東礪社社長，該社在文協左傾後，也成為新文協的外圍團體。另外，蘇、黃兩人皆為《伍人報》地方委員，

231。本研究根據「賴和紀念館」「手稿線上翻閱——其他作家」的「以其自殺，不如殺敵」原件 http://cls.hs.yzu.edu.tw/laihe/liveingbooks/book_allother_1.asp?sqno=5，並參照呂興昌校註版本，見《文學台灣》第十八期（1996.4）頁300～314。

〔註35〕出土始末，請見呂興昌，〈頭戴台灣天‧腳踏台灣地——論黃石輝台語文學分觀念佮實踐〉，頁 231～232。

〔註36〕見呂興昌，〈頭戴台灣天‧腳踏台灣地——論黃石輝台語文學分觀念佮實踐〉，頁 231～232。

〔註37〕《一九三○年代鄉土文學／臺灣話文論爭及其餘波》，頁 262。

負責該誌的配布（案：配布（はいふ），分發）。故她推論黃石輝在倡鄉土文學‧臺灣話文之際，「應該有不少觀點是和蘇德興共同討論後所得。〔註38〕」

其二，反駁許成章的說法，據劉捷的回憶，「當時的屏東街有文化協會解散後的餘流，這些人有的像蘇德興教白話文，楊顯（楊華）教漢文私塾，以白話文寫作；〔註39〕」並親訪劉捷確認「蘇德興的中國白話文是有相當水平的，並也有中國白話文作品；〔註40〕」又以蘇德輝與黃石輝同爲《伍人報》地方委員而推論「蘇德輝當早已接觸中國白話文，甚至可以開班授課〔註41〕」爲由反駁。

故陳淑容以爲用《臺灣戰線》所有稿紙寫的〈以其自殺，不如殺敵〉，其篇名下既署名蘇德興；再者，蘇德興亦曾在這白話文爲主的左翼刊物（創刊號）寫過文章，這不僅顯示與左翼運動有非比尋常的關係。因此，論者以爲該作爲蘇德興所作，「似乎亦有可能〔註42〕」。

綜合上述，尚有疑義者有二：（一）縱使蘇德興與黃石輝兩人交誼匪淺，甚而相互影響文風；兩人皆傾向左翼，亦通曉中國白話文書寫，但仍無法因而直斷爲蘇德興之作。若無法舉證蘇德興有臺灣話文書寫主張，則雖通曉中國話文且具左翼立場的蘇德興亦不必然會書寫臺灣話文。（二）該作仍須以筆跡來斷定作者。就常理判斷，年過三十〔註43〕的成年人其「手勢字」當已固定。而且「母」字又爲黃石輝本名〔註44〕的字，其子當甚熟悉，故陳似乎亦無法反駁呂說。但尚待解疑者：若爲黃石輝之作，何以稿作署名「蘇德興」？〔註45〕或說，黃石輝是否有迻以「蘇德興」之名投稿的可能？

〔註38〕論者並舉蔡秋桐與吳仁義一起進行臺灣話文的書寫，致使兩人文字風貌類同做類比，加強其推論的有效性。見《一九三〇年代鄉土文學／臺灣話文論爭及其餘波》，頁 264～5。

〔註39〕劉捷，《我的懺悔錄》（臺北：九歌，1998）頁 31。

〔註40〕《一九三〇年代鄉土文學／臺灣話文論爭及其餘波》，該書註 107，註中同時說明劉捷「亦不確定蘇德興是否創作臺灣話文小說。」頁 263。

〔註41〕《一九三〇年代鄉土文學／臺灣話文論爭及其餘波》，頁 263。

〔註42〕《一九三〇年代鄉土文學／臺灣話文論爭及其餘波》，頁 264。

〔註43〕以黃石輝（1900.4.20-1945.4）年紀推算，書寫〈以其自殺‧不如殺敵〉已過三十。

〔註44〕黃石輝（1900.4.20-1945.4）本名黃知母，該作原稿「母」字與「黃知母」（黃石輝名字印Ⅱ）筆跡亦同。見黃文車，《黃石輝研究》（嘉義：中正大學中文所碩論，2001）附錄二，〈黃石輝之相關文物（印字帖本）〉，頁 221。

〔註45〕此無以反駁的提問，乃陳萬益教授與筆者討論時提出，在此不敢掠美。

總之，在無直接證據確知〈以其自殺，不如殺敵〉作者的情況下，唯待來日更多的文獻確認。不過，單就文本而言，〈以其自殺，不如殺敵〉仍具文學史上的文獻價値，視其爲臺灣話文的前驅之作當無不可。

二、破敗的農村，「直抒」的文體風格

做爲一種修辭手法，鄉土的摹寫，在〈以其自殺，不如殺敵〉所營造的空間意象是極爲明確的。而且讀者可清晰地由破敗的農村、嗜血的蔗園、壓榨勞工的鐵工廠以至蓄勢待發的後花園等場景的推移過程感受到一種簡單的視角。這敘事視角宛若穩定、平移的鏡頭，從過去到現下，沒有太多的跳動與起伏。舉例來說，開頭農村的摹寫形成小說文體風格的基調，如下：

> 一庄二三百户的農村，其中雖然有十外塊磚仔壁的瓦厝，其他就皆是四壁零落，無力修補的草茅。在煮三頓的候（時），卻無看見什麼火煙。你若有時行入去內面看　的吃飯，老實很可憐——一桌頂幾碗，只是豆　啦，鹹菜啦，鹹芏萊醬啦，至好的也只加一䂜鹹鰱魚抑是鹹鰮仔。飯硿裡卻是不約而同地盡是蕃薯簽白煮的長米飯——大抵無什麼差異。〔註 46〕

這裡，敘事者從農村瓦厝空間以及鹹魚、蕃薯等吃食的摹寫入手，予人破敗而貧寒的農村意象。引文中對住宅、吃食的簡單摹寫，敘述住家破落、吃食粗劣的畫面，宛若冷酷鏡頭下的寫眞，卻不見人心內面的摹寫。誠如呂興昌所言，這篇小說主要是對「日本殖民統治下臺灣土地被侵佔、農工階級被剝削、婦女地位被漠視〔註 47〕」的控訴。因此，小說結尾是以陳述作結：

> 『阿變！我這個身軀是社會的一份子，若是要自殺，不如獻給社會。我亦不肯再和人結婚了，總是解決性慾亦不是什麼見誚。我要做獨立的婦人，我情願和被壓迫的兄弟姊妹共同努力，來打倒咱的敵人，望你替我找一個活動的所在，我就正正當當脫離這個家庭監獄。愛銀？他若是敢干涉我的行動，我就是先下手爲強，就是去監獄關，亦比自殺較有意義！』〔註 48〕

這樣的陳述，與通篇諸多急切、激情的對話連成一氣。若就旨在左翼思想的

〔註 46〕《文學台灣》十八期，頁 301。
〔註 47〕〈頭戴臺灣天，腳踏臺灣地——論黃石輝台語文學兮觀念佮實踐〉，頁 233。
〔註 48〕《文學台灣》十八期，頁 314。

宣揚而論，當是不難理解的昂揚修辭。但此小說「直抒（直接表達意見）」的文體風格卻難免失之於單調。在〈以其自殺，不如殺敵〉之後，楊逵也作了〈貧農的変死〉、〈剁柴団仔〉這兩篇臺灣話文小說。而在這兩篇小說裡，其摹寫的主要場景也是鄉村。因此，底下首先就楊逵作品及相關論述作探討。

第二節　楊逵的內面摹寫與「說謊」說

　　1934 年楊逵（1906～1985）原在二年前刊載於《臺灣新民報》的日文小說〈新聞配達夫〉〔註49〕全文入選東京《文學評論》（十月號）第二獎（第一獎從缺），這不僅是「臺灣作家的作品進軍日本文壇的嚆矢」〔註50〕，亦為其添上「日文作家」的頭銜〔註51〕。然而隨著 2001 年《楊逵全集》的出版，其手稿〈貧農的變死〉、〈剁柴団仔〉及發表稿〈死〉等臺灣話文作品的公開之後，方得知早在〈新聞配達夫〉問世前，即有臺灣話文小說的嘗試。

　　據此，陳萬益將楊逵自 1927 年由日返台至 1929 年 2 月之間的創作活動做了考察，指出除了在 1927 年 9 月發表〈自由勞働者の生活斷面〉〔註52〕、1928 年 5 月〈當面的國際情勢〉〔註53〕到 1929 年 2 月為止，楊逵始終是積極從事社會運動的知識分子。故早於 1934 年 10 月的〈新聞配達夫〉〔註54〕的〈貧農的変死〉、〈剁柴団仔〉這兩部臺灣話文作品至少直接糾正了長期的「日文作家」的印象。進而陳萬益以為自 1929 年末他婚後轉居高雄，到 1934 年

〔註49〕該小說因賴和賞識，其前半部首度以「楊逵」之名刊於 1932 年《臺灣新民報》日刊（5 月 19 日至 27 日）上，後半部遭禁刊。

〔註50〕見林曙光著，〈楊逵與高雄〉，收於陳芳明編，《楊逵的文學生涯》（臺北：前衛，1991）頁 251。

〔註51〕在此之前，1927 年 9 月 9 月刊載於東京記者聯盟機關誌《号外》（月刊）第 1 卷第 3 號的〈自由勞働者的生活剖面——怎麼辦才不會餓死呢？〉（〈自由勞働者の生活斷面——どうすれあ餓死しねんだ？〉）雖是其小說處女作。然就作品架構、情節鋪述來看，《新聞配達夫》實屬上乘。

〔註52〕刊載於 1927 年 9 月《號外》第二號，今收錄於彭小妍主編，《楊逵全集第四卷　小說卷（I）》（臺南：國立文化資產保存研究中心籌備處，2001）。

〔註53〕以楊貴本名刊載於 1928 年 5 月 7 日《台灣大眾時報》創刊號。今收錄於彭小妍主編，《楊逵全集　第九卷　詩文卷（上）》（臺南：國立文化資產保存研究中心籌備處，2001）。

〔註54〕刊載於 1934 年 10 月東京《文學評論》第一卷第八號，今收錄於彭小妍主編，《楊逵全集　第四卷　小說卷（I）》（臺南：國立文化資產保存研究中心籌備處，2001）。

應聘《臺灣文藝》編輯，遷居彰化之前，這大約四年左右的時間才是楊逵小說創作的起點，而且是以臺灣話文小說開始的。然而對楊逵創作臺灣話文小說，這並非新的發現。其實早在 1991 年楊逵接受戴國煇、內村剛介〔註 55〕訪問時就談及戰前曾寄一些「使用閩南語去表現」的作品給《臺灣新民報》，並被登載出來的回憶。〔註 56〕如今楊逵的臺灣話文作品得以出土，僅是再次的應證他自己的說法而已。

　　誠如上述，由於《楊逵全集》的出版，得知楊逵在創作初期有〈貧農的變死〉、〈剝柴团仔〉等臺灣話文小說。而值得一提的是，據黃石輝在 1932 年 6 月 13 日《南音》（一卷八號）所刊的〈答負人〉文中，曾提到楊貴曾有一篇投稿於《臺灣新聞》討論臺灣話文的文章未見刊載。〔註 57〕若然，則〈貧農的变死〉、〈剝柴团仔〉兩作當是楊逵被人「消音」前後，具體實踐臺灣話文理念的小說。

　　接下來是這兩篇小說的寫作時間的問題。至目前所知，〈貧農的变死〉的確切創作時間並不清楚。但至少可以確定的是，〈貧農的变死〉是早於〈剝柴团仔〉的作品。據楊逵〈憶賴和先生〉一文所述：

> 有許多親切的修改和評語，其中有關貧農的窘況那一段，會讓人聯想到乞丐的「破破爛爛」的描寫，全都被劃上紅線，只寫了一句「破了又補」。
>
> 我一看，高興得跳了起來。〔註 58〕

據楊逵〈憶賴和先生〉一文所述，賴和曾經替楊逵修改第一次白話文作品，其中貧農服裝「破了又補」的回憶，再比照〈貧農的变死〉裡描繪貧農阿達叔「一身所穿是破又補幾十重的衫褲，青黑色而消瘦的營養不良的身軀〔註 59〕」的文字可知他寄給賴和修改的小說當是〈貧農的变死〉。據此可知，〈貧農的变死〉

〔註 55〕　內村剛介（1920～2009）日本俄羅斯文學作家、評論家。生於栃木縣。本名內藤操。

〔註 56〕　見楊逵主講：葉石濤譯，〈一個台灣作家的七十七年〉，收於陳芳明編，《楊逵的文學生涯》（臺北：前衛，1991）頁 201。

〔註 57〕　黃石輝，〈答負人〉，《彙編》，頁 299。

〔註 58〕　楊逵，〈憶賴和先生〉（賴和先生を憶ふ），涂翠花譯，〈憶賴和先生〉，見彭小妍主編，《楊逵全集　第十卷　詩文卷（下）》（臺南：國立文化資產保存研究中心籌備處，2001）頁 88～89。

〔註 59〕　見彭小妍主編，《楊逵全集　第四卷　小說卷（I）》（臺南：國立文化資產保存研究中心籌備處，2001）頁 318。

的創作早於〈剁柴団仔〉（1932.4.14）無疑。

　　然而據黃惠禎所見，現存的〈貧農的変死〉，其手稿篇末自註有「長篇小說『立志』第一章了」，且手稿第一張總題「立志」之外，另有目錄分成六個章節，其標題分別爲——貧農的変死、立志、苦鬥、慈善家的假面目、迷夢、曙光，〔註60〕雖然其後五章終未寫就，但從 1935 年 4 月 2 日至 5 月 2 日連載於《臺灣新民報》〈死〉的內容看來，可知〈死〉是根據〈貧農的変死〉改寫成的中國話文小說〔註 61〕。而就現存手稿所見的修改痕跡看來，林瑞明認爲應是賴和筆跡〔註 62〕。而徐俊益比照楊逵手稿與《楊逵全集》所收錄的〈貧農的変死〉一文，亦以爲已非楊逵「最早的原貌，而是經由賴和修改過的版本。〔註63〕」據此，現收錄於《楊逵全集》的〈貧農的変死〉雖然可與〈死〉比較出臺語、白話文之間的書寫差異，但前者確是經賴和修改過的小說，這是現在的共識。據此，現存〈貧農的変死〉已非楊逵手著實貌，辨別其手跡不易，故本研究暫不列入討論，容後另作他文細究，現舉〈剁柴団仔〉這篇內容確定出自楊逵之手的小說來探討。

一、〈剁柴団仔〉的內面摹寫

　　〈剁柴団仔〉〔註 64〕敘述一位名叫明達的青年，在山上遇到兩個砍柴兄

〔註60〕黃惠禎，〈楊逵與賴和的文學因緣〉，《台灣文學學報》第三期（台北：政大中文系，2002）頁 155。

〔註61〕〈死〉發表於《臺灣新民報》1935（昭和十）年 4 月 2 日至 5 月 2 日，此作與先前〈貧農的変死〉內容大同小異，最大差異是結局呼籲農民起而鬥爭的部份，在〈死〉中全部刪除。見彭小妍主編，《楊逵全集　第四卷　小說卷（I）》（臺南：國立文化資產保存研究中心籌備處，2001）頁 375。

〔註62〕據林瑞明於《楊逵全集》第一次編輯會議（1996.12.26 中央研究院中國文哲所）上發言的意見。轉引自黃惠禎，〈楊逵與賴和的文學因緣〉，《台灣文學學報》第三期（台北：政大中文系，2002）頁 155。註 32。

〔註63〕徐俊益，《楊逵普羅小說研究——以日據時期爲範疇（1927～1945）》（臺中：靜宜中文所碩論，2005）頁 59。

〔註64〕〈剁柴団仔〉（1932、4、14）小說版本，見彭小妍主編，《楊逵全集　第十三卷　未定稿卷》（臺南：國立文化資產保存研究中心籌備處，2001）。小說場景高雄內惟（即壽山山麓），作者曾於此撿柴出售維生。參見楊逵，〈賴和先生を憶ふ〉，涂翠花譯，〈憶賴和先生〉，見彭小妍主編，《楊逵全集　第十卷　詩文卷（下）》（臺南：國立文化資產保存研究中心籌備處，2001）頁 88～89。另見河原功、黃惠禎編，〈年表〉，見彭小妍主編，《楊逵全集　第十四卷　資料卷》（臺南：國立文化資產保存研究中心籌備處，2001）頁 374。

弟龍山、龍井，而弟弟「龍井」在砍樹頂枯枝時，不慎從高樹上跌落，後因地處鄉僻且家境貧寒，以致延遲送醫而亡的故事。以下是明達的山區所見：

> 從我坐的橋欄的龍津橋，向大路行回去一二十步的**左傍**還有一個橋。
>
> 橋邊插一枝路標寫幾字……內惟仙洞登山路……過這橋去右邊一條深溝是接在龍津橋下的。左邊有幾十幹像亂糟一般的起到真亂雜的厝。厝過盡了就到了山腳。那邊再有一枝寫……內惟仙洞登山路……的路標。在這路標指示的**傍**邊，一條白々的真無平坦的傾斜甚急的小路向鬱蒼的山頂去。〔註65〕

在用詞方面，從上引文可以看到楊逵的書寫明顯受了和製漢字的影響，譬如「左傍」（即左邊）的「傍」字即來自「傍（かた）」（即邊）；「傍邊」受同義的「傍片（かたへら）」（即一邊）影響。就修辭手法而言，「我」所見是高雄內惟山區的實景摹寫〔註66〕，這與作者曾於此地撿柴維生的個人經驗直接相關。而相較於通篇悲苦的情境，此段的摹寫，相較於通篇的悲苦是難得的閒適氛圍。值得注意的是，這篇左翼色彩濃郁的作品，比起〈以其自殺，不如殺敵〉的「直抒」，反倒是有更多的內面摹寫，如下：

> 「新聞？……新聞紙是莫？是人用底包東包西的新聞紙？……你是寫那種字的？唔！你足巧呀！你會曉得寫那麼美麗的細字……」
>
> 「不是不是……」
>
> 私搖手否定。但是，我總想無一句會得使伊了解的話來對伊說明。
>
> 想來想去，我纏想起**個**在學校裏一定有學作文。
>
> 「你在學校有學作文……**綴方**……有莫？」
>
> 「有。」
>
> 「我是作文去賣啦。」〔註67〕

引文是以臺語對話展開。文中仍屏入如「私（わたし）」、「綴り方（つづりか

〔註65〕《楊逵全集　第十三卷　未定稿卷》，頁62。

〔註66〕文中提及的「龍目井」位於打狗山（今壽山，高雄市鼓山區龍井里龍泉寺側）東麓，根據《台灣府志》記載：「龍目井，相並連狀如龍目，故名」。距離龍目井約一里處有一仙洞，為鐘乳石所構成，《鳳山縣采訪冊》記載：「打鼓山石洞：須秉燭而下，中有一石柱，高丈許，寬四、五尺，內有石乳，淙崢可供把玩，或謂即鐘乳石云」。又載：「又有一新洞相距三里許，其內亦有石乳下垂，與舊洞大同小異。」見曾玉昆著，《高雄市各區發展淵源》（上冊）（高雄市：高雄市文獻委員會，1992）頁196。

〔註67〕《楊逵全集　第十三卷　未定稿卷》，頁66。

た）即作文」等和製漢字。其中的對話顯露了賣文維生的「我」與普羅大眾之間的身分差距，對此，「我」對知識人的自我調侃，實爲積極參與社會運動後的反省。依此，在小說結尾摹寫了「我」內面的心理，如下：

> 「龍山！龍山！」
>
> 叫伊停。我也就跟龍山停。伊卻無對龍山而對我講：
>
> 「你這位先生……實在我不是惜錢啦。我的子這樣沉重我豈有惜錢的道理……實在我只有一塊銀而已啦。我恐驚叫醫生來到這裏不知要我幾塊，若無錢可以給他着見羞啦……喨喲！眞歹命……」
>
> 「……」
>
> 我啞了！我再不得講出半句了。
>
> 我緊緊從袋中傾傾我的錢……共共算來，只有六角三。
>
> 「我有六角三，對這厝邊阿婆豈不得惜幾角相添？」
>
> 「不得惜啊……這厝邊個個都眞窮，我至今因種種的歹運，已經對厝邊借了幾塊銀的……至今不得還半錢……不得再借啦……」
>
> 「……」
>
> 我再啞了。〔註68〕

敘述依舊以「我」與小孩龍井之母的對話展開。在兩人語境的對比下，摹寫了明達的啞然無言；內外交迫的無力感，促使明達接連三、四日，全然沒有元氣。原以爲只有工人苦，原來農民亦然。目睹悲劇，「辨明道理」的明達（めいたつ）覺醒地自語：「我看做是天堂的一遍地，深踏入來看，竟是這樣慘酷的地獄……〔註69〕」

　　總之，從敘事者明達所見的「慘酷的地獄」農村意象一如〈以其自殺，不如殺敵〉的破敗，儼然成爲兩篇左翼鄉土的共相。然而，相較於〈以其自殺，不如殺敵〉的昂揚文體風格，楊逵在〈剁柴団仔〉對「我」的內面摹寫，可說是爲三〇年代臺灣普羅文學留下美學經營的見證。

二、楊逵的「說謊」說

　　從上面的分析得知，即使〈以其自殺，不如殺敵〉（1931.2.11）與楊逵

〔註68〕《楊逵全集　第十三卷　未定稿卷》，頁76～77。
〔註69〕《楊逵全集　第十三卷　未定稿卷》，頁80。

的〈剝柴囝仔〉（1932.4.14）二文的創作時間前後相差年餘，二文的農村意象卻有極高的相似性。但這樣的相似性，筆者以為，應和左翼的階級關懷直接相關，這裡流露了左翼的意識形態：唯有階級鬥爭才能叫醒工農階級。因此，「破敗農村」經常成為左翼鄉土書寫的文學意象；慘絕人寰的悲劇，就成了激發階級意識的文學修辭，然則這樣的設想也常流於過多的陳述，失之無味。對此，楊逵就曾在〈文藝批評的基準〉說：「寫小說時，需要作者的想像力、關於現實社會的廣泛知識、以及不同個性的人物心理變化的知識。說難聽一點，就是需要說謊的天才。〔註 70〕」據此，從楊逵此「說謊」的喻說可清楚地看到他對小說是虛構（fiction）藝術的認知。

因而「說謊」就是小說家的充要條件，自然也是文學書寫之所以動人的誘因。楊逵認為優良的普羅文學具備的首要資格，應該以「作品搧動讀者的程度。也就是搧動讀者走向正確方向的激烈程度〔註71〕」來決定。這裡的「搧動」不僅呼應其「說謊」說，也意識到普羅文學修辭勸說的要求。

因而，從〈以其自殺，不如殺敵〉、〈剝柴囝仔〉兩篇臺灣話文小說來看，其文體風格頗合乎格蘭特（Damian Grant）的分類，即服膺寫實主義的相應論（correspondence theory）是傳達所謂的文學良心（conscience of literature）〔註72〕的作品。然則在意識型態的展現之餘，〈以其自殺，不如殺敵〉的「說謊」能力是遜於〈剝柴囝仔〉。就〈以其自殺，不如殺敵〉來看，不太會「說謊」的敘事終究使這篇作品停留在意識形態的宣揚功能上，以致僅僅是自然主義式的描寫。

不過，對楊逵來說，他的「說謊」說確實為普羅文學擘劃了美學原則，指出這類文學同樣需要考慮修辭的適切性；普羅或是左翼立場的宣揚，從楊逵的〈剝柴囝仔〉可以看出這樣的企圖。而這樣的企圖，可以說是與而後朱點人的內面說形成三〇年代現代小說一貫的美學要求（容待第四章細說）。

〔註70〕 楊逵，〈文學批評の基準〉，《臺灣文藝》第二卷第四號（1935 年 4 月）。增田政廣、彭小妍譯，〈文藝批評的基準〉，《楊逵全集　第九卷　詩文卷（上）》，頁 168。

〔註71〕 〈文學批評の基準〉，頁 169。

〔註72〕 譯自 Damian Grant, *Realism*, London :Methuen, 1970. p.13；譯文參酌格蘭特（Damian Grant）撰；蔡娜娜譯，顏元叔主譯，《寫實主義》（臺北市：黎明，1985）頁 17。

第三節　黃石輝的漢字觀與鄉土文學論

　　誠如前述，在參與人數、議題、媒體上皆是前所未有，爲期近四年的臺灣話文論爭，其論爭內容大抵可區分爲「臺灣話文」以及「鄉土文學」的可行性問題。〔註73〕然則，追溯論爭的源頭，黃石輝的發言始終是論爭的焦點。下文將依序討論黃石輝的漢字觀與「鄉土文學」的意義。

一、混雜而「便宜」的漢文書寫

（一）混雜的文體不是「默不作聲」的例證

　　1930 年黃石輝在《伍人報》發表〈怎麼不提倡鄉土文學〉之後，經過幾番論戰，也氳出黃石輝的「鄉土即臺灣」文學視野，深具意義；然則這位掀起臺灣話文論爭的重要人物，其論述的混雜文體也值得探討。在〈怎樣不提倡鄉土文學〉他曾自信地認爲臺灣話文「要是我們會寫，人家便會念」，讀音「不必怎樣提倡」，即可達至「言文一致」的境界。然而果眞如此嗎？試看下文：

> 關於台灣鄉土文學的提倡，算是鄭坤五氏最先開端的。他曾編出幾篇《臺灣國風》**公表**出來，竟然引起人家的注意，受了冬烘先生的駁斥說他是俗不可耐。……《臺灣國風》**公表**之後雖然曾引起古董學究的著急，其實影響不大，**沒有**一人因此演出鄉土文學的提倡。但是我們已是不得**默置**之了。〔註74〕

就文體來說，此臺灣話文已摻雜日語「公表」（こうひょう）的和製漢字、「沒有」的白話詞彙以及「默置之」（沉默不在意它）的不文不白的語法。以臺語讀此混雜文體，實際上是無法「言文一致」的。然則這樣的文體現象並非孤例，當時的小說書寫亦然，如郭秋生在 1930 年 9 月發表的〈鬼〉〔註75〕，其中小說的一段描繪，如下：

〔註73〕另外，陳淑容則區分爲「鄉土文學」、臺灣話文與中國話文的抗衡以及臺灣話文如何建設等問題。見其著，《一九三〇年代鄉土文學／臺灣話文論爭及其餘波》（臺南：南市圖，2004）頁 262。

〔註74〕原刊，《伍人報》第 9 號～第 11 號（1930 年 8 月 16 日～9 月 1 日），《彙編》，頁 6。

〔註75〕原載於《臺灣新民報》333～339 號，依序於 1930 年 9 月 27 日、10 月 4 日、11 日、18 日、25 日、11 月 1 日等八期連載。收錄於李獻璋編，《臺灣小說選》（1940 年，印刷中被禁止發行）。

> 阿四嫂很苦了，再也拉不得治療的根由了，符法師也曾豎過斗，燒
> 符推咒語，道士也請來動土，送火，收魂，謝外方，城隍爺也問過
> 數壇，外方也連服三四方了，就是各廟宇亦都去下願了。然而阿四
> 的病狀，一味頻危沈急，狂暴的發作亦日上一日加劇，他同居的郁
> 卿嫂，即暗暗裏代阿四嫂擔憂了。〔註76〕

相應於郭氏自幼學習漢文、中國話文的經歷〔註77〕，讀起這一小段以中國話
文爲主的文體，當是其來有自的；然而在摹寫阿四嫂的茫然無助，也讀到了
臺灣話文的文體。這個例子，正與前面黃石輝的論述文體相對，是在中國話
文的敘事中，加入臺灣話文的文體。

發表〈鬼〉小說之後，郭秋生也風雲際會地發表了提倡臺灣話文的〈建
設「臺灣話文」一提案〉（1931）。此舉對深具中國話文書寫能力的郭秋生來
說，不僅是論述上的主張，也當是其創作實踐的期許。然而在主張臺灣話文
後的四年，其後的小說作品〈王都鄉〉（1935）仍是以中國話文的文體出現，
以下是小說的一段描繪：

> 噢噢！眞是盲人評象的說話，就算你的病好了，怕也不必就幸福。
> 你以爲我們是做着人的生活嗎？噢！噢！盲人總是想目光的人，吃
> 着的盡是好東西。我們一日二十點鐘的勞動連睡眠都是偷的，只是
> 拖着磨着，日曝雨沃，暝日賣一圓外錢的杏仁茶，不過所得七八角。
> 這麼要養活一家五六口。你想看吧？房租，電燈，水道，伙食，衫
> 褲，大小頭燒耳熱，……唉！我眞不要說了，這麼是人的生活，恐
> 怕人的生活要哭了。倒不如索性向你不具，樂得不勞碌渡到死了吧，
> 是不是？〔註78〕

這一段描繪展現了作者關懷普羅大眾的左翼立場，而文體上，則同樣與前面
的例子一樣，加入臺灣話文（「日曝雨沃」、「暝日」、「一圓外」等詞彙）、文

〔註76〕李南衡主編，《日據下臺灣新文學　明集2　小說集一》（臺北：明潭出版社，
　　　　1979）頁235。
〔註77〕郭秋生（1904～1980）的求學經歷：八歲就讀公學校之餘，同時也跟著私塾
　　　　老師張德修學習四五年漢文。公學校畢業後，選擇前往中國廈門的集美中學
　　　　就讀，求學期間以學習中國白話文爲主，爲期三年。十七歲返台。參見陳韻
　　　　如著，《郭秋生文學歷程研究（1929～1937）》（臺北：東吳大學中文所碩論，
　　　　2002.6）頁11～12。
〔註78〕李南衡主編，《日據下臺灣新文學　明集2　小說集一》（臺北：明潭出版社，
　　　　1979）頁255。

言詞彙（「盲人評象」）以及日文詞彙（「不具（ふぐ，殘缺」）。然而對此混雜的文體（將在下文的各章節陸續再被看到）的理解，顯然無法以「不具」來看待，毋寧說是當時社會雙語或多語併用的環境〔註79〕反映。這是殖民統治的權力痕跡的徵象。端看黃石輝的論述與郭秋生的小說摻雜日語，當然可以視作「語言磨難的培育」（linguistic cross breeding）的證據，是被殖民者對外來語使用的十字架（cross）。它造成三〇年代臺灣白話小說的混雜文體，但是絕非壓迫者抹去壓迫，或使殖民者對殖民統治「默不作聲」的例證。在解讀上，反而提醒我們應避免「對其所涉及的權力關係的不均衡和不平等的否定與忽略。〔註80〕」而去挖掘隱含在混雜文體之中更多的「聲音」。

（二）「言文分立」、「便宜」的書寫立場

黃石輝在發表〈怎麼不提倡鄉土文學〉之後，經過幾番論戰，鼇出其深具意義的「鄉土文學」的臺灣視野；同樣的，該論爭也引發臺灣話文可行性的討論。當時對這個層次的討論，支持中國白話者自是否定其可行性的一方，其反對理由大抵有三：一，臺灣話粗雜幼稚，不足以充任文學語言。二，臺灣話紛歧不一；而且臺灣話實應包括客家話和高砂族的語言。三，以普遍性為由，反對臺灣話文，應以現有的中國白話文充做臺灣的文學語言即可，否則中國人無法看懂。而針對這些批判，支持臺灣話文者大抵是以文學必須寫實、大眾化、臺灣話才足以表達臺灣人的情感以及「言文一致」的文學觀等為由反駁。〔註81〕

然則歸根究底的說，該派是以「言文一致」論作為臺灣話可行的立論基礎。因而他們希望藉以代替日文或文言文及白話文，撲滅文盲，以擴大「臺灣新文學運動」的社會地盤〔註82〕。換言之，是企圖取得臺灣話文的教育主導權以撲滅文盲。據此，如何讓臺灣話文字化進而成了臺灣話文支持者內部討論的重點，因而郭秋生才會在 1931 年 8 月 29 日、9 月 7 日連載於《臺灣新

〔註79〕關於日治後期臺灣社會的雙語或多語併用的意義考察，請參見周婉窈，《海行兮的年代：日本殖民統治末期臺灣史論集》（臺北：允晨文化出版，2002）頁119。

〔註80〕譯自 Ashcroft, B., G Griffiths and H Tiffin. *Post-Colonial Studies: The Key Concepts.* London: Routledge, 2006. p. 119.

〔註81〕陳培豐，〈識字‧閱讀‧創作和認同——1930 年代鄉土文學論戰的意義〉，《2006 第五屆東亞學者現代中文文學國際研討會論文》頁2。

〔註82〕廖毓文，〈臺灣文字改革運動史略〉，李南衡主編，《日據下台灣新文學明集5 文獻資料選集》（臺北：明潭，1979）頁488。

民報》的〈建設「臺灣話文」一提案〉文中提出希望藉由民間熟知的歌謠、流行民歌的整理，從而使文盲聽這些歌謠「便可恍悟到這句話就是這樣寫，那句話就是那樣寫」以識字（臺灣話文）的教育方式。〔註83〕

　　從而論爭期間該派內部也形成論爭，其論爭則集中在用字的態度上，大抵可分成「屈言就文」、「屈文就言」以及代字或另造新字三種意見。〔註84〕然則無論「屈言就文」或是「屈文就言」，實際上都歸於代字或另造新字的多寡問題，因爲「屈言就文」則代字或造新字的機會少，若主張「屈文就言」則代字或造新字者多；但這多寡問題又可歸於以漢字爲中心的思考。以黃石輝爲例，在給郭秋生的文章就提到他的看法，他說：

> 關於新字的問題，我亦有意見。我想，在可能的範圍内，會得將既成的文字拿來用較好。而中國的白話文中所採用的新代字，咱在可能的範圍内亦是應該盡量採用才好。咱不用「什七」而用「什麼」，不是「只个」而用「這個」，不用「只」而用「這」，不用「个」而用「的」，完全不是悖謬，是給臺灣話文和中國話文不致懸隔太遠的用意。〔註85〕

就上引文，他主張盡量採用既成文字（漢字）而少造新字，可知他是主張「屈言就文」。而如此的用字態度代表三個意義：一，基於漢字「言文分立（即文字與語言分離）」的習慣，以爲只要「福佬人亦會通，客人亦會通」（懂漢字）的話，則「批信」二字可用「書信」替代。〔註86〕二，他以爲若要採用新代字或另做新字，都要註音（標音）。這是以漢字爲中心的思考，故而他反對音字（標音字）的用法。〔註87〕三，顧及社會功能。他在回應邱春榮時，說到將福佬話說成臺灣話的理由。他以爲客家人會福佬話不在少數。而且「如果實行了臺灣話的文學，對於臺灣話的統一上，還有促進的作用」。〔註88〕

　　總之，黃石輝對臺灣話文的用字態度，正是來自漢字「言文分立」的傳統思維，是一種「便宜（方便合宜）」的書寫立場；而這樣的立場，無形中也容受了多語（如福、客、日、中）的現實，進而書寫出混雜的文體。

〔註83〕郭秋生，〈建設「臺灣話文」一提案〉，《彙編》，頁94。

〔註84〕廖毓文，〈臺灣文字改革運動史略〉，李南衡主編，《日據下台灣新文學明集5 文獻資料選集》（臺北：明潭，1979）頁487～496。

〔註85〕黃石輝，〈新字問題〉，《南音》1：4（1932.2.22），《彙編》，頁269。

〔註86〕黃石輝，〈言文一致的零星問題〉，《南音》1：6（1932.4.2），《彙編》。頁279。

〔註87〕黃石輝，〈所謂「運動狂」的喊聲——給春榮克夫二先生〉，《彙編》，頁403。

〔註88〕黃石輝，〈所謂「運動狂」的喊聲——給春榮克夫二先生〉，《彙編》，頁408。

二、把臺灣規定做一個鄉土

1930 年黃石輝在左翼屬性強烈的《伍人報》〔註89〕發表〈怎麼不提倡鄉土文學〉一文，提出「臺灣人寫臺灣文學」的觀點。他指稱：

> 你是臺灣人，你頭戴臺灣天，腳踏臺灣地，眼睛所看到的是臺灣的
> 狀況，耳孔所聽到的是臺灣的消息，時間所曆的亦是臺灣的經驗，
> 嘴裏所說的亦是臺灣的語言，所以你的那枝如椽的健筆，生花的彩
> 筆，亦應該去寫臺灣的文學了。……不管你是支配階級的代辯者，
> 還是勞苦群眾的領導者，你總須以勞苦群眾為物件去做文藝。要以
> 勞苦的廣大群眾為對象去做文藝，便應該起來提倡鄉土文學，應該
> 起來建設鄉土文學。〔註90〕

這裡，黃石輝的論述有兩個特點：一，以臺灣話作為書寫語言，這呼應其臺灣話文的主張；二，以普羅作為書寫對象，這展現其左翼立場。然則此論一出卻引發諸多左翼人士的質疑，期間的主要爭議，除了集中在「臺灣話文」的討論之外，其次是「鄉土文學」之名的爭議。針對後者，毓文（廖漢臣）對其「鄉土文學」定義提出質疑，他指出：

> 鄉土文學是發生於十九世紀的末葉建立在德國文壇的。……把「街
> 耀新舍、尊重都會之餘，把歷史和國家過去和國民忘記掉」看做當
> 時文壇的弊病而提倡起來的。他們給它叫做「Heimatkunst」——鄉
> 土藝術——最大的目標，是在描述鄉土特殊的自然風俗，和表現鄉
> 土的感情思想，事實這就是今日的「田園文學」。比於「村落小說」
> 尤其是鄉土的底，因為內容過於泛渺，沒有時代性，又沒有階級性，
> 凡百的寫作只管寫寫就好，所以一到今日完全的聲消跡絕了。但不
> 知道先生所要提倡的「鄉土文學」究竟屬那一種樣式呢？〔註91〕

〔註89〕該報於 1930（昭和五）年 6 月 21 日創刊，由臺共黨員王萬得主倡，陳兩家、周合源、江森鈺與張朝基合組「伍人報社」；「伍人」乃取五人合資與臺灣俗語「嘲笑辯論」之義，發行《伍人報》。創刊當時的伍人報社，其報社代表兼營業負責是王進益，漢文編輯為王萬得，日文編輯是周合源，廣告為黃白成枝，會計張朝基，以上五人負責經營。地方委員有蘇德興、黃石輝等。1930 年十二月廢刊。參見《台灣總督府警察沿革誌Ⅲ》頁 291～292。另見河原功著；莫素微譯，《臺灣新文學運動的展開》（臺北：全華，2004）頁 155～156。

〔註90〕黃石輝，〈怎樣不提倡鄉土文學〉（1930.8.16-9.1），《彙編》，頁 1、4。

〔註91〕毓文，〈給黃石輝先生——鄉土文學的吟味〉，（1931.8.1、8），《彙編》，頁 65～66。

這裡，廖漢臣藉由十九世紀末德國鄉土藝術（Heimatkunst）最後因時代性與階級性的缺乏而「聲消跡絕」為殷鑑，不僅質疑黃石輝鄉土文學定義的不明，甚而也暗示其重蹈覆轍的可能。而針對時代性，黃石輝則回應其主張正是來自「歷史的必然性」，而且是臺灣社會的「需要」；至於階級，他則回以「主張普羅文學的人，就不該反對鄉土文學了。」〔註92〕然而從以上回應，仍未說出其「鄉土文學是那一種樣式」，故而後仍不斷受到質疑。即使與黃石輝一樣支持臺灣話文的郭秋生，對此議題也無以置喙。不過，他卻實質地指出這場爭論已偏離「臺灣話文」的主題，因此呼籲「創造啦！創造較優秀的臺灣話啦！創造會做文學利器的臺灣話啦！所謂臺灣的文學青年在這一點使得沒有痛感責任重大嗎？黃石輝兄主張的『鄉土文學』也不外是我這理想的『臺灣話文』啦！」〔註93〕

最後，黃石輝在〈所謂「運動狂」的喊聲——給春榮克夫二先生〉對林克夫說：

> 原來我把臺灣規定做一個鄉土，就是你大反對的地方，說我文不對題。但是我早已說過，你若要把這個名詞改稱也是可以的。我那裡有去爭這一點呢？只是以為我所主張的是「臺灣文學」，不是「鄉土文學」。在我的意見，我既然把臺灣規定做一個鄉土，則臺灣文學和鄉土文學也就沒有爭執的必要了。〔註94〕

這裡，黃石輝明白地指出其「鄉土文學」所指涉的「鄉土」即是臺灣。他自始至終就主張將「鄉土文學」定位在臺灣話文的表現上〔註95〕。然則在臺灣話文這個層次上，其主張是醫治臺灣人的文盲症。因而他對賴明弘說：

> 為著××××的流毒××臺灣人的生活狀態，公學校的漢文科生白蟻，漢文書房遇火災；為著經濟困難的結果，勞苦群眾的向學心，免講你亦知。尚且×××利用臺灣人的心理，實行××政策，對於島民的教育，只有奉行故事，×××××××××××××××××××××××××。（編按：以上×係原文遭查禁空白）

〔註92〕黃石輝，〈鄉土文學的檢討——再答毓文先生〉，（發表處不明），《彙編》，頁109～110。
〔註93〕郭秋生，〈建設「臺灣話文」一提案〉（1931.8.29、9.7），《彙編》，頁98。
〔註94〕黃石輝，〈所謂「運動狂」的喊聲——給春榮克夫二先生〉，（1933.10.29-31），《彙編》，頁411。
〔註95〕《一九三○年代鄉土文學／臺灣話文論爭及其餘波》，頁97。

教育方針這款，群眾心理這款，設使漢文書房是無風無浪，究竟收
容也是有限。所以提倡鄉土文學來醫治文盲，的確是第一好的方法。
〔註 96〕

因此，我們可以說黃石輝「鄉土文學」的主張是來自對「國語」同化政策的
不滿與抗衡，誠如緒論所言的漢文書寫傳統，他企圖藉「鄉土文學」的推展
使「臺灣話會得文字化」，使群眾「隨時隨地都有識字的機會。〔註 97〕」這樣
的思考，就是要解決文盲問題。

　　因此，面對諸人以十九世紀末德國「鄉土文學」（Heimat Kunst）此外來
詞詞彙深具「反動傾向」〔註 98〕的詰問，如賴明弘對他「執迷虛無實體的鄉
土文學」、「超越階級」〔註 99〕的批判無以回應，當不難理解，因為雙方根本
沒有交集到真正的旨趣。就黃石輝而言，臺灣話文的主張是解決文盲問題而
生，「鄉土文學」是以臺灣話文書寫所展現的臺灣文學。因此，與其說這場
「鄉土文學」是概念界定之爭，毋寧說是在地／民族傾向與國際／階級傾向
的對話。黃、賴雙方同為解決文盲發言，且皆自任為「左翼」，然而兩人卻
存在著知識立場的差異。這從吳坤煌的〈論臺灣的鄉土文學〉即可看出端倪，
文中他如數家珍地指出十九世紀末德國鄉土文學是繼十八世紀浪漫主義文
學的復興而起，「雖然他們在否定，欲堙滅現實的權威統治下的封建性權威
方面，顯示出和浪漫派相同的對資產階級的反叛意識；然而他們卻因為反抗
的階級性無內容而沒有表現出社會性的進步，兩者雖在不相同的形式上，卻

〔註 96〕 黃石輝，〈解剖明弘君的愚論〉，（1933.11.5-9），《彙編》，頁 425。
〔註 97〕 黃石輝，〈解剖明弘君的愚論〉，（1933.11.5-9），《彙編》，頁 426。
〔註 98〕 十九世紀末的德國鄉土文學（KeimatKunst）興起的原因大抵有二：（一）來自
於對都會文學的反動。參見侯立朝，〈七十年代鄉土文學的新理解〉，尉天驄
編，《鄉土文學討論集》（臺北：遠景出版，1978）頁 433；（二）地方對抗中
央的心理因素。施淑指出：「德國左派知識份子思想上一直存在著把德國
（Deutschland）與鄉土（Heimat）對立看待的傳統，這二分的概念，源自十九
世紀以來他們不斷被放逐的歷史。」參見施淑，〈創傷的病歷〉，《兩岸文學論》
（臺北：新地出版，1997）頁 375。總而言之，這些鄉土文學作家要求用健康
的外省來對抗大都會，提出了「擺脫柏林」（Los von Berlin），要求用健壯的農
民來取代病態的知識分子，要求用德意志傳統文學來對抗歐洲的資產階級進步
文學。反對都市化，反對知識化，反對歐洲化和國際化，並對現代資本主義的
技術和文明進逼農村的恐懼和抗拒，有著濃重的封建宗法性質和保守主義傾
向，甚至帶有民族主義的和種族主義的反動傾向。參見高中甫、寧瑛，《20 世
紀德國文學史》（中國青島：青島出版，1998）頁 9～11。
〔註 99〕 賴明弘，〈對最近文壇上的感想〉（1932.8.26、9.16），《彙編》，頁 319。

是表現出對那個階級背離的，資產階級的雙胞胎。〔註 100〕」進而他批判在
《臺灣新民報》提出鄉土文學的 S 氏〔註 101〕對故鄉仍懷著過去的夢，不切
合臺灣現實，是浪漫主義。他也批判 R 氏〔註 102〕所提「以臺灣全體爲舞台，
描寫臺灣人的生活的」文學說法過於籠統〔註 103〕。

　　因此，吳坤煌斬釘截鐵地以爲表現無產階級的文學才是在激烈的價值轉
換、強烈動盪不安的現代的路標。接著他先後引用藏原惟人（1902～1991）、
列寧（1870～1924）與馬克思（1818～1883）等人的話語以及蘇維埃同盟裡
的烏克蘭爲例，大費周章地論證無產階級文化與民族文化的辯證關係。最後，
引用史達林的話說：

> 「……民族文化是首先要擁有一種共通的語言，並且爲了製造出讓
> 一種統一的文化來統一的條件，必須給予發展、進步和表現出力量
> 的機會。」然後當那些問題都能夠解決之時，一開始應該要融合成
> 擁有一種共通語言，而被一統爲一（無論是在形式方面或是在內容
> 方面）的××主義式文化吧。〔註 104〕

就此文的結論──對民族文化必然在共通語言之下，走入統一的××（共產）
主義式文化──的「相信」看來，吳坤煌是基於國際／階級立場來反對黃石
輝等人〔註 105〕的「把臺灣規定做一個鄉土」的在地／民族傾向。然而，這場
論爭就如同張深切所言：「臺灣鄉土文學和臺灣話文，原來是截然兩件問題。
〔註 106〕」這場「鄉土文學」的爭論最後是不了了之。但這樣說並非指這場論

〔註 100〕吳坤煌，〈論台灣的鄉土文學〉（1933.12.30），《彙編》，頁 478。
〔註 101〕據陳淑容推測 S 氏可能是撰寫〈具有獨特性的台灣文學之建設──我的鄉土
　　　　文學觀（獨自性を持つ台灣文学建設──私の郷土文学觀）〉的清葉，該文中
　　　　譯見吳枚芳譯，《彙編》，頁 327～332。
〔註 102〕經陳淑榮親訪劉捷本人得到證實，R 氏即劉捷。見陳淑容，《一九三○年代鄉
　　　　土文學／臺灣話文論爭及其餘波》（台南市：南市圖，2004）頁 160。
〔註 103〕吳坤煌，〈論台灣的鄉土文學〉（1933.12.30），《彙編》，頁 481。
〔註 104〕〈論台灣的鄉土文學〉，《彙編》，頁 490。
〔註 105〕同樣具有在地／民族傾向者，他如黃得時在其文〈談談臺灣的鄉土文學〉
　　　　（1932.7.14）論及鄉土文學的內容時以爲：「甚麼是臺灣的鄉土文學呢？林立
　　　　全島的詩社所產出的漢詩嗎？不是。崇文社所募集的文嗎？不是。然則臺灣
　　　　的鄉土文學是甚麼？據我一個人的見解現在所有的，就是左記的三種；（1）
　　　　先住民族（生番）的跳舞，和那時所唱的歌。（2）臺灣人（廣東人，福建人）
　　　　的歌仔（山歌，小唱，兒歌……）（3）歌仔戲。見黃時得著，《評論集》（板
　　　　橋市：北縣文化，1993）頁 65。
〔註 106〕張深切，〈觀臺灣鄉土文學戰後的雜感〉（1933.11.3），《彙編》，頁 417。

爭毫無意義。就雙方的論述內容來看，具有階級關懷的黃石輝所力主的「鄉土文學」，實際上就是臺灣文學，而非吳坤煌、賴明弘等所反對的浪漫、封建的鄉土文學。

當時發表〈論台灣的鄉土文學〉（1933.12.30）吳坤煌（1909～1989）時年二十四左右，已是活躍於東京的知識青年；而在《新高新報》發表〈對最近文壇上的感想〉（1932.8.26、9.16）的賴明弘當時則年僅十七左右，也是東京日本大學創作科的肄業生。故賴明弘能如數家珍地提到自然主義、浪漫主義、自由主義、無政府主義、法西斯主義等等〔註 107〕文學；而吳坤煌能以德國文學史的視野來考問黃石輝的「鄉土文學」主張。然而對時年已三十的黃石輝來說，想必當時提出這主張並沒有參照德國文學的視野，更遑論對浪漫派或封建的「鄉土文學」的認識。因此，他最後勢必無以回應。總之，對在地素樸的左翼來說，黃石輝的立論並非學問上的左翼，即使雙方都相信唯有階級解放方得以救贖「鄉土」。

但弔詭的是，這場名以「鄉土文學」的論爭雙方，實際上是在相互可以對話、理解的語域（register）上進行攻防。源於雙方左翼認知、知識學養的差異，因而對「鄉土文學」此外來語語境有親、疏之別。而透過黃石輝將「鄉土文學」等同為「臺灣文學」的在地詮釋可知，他的知識傾向是現實而素樸的，完全疏於德國經驗。但是，出生於臺南廳赤山里山仔腳一百七十四番地（後來改作高雄州鳳山郡鳥松庄，亦即現在的高雄鳥松鄉。）本名黃知母的黃石輝（1900.4.20-1945.4），就其重要經歷來看：1927 年 2 月擔任左傾新文協中央委員，9 月為屏東分部代表；1928 年 10 月任新文協調查部長，並在《臺灣大眾時報》上撰文；1929 年 12 月於臺共指導下新文協擔任中常委，擔任婦女部部長。〔註 108〕凡此皆可看出其左翼色彩。尤其是 1930 年黃石輝在具社會主義色彩的《伍人報》上發表〈怎樣不提唱鄉土文學〉當不難理解。但重點在於，黃石輝當時提出「把臺灣規定做一個鄉土」的視野，其實是為「臺灣」即「鄉土」，「鄉土」即「臺灣」的論述尋找合法性。因此，他會有「臺灣文學和鄉土文學也就沒有爭執的必要」的說法，其理在此。

而且黃石輝的「臺灣文學」的主張也並非憑空出現的想像，早在 1925（大

〔註 107〕賴明弘，〈對最近文壇上的感想〉（1932.8.26、9.16），《彙編》，頁 319。

〔註 108〕參見黃文車，《黃石輝研究》（嘉義：中正大學中文所碩論，2001）附錄一：〈黃石輝生平寫作年表〉。

正十四）年 10 月 4 日《臺灣民報》第 73 號「社說」〈詩學流行的價值如何〉上即已出現類似的話語：

> 要產生有價值的文學不消說要表現強大的地方色彩（local color）的，如像蘇格蘭文學、愛爾蘭文學等的鄉土藝術，個性愈明亮而價值愈高昇的，才是現代的之活文字。在臺灣有什麼詩人會描寫著臺灣的風景、空氣、森林、風俗、人情和老百姓的要求沒有？我們不得不盼望白話文學的作者的將來，**務要拿臺灣的風景為舞台，臺灣的人情為材料，建設臺灣的新文學**，方能進入臺灣文化的黎明期。

當時民報發行人是林呈祿（1887〜1967），編輯是謝春木（1902〜1969），兩人雖都是主張中國話文書寫，以「地方色彩」來規定臺灣新文學，但從「拿臺灣的風景為舞台，臺灣的人情為材料，建設臺灣的新文學」的呼籲中可以看到，與而後黃石輝「鄉土文學」的遙相呼應的主張。

小　結

　　從〈以其自殺，不如殺敵〉到楊逵的〈剁柴囝仔〉的臺灣話文小說分析，我們看到走向內面摹寫的嘗試與趨向，這從楊逵的「說謊」說可以得到支持。楊逵向我們指出這類文學的美學考量。再者，黃石輝「言文分立」、「便宜」的書寫立場，無形中容受、反映了當時社會雙語或多語併用的環境，進而使當時的臺灣白話文體形成必然的混雜現象，進而成為日後臺灣白話小說文體的重要特徵。〔註 109〕因此，我們可以這樣說，接續二〇年代臺灣新文學的發展，三〇年代楊逵的「說謊」說、黃石輝把臺灣規定做一個鄉土的視野，在在又為臺灣新文學的美學、語文書寫與界定提出寬闊而清晰的說法。

〔註 109〕李敏忠，〈混雜、嘲諷的文體風格與啓蒙意識形態——論蔡秋桐的現代小說特色〉，《臺灣文學研究學報》第十期（2010.4）頁 269。

第二章　殖民地風景中的傳統

> 懶先生是西醫，是現代人，不知什麼緣故，大概是遺傳性的作祟罷！
> 也有點遺老的氣質，對漢學曾很用心過，提起漢學自然會使人聯想
> 到中國的精神文明，懶先生雖不似衛道家們時常悲世嘆人，也似有
> 傾向到精神文明的所在，對現代人的物質生活，卻不敢十分讚同，
> 所以被人上了「聖人」一個尊號（假性）。
>
> ——賴和，彫古董，1930

　　誠如上述黃石輝的「鄉土文學」提供一個整體的臺灣視角，因此，我們可以說這個「鄉土」是涵括了城市與鄉村的複數。饒富深意的是，在三〇年代的小說裡，鄉村又經常與「傳統」結合，成爲大家庭、宗教科儀、廟會、歌仔戲等等題材的場景。然而對這些作者來說，這些探討「傳統」的敘事又想傳達什麼？這是這個章節要探討的議題。

　　一般辭典的界定，所謂「傳統」意味著「世代相傳，有傳承延續性質的社會因素，如風俗、道德、習慣、信仰、思想等。〔註1〕」而英語的「傳統」（Tradition）這個詞則來自拉丁文 *traditio*，亦有「傳送、交付，尚在流傳的說法、教誨或教義。〔註2〕」之意。而以上兩種界定所指涉的不外乎「流傳」或「交付」的意涵，是由一個世代的口頭、書面傳授到另一個世代的習俗或實踐，譬如耶誕節、清明、中元、中秋節等節慶、久遠的漢醫（hàn-i）醫療、

〔註1〕　教育部國語辭典網站。http://140.111.34.46/cgi-bin/dict/GetContent.cgi?Database=dict&DocNum=118278&GraphicWord=yes&QueryString=傳統。

〔註2〕　譯自 Oxford English Dictionary, second edition 1989.

漢文（hàn-bûn），或某家的「傳家寶（thuan-ka-pó）」等等。

就漢文來說，漢字是其表記符號，長久以來，也是漢裔臺灣人不斷傳承的傳統之一，因而漢文也成為許多作品、文體風格、慣例或信仰的敘事要件；而傳統又是以「流傳方式從過去到當下的再現」〔註3〕，是一種具有其時空意義的特殊選擇。據此，三〇年代以漢文書寫的臺灣話文論述、作品，當是對漢文傳統的再現，有其時空意義的選擇。這樣的選擇，誠如緒章所言，漢文書寫代表著對日本殖民「國語」同化政策的抗衡、肆應。因此，三〇年代臺灣白話小說就是漢文書寫的肆應產物。然則因為抗衡、肆應之需，傳統因而也非靜態的模式，誠如吉登斯（Anthony Giddens）對傳統的看法：

> 在傳統文化中，過去備受尊重，象徵珍貴，因為它們包含世代經驗並使之不朽。傳統是一種把行動的反思監測（the reflexive monitoring of action）與共同體時空的組織合成一體的模式。……傳統不完全是靜態的，因為它勢必被繼承前代文化遺產的每個新世代再創新。在極少分離時空的標誌（markers）脈絡下，變遷具有任何意義的形式，則傳統是不太會反抗變遷的。〔註4〕

這裡，吉登斯以為因應社會變遷，傳統是有其反思性、創新能力，亦即「對現代的反思（the reflexivity of the modern）〔註5〕」。因此，本研究以為三〇年代臺灣話文（以至廣義的漢文）書寫，代表著時人對殖民現代性的肆應與反思產物。就這些作家本身而言，其文學作品自是一種需求的寫照。艾略特（T. S. Eliot）在《傳統與個人才能》一文裡即指出這個需求的兩個意義：（一）歷史感（historical sense）。他以為「傳統」的歷史感會讓作家意識到立身於古今並存的時間之中。而挪用這個觀點來看，三〇年代的臺灣白話小說作家的漢文書寫即反射出其歷史感的需求；（二）肆應（conform）原則。艾略特認為「傳統」牽涉一種觀念的秩序（ideal order）的肆應。具體而言，他以為詩人必須充分意識到主要潮流（the main current）。〔註6〕雖然，三〇年代這些小說作者

〔註3〕 譯自 Chris Baldick, *Oxford Concise Dictionary of Literary Terms*（中國上海：上海外與教育出版社，2000）p.226.

〔註4〕 譯自 Anthony Giddens, *The Consequences of Modernity,* Cambridge: Polity Press, 1990. p.37.

〔註5〕 譯自 Anthony Giddens, *The Consequences of Modernity,* Cambridge: Polity Press, 1990. p.38.

〔註6〕 譯自 Robert Con Davis, Ronald Schleifer ed., *Contemporary Literary Criticism: Literary and Cultural Studies, Longman,* 1998. p.34-36.

不是詩人，但在他們的文學創作當中，吾人仍能具體地感受到他們對殖民現代性——這一主要潮流的回應。

　　總之，正因三〇年臺灣白話小說作者已充分意識到殖民現代性的時潮，所以說他們的小說即是抗衡、肆應與反思此時潮的產物；此外，臺灣話文論爭的出現，就體現這樣的思維，並影響當時小說書寫的文學事件。就文體而言，當時小說的混雜文體凸顯了漢文肆應的特性，它是「守舊？或是新舊文人協力或者對立〔註7〕？」發問的開啟，而非結論。就內容來說，當時小說對傳統思索的同時，也對殖民現代性提出批判。而這些思索與批判，是三〇年代臺灣知識分子從政治運動「碰壁」後轉換到新文化運動的反映。它反映在將「傳統」作為題材的小說敘事裡。下文我們將從經常出現「傳統」題材的賴和（1894.4.25-1943.1.31）小說談起。

第一節　「平衡」文體風格的尋索

　　在生活世界裡，傳統雖不曾消失，但也不盡然成為所有作家的小說題材。然而對賴和來說，傳統，卻經常出現在其小說敘事當中，如早期的〈一桿「稱仔」〉（1925.12.4）作品，傳統即以如下的面貌出現：

> 圍過爐，孩子們因明早要絕早起來開正，各已睡下，在做他們幸福的夢。參尚在室內踱來踱去。經他妻子幾次的催促，他總沒有聽見似的，心裏只在想，總覺有一種，不明瞭的悲哀，只不住漏出幾聲的嘆息，「人不像個人，畜生，誰願意做。這是什麼世間？活著倒不若死了快樂。」他喃喃地獨語著，忽又回憶到他母親死時，快樂的容貌。他已懷抱著最後的覺悟。
>
> 元旦，參的家裏，忽譁然發生一陣叫喊、哀鳴、啼哭。隨後，又聽著說：「什麼都沒有嗎？」「只銀紙備辦在，別的什麼都沒有。」
>
> 同時，市上亦盛傳著，一個夜巡的警吏，被殺在道上。〔註8〕

這裡旨在表現普羅人物秦得參面對殖民壓迫困境的〈一桿「稱仔」〉，傳統的事物成為其農村場景、人物的摹寫要件。在上面的引文裡，「傳統」以交代時間的除夕夜「圍爐」、元旦「開正」等臺語詞彙現身；此外，傳統的「銀紙」

〔註7〕　這是黃美娥的提問。參見其著，〈對立與協力：日治時期台灣新舊文學論戰中傳統文人的典律反省及文化思維〉，《台灣文學學報》4, 2004.8.
〔註8〕　《賴和集》，頁65。

更成為主人翁壯烈身亡的借代。

在賴和的小說裡，傳統更是主題。〈鬥鬧熱〉（1926.1.1）即是這樣的作品。小說藉眾人對迎神賽會的鋪張、無意義競爭的爭辯，以檢視「鬥鬧熱」的活動意義。小說以第三人稱的視角敘事，藉「有學識」者與乙的對話，爭辯迎神賽會許是「生活上一種餘興」藉以「養成競爭心，和鍛鍊團結力」；或是「無知的人所做的」活動；或者它也是有學問地位者共同參與的活動，是「策略中必需的要件」；「神輿的繞境，旗鼓的行列，是繁榮上頂要的工具」等等對話給讀者自行思考，而不做字面上的評斷。然則後者的「繁榮」說法，日後賴和於 1934 年的〈就迷信而言〉一文中仍再次提及，他說：

> 到現在還是見大大地鬧著的，就只有迎神一件，這的確費了島民好
> 多的一注錢財。雖然，其動機卻已經是由「繞境平安」變而為「振
> 興市況」，替代敬神觀念而起的，倒是一種商業意識的衝動，而神也
> 已經是被利用而變為廣招徠的一箇大招牌了。〔註9〕

這裡賴和提及人們對「敬神」的動機已從「繞境平安」轉成「振興市況」的活動，這種「商業意識的衝動」，雖然代表迷信已從現代人腦中漸次消滅，但他更在意的是傳統「敬神」觀念的商業化。而無論是〈鬥鬧熱〉或九年後的〈就迷信而言〉都代表他對傳統的廟會活動的長期關注與反思。而對傳統的反思，也可以作為批判殖民體制的依據。賴和的〈蛇先生〉（1930.1.1、11、18）就是這樣的小說。

一、〈蛇先生〉的「平衡」文體風格

〈蛇先生〉是以第三人稱作敘事，但這並不代表賴和沒有看法。恰恰相反，〈蛇先生〉正是對殖民體制的嘲弄、批判。這篇小說敘述一位沒有醫療執照卻能治療蛇傷的密醫蛇先生，因被告發而受刑罰，最後有賴「錢神有靈」方被釋放。然而日後，蛇先生的祕方仍治癒了許多人而廣受歡迎。某日，一位西醫前來討教其蛇藥祕方，蛇先生卻不認為其祕方有何特殊之處，但經西醫不斷請求下，蛇先生抓了一包蛇藥青草給這位西醫拿回去作科學檢驗。然則這耗費一年十個月的檢驗出爐時，蛇先生早已去世，而該檢驗卻仍無所獲。

〔註9〕 原刊載於《革新》，1934 年 10 月 27 日，大溪革新會。今見於林瑞明編，《賴和全集　雜卷》（台北：前衛，2000）頁 101。

　　這篇小說所嘲弄的對象有二：一是殖民地法律。如小說敘事以「專賣（tsuan-būe）〔註10〕」一詞點出西醫的特權性質。而由於殖民地法律的影響，舉凡人們的思想、日常生活、飲食起居都受其規訓，蛇先生不是殖民地法律所認定的醫生，故其診治蛇傷的行為受到了取締；連帶的，其醫療知識也都是「白賊亂講」。二是人類引以為傲的現代科學文明。小說敘事中，蛇先生條理分明地陳述「陰癀（hông）」、「陽癀（hông）」等民間醫療知識的科學（science）性格〔註11〕。但是在小說結尾，由科學化驗的蛇藥秘方卻僅含巴豆（pa-tāu）〔註12〕成分的「成績〔註13〕」，如下：

> 　　恰在這時候，是世人在痛惜追念蛇先生的時候，那西醫的朋友，化驗那秘藥的藥物學者，寄到了一封信給那西醫，信中有這一段：
>
> 　　「……該藥研究的成績，另附論文一冊乞即詳覽，此後要選擇材料，希望你慎重一些，此次的研究，費去了物質上的損失可以不計，虛耗了一年十個月的光陰，是不可再得啊！此次的結果，只有既知巴豆，以外一些也沒有別的有效力的成分……！」

引文中敘事者辛辣地嘲弄支撐西醫機制的科學試驗的侷限。在文體風格上，這篇作品展現了對現代與傳統的平視眼光，在面對西醫與傳統秘方的這兩種醫療知識，賴和選擇的不是反傳統的啟蒙觀點，而是指出傳統醫療知識的「科學性」，這是力求平衡的敘事，呈現「平衡」的文體風格。在三〇年代眾多反傳統的小說當中，〈蛇先生〉是獨樹一格的。

二、彳亍於現代繩索上的傳統

　　而〈蛇先生〉的「平衡」文體風格，不僅來自於賴和對傳統的長期關注、反思，也與其學養有很大的關聯。對其自身學養的表露，可以在〈彫古董〉（1930.4.30）小說中清楚看到。這篇小說敘述一位喜愛文藝創作的西醫，懶先生，一日意外收到一封附有三點錢郵票的信。來信者自稱是一位半工半商的青年有意寫小說，盼懶先生指導。最後，懶先生依約回了信。過了兩天，他的回信卻被退回，信面粘著一張受信人不明的付箋。〈彫古董〉的敘事有賴

〔註10〕　專売（せんばい），臺語唸作「tsuan-būe」。
〔註11〕　這裡的「科學」意指系統地描述或解釋世界及其現象的原因。概括地說，蛇先生的知識也具有科學性格。
〔註12〕　巴豆，屬大戟科，有毒植物，種子煎服可治腹肚痛。
〔註13〕　成績（せい せき）意即試驗結果。臺語唸作「sêng-tsik」。《賴和集》，頁93。

和濃郁的自況，其自況者有二：一是闡述其就「自然的材料，所構成的事跡」寫作以及「叛逆者」立場的批判寫實主義文學觀；二是以自問自答的方式陳述自己的職業、雅好。在小說敘事上，後者是前者的鋪墊，前者是其文學實踐的表露，後者是其兼具傳統與現代學養的自況。而懶先生的漢學雅好（作詩）不僅博得假性〔註14〕聖人的稱號，也曾引起「道學家們的非難，謂他侮辱聖賢」的真實事端。

　　1921年11月7日《臺灣日日新報》刊出一則署名「一彰人」的〈毀謗聖人〉短文提及賴和在同年10月29日在彰化青年會上，聞至林某論及「同姓不可結婚之事，以為聖賢遺訓」等話語起而抗辯的情事。「一彰人」在文中抨擊賴和所謂孔孟教義「束縛人權，侵害人生自由」、「孔廟宜毀」等言論不當。而後賴和旋即去信更正，於同年11月10日刊出的〈來稿訂誤取消〉文中，賴和表明其初衷：

> 因反對遵古，乃倡革新，有謂思想拘泥於舊。道德日遠乎古，皆由昔儒少能創造，但事模擬道德只懸諸口者多，能顧於行者寡，且多見夫行污納穢，嗜利慕名之徒，每借孔孟之教以自解，道德之教以為辭，中心懷疑，激憤出之，不覺遂有孔孟罪人之語，一經林某叱斥，自亦知非，事實如此，不若投稿所云之甚，但素知僕者，是非自能判別，素不相知者，雖欲自白，適足自污，爰是謹借此機，少達寸衷而已。

賴和在此不僅指出投稿者「一彰人」所聞不實之外，更表明了其論乃出於「道德日遠乎古」、「顧於行者寡」的激憤。而此經由漢學浸染所習得的道德觀，又在八年後的〈鬥鬧熱〉中舊事重提，即使他已「變相」為白話小說。當我們一一撥開「遺傳性的作祟」、「遺老氣質」以及對「漢學曾很用心過」等等字面表述後，在其雅好漢學背後的「中國的精神文明」，實是對現代人的物質生活「不敢十分讚同」的依據。因此，「聖人」誠為「假性」尊號，而其「真性」則是對傳統的反思，企圖在現代與傳統之間尋索一種平衡。

　　做個比喻，在賴和的小說世界裏，傳統應是使其彳亍在現代繩索上得以安然的長竿，因而肆應現代的傳統成了叛逆的概念，如在〈鬥鬧熱〉所示：

> 「是啊！你原是叛逆者的黨徒，不是嗎？」

〔註14〕此和製漢字「仮性（かせい）」是取相對於「真性（天性）」的「人為的、假的」之意。

哈哈哈！這是兩人的笑聲。

「『而今太息親權墜，要殺偏教不可能，』」好好好！這真足以氣死那班父權論者，那頑固老頭兒氣得嘴鬚濆的濆的模樣，被你活畫出來。〔註15〕

從這一段以「活畫〔註16〕」那班父權論者「濆（phùn）〔註17〕」著「嘴鬚（tshùi-tshiu）〔註18〕」的摹寫裏，可清楚地看到賴和以「而今太息親權墜，要殺偏教不可能」傳統詩句點畫其叛逆真性；或者說〈彫古董〉反映了賴和所雅好的「傳統（名詞用法）」其實一點也不那麼「傳統」（形容詞用法）。

三、文如其人

賴和的「平衡」，也來自於他「溫厚」「時常擔心會不會妨礙了別人的謙遜」性格，誠如王詩琅在〈賴懶雲論〉〔註19〕對其小說展現「淡然地、不焦躁、不喧囂」的風格評價一樣。平衡，隱含一種節制況味，譬如賴和〈棋盤邊〉（1930.10）小說透過「第一等人烏龜老鴇，唯兩件事打雀燒鴉」舊士紳的對聯，對其吸食鴉片與爭相逢迎阿片特許制度的批判。然則這樣的批判，小說卻是以對舊士紳「老許」的神態摹寫開啓的，而非直接的言語批判。如下：

時候還是暗頭，人們方在吃飯，所以這客廳竟有些冷清清，只有煎滾水的酒精爐上那只銅茶古，在「恰恰」地吐出白烟，衝破這瞬間的沉寂。

「戛戛」，一個人拼著淺拖行入客廳來，這人有些襤爛相，衫仔紐頂頭二粒皆開放著，露出一部胸胴，衫褲滿是皺痕，想見他起臥都是這身軀，可以推定他是阿片吸食者，這人是老許。他看見廳裏無人，滾水又在沸騰著，他便自己動手，泡一泡茶，然後由衣帶裏取出數島，點上一枝徐徐吸著。待茶出味了，乃倒一甌哈著啜著，好久尚沒有人來，便倒在消遙椅上，把煙嘴擲到檳榔汁桶，兩手抱住頭殼，雙腳向地一搖，身軀椅仔便一齊搖盪起來。〔註20〕

〔註15〕《賴和集》，頁101。
〔註16〕活画（かつが），意指生動地描繪。
〔註17〕此指鬍鬚飛跳，生氣貌。
〔註18〕即鬍鬚。
〔註19〕王錦江，〈賴懶雲論〉，《臺灣時報》，201號（1936.8）。
〔註20〕《賴和集》，頁104～105。

上面引文所呈現的儼然是一幅萎靡的人間風景，文中運用「暗頭〔註21〕」、「煎滾水〔註22〕」、「茶古〔註23〕」、「淺拖〔註24〕」、「襤爛相〔註25〕」、「衫仔〔註26〕」、「甌〔註27〕」、「出味〔註28〕」、「頭殼〔註29〕」等臺灣話文與「敷島」〔註30〕等和製漢字詞彙，聲味俱現地用旁觀視角摹寫了吸食阿片處所的氣氛以及老許的「襤爛」醜態。

　　這種旁觀的摹寫，比起周定山〔註31〕的〈老成黨〉〔註32〕對表面上滿口仁義道德，暗地挾妓冶遊的傳統舊文人醜劣事蹟〔註33〕的「直抒」，〈棋盤邊〉是個對比。〈老成黨〉敘事的一開頭即陳述其創作動機。作者說：「是一件平凡的故事。然而，時常振盪我們的心靈，壓迫我們的意象，叫我們不能將他事跡輕易的放鬆！至今還綿密地盤旋在腦海。」面對某些意象，周定山選以「直抒」批判那些舊士紳，如下：

　　　　「好！」N 先生的腦府連發十萬火急的電報驚告全國！但可惜這個
　　　　中央政府，除了侮弄電報以外別無成績。於是，N 先生那隻右手，
　　　　像餓鷹捉兔般的把酒盃搶過來，方沾到唇邊，他的腦府也醒悟了！
　　　　「為肚子不好，喝點酒，怕什麼？」厚唇一仰，灌下去。酒到了食
　　　　管，四肢百體一切機關齊喊了一聲「萬歲」！眉開了！眼笑了！周
　　　　身骨節吱吱咯咯的響了！腦府也順著民意下了急令：「著令老嘴再喝

〔註21〕臺語讀作（àm-thâu），即黃昏。
〔註22〕臺語讀作（tsuann kún-tsúi），即煮開水。
〔註23〕臺語讀作（te5-kou2），即茶壺。
〔註24〕臺語讀作（tshián-thua），即拖鞋。
〔註25〕臺語讀作（lám-nūa siùnn），即邋遢相。
〔註26〕臺語讀作（sann-á），即上衣。
〔註27〕臺語讀作（au），即茶碗。
〔註28〕臺語讀作（tshut-bī），即味道出來。。
〔註29〕臺語讀作（thâu-khak），即腦袋。
〔註30〕敷島（しきしま）乃日治時期香菸牌名。臺語讀作（hu-tó）。
〔註31〕周定山（1898～1975）本名火樹，字克亞，號一吼，又號公望、銕魂、化民、悔名生。彰化鹿港人。生於 1898（光緒二十四，明治三十一年）十月，卒於1975 年，享年七十八。小說作品有〈老成黨〉、〈摧毀了的嫩芽〉、〈旋風〉、〈乳母〉等。
〔註32〕原載於《南音》創刊號、第一卷第二號、第二卷第三號（1932.1.1、1.15、2.1分三次刊載）。
〔註33〕施懿琳著，〈饒有閒情逃世易，絕無媚骨入時難──周定山生平與作品（代序）〉，施懿琳編，《周定山作品選集（上）》（彰化市：彰縣文化，1996）無頁碼。

一盃」！舌頭麻的像酥糖的津津融化在嘴裏，血脈流動的把小腳指頭的那個雞眼，刺的又癢又痛快！〔註34〕

同樣描繪舊士紳，同樣是第三人稱的敘事視角。但「N 先生」像餓鷹捉兔般搶過酒盃的手，強烈摹寫其飢餓感。在〈老成黨〉裡這是作者直接到底的批判。〈棋盤邊〉則用人物對話，讓那群將官廳「公許〔註35〕」阿片「出願〔註36〕」制度視爲民本善政的人物自己說話，如小說人物老許對文化協會的嘲弄，嘲弄其對阿片特許制的請願是無視於「三萬幾千人」民意，是「現代最文明的」荒謬。賴和讓這些「慢有一世紀」舊士紳說出自己的看法。此外，〈棋盤邊〉最後雖以棋盤上激烈的戰爭爲喻，點出保正爲「顧」阿片特許「份額〔註37〕」而與其他士紳興起的一場爭奪戰，但仍不忘以臺灣人持續對阿片抗爭作結。這樣的結尾也與〈老成黨〉不同，除了批判舊仕紳的醜態，〈棋盤邊〉多了對未來的期許。

總之，無論傳統是作爲小說背景的交代（如〈一桿「稱仔」〉），或者成爲爭奪的隱喻（如〈棋盤邊〉），還是討論主題（〈蛇先生〉），賴和對傳統（人事物）題材的處理，經常不忘對殖民體制進行批判。此外，賴和小說的「平衡」文體風格與其學養、人格特質（文如其人）有直接關係之外，其節制的敘事態度也是主因。值得一提的是，賴和的節制敘事，予人一種客觀印象。當然這樣說，不代表他的小說沒有「主觀」批判，事實上，賴和始終有其批判立場。然而筆者要強調的是「主觀」批判與客觀性的敘事並不衝突，就如同 René Wellek 與 Austin Warren 說的：「如果不是要把作者『融入』敘事之中而是要把他呈現出來的話，那就必須將他或代表他的人物的規模和地位壓縮到與其他人物一樣大小才行。」〔註38〕此「壓縮」的說法即是上述的節制，賴和小說的敘事者並沒有以居高臨下之尊，向讀眾啓蒙或訓誨些什麼，而是營造一種客觀印象。我們可以這樣說，賴和「平衡」文體風格來自一種節制敘事，他營造寫實主義文學的客觀性。更重要的是，他對現代與傳統之間的尋索，凸顯了彳亍前行於殖民地風景裡被殖民者的精神樣貌。

〔註34〕施懿琳編，《周定山作品選集（上）》（彰化市：彰縣文化，1996）頁9。
〔註35〕臺語讀作（kong-hú），即經官廳許可。
〔註36〕臺語讀作（tshut-gōan），即申請。
〔註37〕臺語讀作（hūn-giah），限定的部分。
〔註38〕韋勒克，沃倫著；劉象愚等譯《文學理論》（中國南京：江蘇教育出版社，2005.8）頁264。

第二節 「感傷」文體風格的批判與反襯

「平衡」文體風格是賴和諸多現代小說的一大特色，但這自然不是三〇年代時人看待「傳統」的唯一方式。處理同樣的題材，角度不見得人人相同。這個章節將持續探討另一種處理「傳統」的方式，下文將依序藉由質與量上都不容小覷的陳虛谷、蔡秋桐、朱點人等的現代小說作分析說明。

一、〈榮歸〉、〈興兒〉與〈脫穎〉的批判

（一）〈榮歸〉

首先是陳虛谷的作品。陳虛谷（1896.5.10-1965.9.25）本名陳滿盈，另有筆名一村，彰化和美人。彰化公學校畢業後，赴日入明治大學專門部政治經濟科。1923 年畢業返臺參與文化講演。而後也參加臺灣議會設置請願運動。他兼通新舊文學，1926 年成為《臺灣民報》重要撰稿人之一，這時期是其文學生涯的開端。1930 年 8 月被聘為《臺灣新民報》客員〔註39〕。1932 年 4 月，該報改發日刊，改任《臺灣新民報》學藝部客員，但婉辭不就。〔註 40〕而他作於三〇年前後並同在《臺灣民報》發表的〈他發財了〉〔註41〕、〈無處申冤〉〔註 42〕、〈榮歸〉〔註 43〕、〈放炮〉四篇小說中，本研究選以切合「傳統」題材的〈榮歸〉此藝術成就較高的作品〔註44〕作分析。

〈榮歸〉是一篇敘述王秀才的小兒子赴日留學高等文官及第榮歸故鄉的故事。小說開頭就書寫了飽讀詩書的前清王秀才在展讀兒子發自東京的報喜電報時，竟無法了然電報內容的情狀：

> 「コウブンキュウダイ」（高文及第）
>
> 他接連讀了幾遍，覺得這些句子，都是平生未曾讀過的，他欹〔註45〕着頭想。
>
> 「唉！這可就奇了。什麼コウブン，又是什麼キュウダイ，這簡直

〔註39〕客員（きゃくいん）。臺語唸作「khik-ôan」指會員非正職的身分。
〔註40〕張恆豪編，《陳虛谷、張慶堂、林越峰合集》（臺北：前衛，1990）頁 75～76。
〔註41〕本篇原載於《臺灣民報》第 202～204 號（1928.4.1、8、15）。
〔註42〕本篇原載於《臺灣民報》第 213～216 號（1928.6.17、24、7.1、8）。
〔註43〕本篇原載於《臺灣新民報》第 322～323 號（1930.7.16、26）。
〔註44〕張恆豪也有這樣的評價，見《陳虛谷、張慶堂、林越峰合集》，頁 95。
〔註45〕臺語唸作（khi），斜、偏。

不成話呢。唉！這真是初學剃頭，便碰著鬍鬚的啦！」〔註46〕

上面的引文洩露了虛谷的疏忽，「他（王秀才）」既然不懂日文，卻正確地對電報「什麼コウブン，又是什麼キュウダイ」做斷句，這顯然是熟悉日文的作者書寫上的疏忽。然而瑕不掩瑜，此段敘事以日、臺語文體並置的方式，暗喻殖民與被殖民者的扞格、互不理解的關係。面對日文，滿臉困惑的王秀才終究僅能以「初學剃頭，便碰著鬍鬚的」的諺語來表達其困窘。此外，小說藉由敘述與對話並置的文體傳達一種扞格感，這也是小說敘事特色。如下：

老人：「他日本話說得很流利呀！可惜我們聽不懂，太殺興！」

第二老人：「日本話定然是比臺灣話好講，不然今天的宴客，全是臺灣人，他何苦講日本話？」

保正：「他是到過日本很久的，恐怕是把臺灣話忘掉了。」

老人：「笑話！真正豈有此理？不過是做官人講講官話吧了。」

青年：「方今是日本世界，講日本話就是尊嚴的表示，是一種的示威呢。」

保正：「凡事總要馬馬夫夫〔註47〕，太過認真，官就做不成，錢就無處賺，勢力也使不行〔註48〕了，是不是？」

大家點首連說不錯不錯，獨這青年依舊是冷笑不服，他還疑心到保正這一段話，似乎是在諷刺著他，又似乎是替自己辯護，他方要再說下去的時候，猛聽得不甚熱烈的，斷續的，起了幾個拍掌聲，再福已敘完了禮，滿座的賓客，盡量的痛飲了一番，直至宴終，方始散了。戲臺上正演著一齣狀元遊街，**臺上的假狀元，似乎還要比臺下的真高等文官威風十倍，累得滿座的來賓，都笑得死來活去。**〔註49〕

引文的前半段是對話，突顯老人、保正與青年的扞格，這裡傳達的不僅是青年與老人、保正的語言衝突，更是殖民地精英與在地傳統（為官之道）的價值衝突。而引文的後半段以旁觀的視角，平靜的筆調敘述，傳達以戲台作喻的嘲弄。文中最後藉晚霞的摹寫，暗諷一切的美好終將隨落日而暗沉：

火球般紅的夕陽，將要沈下去，把西方的天邊，烘成了一片紅豔如

〔註46〕《陳虛谷、張慶堂、林越峰合集》，頁49。

〔註47〕馬馬夫夫（má-má-hu-hu），隨便。

〔註48〕使不行（sái bē-kiânn），推動不了。

〔註49〕《陳虛谷、張慶堂、林越峰合集》，頁59～60。

錦的雲霞，好像是朝著王家表祝意（しゅくい，恭喜）。〔註50〕
敘事至此，小說收束處幾筆的摹寫凸顯一種「感傷」的風格。不言而喻的，
落日為那份榮耀的「祝意」終將散戲、暗沉添增了感傷色彩。這樣的「感傷」
敘事，敘事者對保守的（為官之道）傳統與殖民體制（文官制度）並不信任。
「傳統」思維以在地語言（臺語）傳達，日語青年服膺著殖民體制；保守官
場是以老人的臺語說出，威風與理想則是用青年的日語闡述。兩相對照，「感
傷」的文體風格在此形成殖民現代與保守傳統之間的茫然寓意。

（二）〈興兄〉

除了上述的〈榮歸〉，蔡秋桐的〈興兄〉〔註51〕也有類似的情節。兩篇小
說同樣是描寫臺灣青年赴日學成回鄉的故事。〈興兄〉敘述主角興兄在不景氣
的年代裏，為了讓第三子赴日本內地留學，不惜以田地向銀行擔保貸款，以
完成兒子的學業，豈料兒子學成歸鄉時，原盼望其子風兒及媳婦回家「圍爐」，
豈料希望落空。遲至初五「隔開」，興兄的大和媳婦和風兒仍舊沒有依著漢人
習俗回鄉「行春」。興兄起疑，便到兒子與媳婦居住的城市一探究竟，最後卻
引發一場鬧劇。而鬧劇的起因仍是興兄與風兒、媳婦的價值觀不同使然。興
兄原以為，風兒學成回鄉該像「清朝時代的『狀元遊街拋綉球』」一樣譽滿鄉
里；娶回大和姑娘來做媳婦，是「前世有燒好香點好灼」〔註52〕庇蔭。對為
人父的興兄來說，有此功成名就，正因為風兒實現他所服膺的「傳統」觀念。
然而言，興兄見了子媳後，卻失望透了。小說結尾有如下的摹寫：

> 興兄要回去了，他底風兒和他底好媳婦留之不得了，興兄入門拿起
> 長袍披在肩上，就要出門了，行到玄關又被他底大和媳婦扭住了，
> 興兄懊惱了，大聲喝說：「不可延遲啦，這款所在有什麼可留戀！我
> 田也未播呢！我底心是苦繪展羽飛回去！」但是長袍已被他拿去
> 了，興兄一時忍不住地：「姦恁……這就是真正好意換一個怒氣啦！」
> 風兒為她辯護說：「爸爸！她是講你的長袍破破的難看，太不體裁，
> 她要為你包個好勢啦。」父子先出門口，她也隨後而至了，三人來
> 到車站時，北上的車也到了，興兄上車，她說聲：「サヨーナラ、マ
> タイラッシャイ。」興兄那會理得她呢！知，知……車發時，興兄

〔註50〕《陳虛谷、張慶堂、林越峰合集》，頁 60。
〔註51〕原載於 1935.4《臺灣文藝》第二卷第四號。
〔註52〕張恆豪主編，《楊雲萍、張我軍、蔡秋桐合集》（臺北：前衛，1990）頁 212。

大聲喝說：「唉！沒記得去媽祖婆燒金了。」〔註53〕
引文的摹寫典型地點畫出翁媳間的文化差異，這差異導致父子對過年看法的不同：風兒已是被同化（忘了鄉語）的日本人，興兄仍是固守傳統的農人；形諸於文體的，如小說最後藉由興兄：「唉！沒記得去媽祖廟燒金了。」的喊聲，與媳婦：「サヨーナラ、マタイラッシャイ。」徐徐安穩的再見聲，點出翁媳間互不了解的處境。對興兄而言，即使仍為忘了去媽祖廟燒金而憾恨，怒氣未消，其敘事的餘韻仍是「感傷」的，因為同化成日本人的風兒早已忘了傳統及其文化認同。

（三）〈脫穎〉

如同陳虛谷的〈榮歸〉與蔡秋桐的〈興兄〉，朱點人的〈脫穎〉〔註54〕也展現了「感傷」的文體風格。這篇小說敘述臺灣人陳三貴單戀日人敏子，他自知是窮苦的臺灣男人，所以不敢高攀敏子；當敏子的哥哥戰死後，其父同意她嫁給三貴，但條件是三貴須做犬養家的養子。因此，陳三貴最後變成「優越」的犬養三貴。〈脫穎〉與〈榮歸〉、〈興兄〉同樣是以第三人稱「他」全知的觀點來敘事，但不同的是，朱點人有更多對人物內心的摹寫。而這樣的內面摹寫，作者極有技巧地從「吃食」的場景切入，說明陳三貴改名犬養三貴的心理依據。

小說一開頭，吃食，成為家人交談、相互理解的場景。三貴的父親便利用晚飯時，與同桌家人談及欲為三貴娶妻的想法。這是「吃食」第一種功能。其次，「吃食」代表三貴的壓力來源。三貴因多次受好友定居請客而倍感「吃人一斤，也著還人八兩」的不安，然而他始終無力回請而有近乎「愧死」的壓力。〔註55〕不過，不飽不餓的狀態促使三貴有「立著位較好識拳頭〔註56〕」的務實，他以為即使頭路尚無以使之飽食，但終須暫度；「朽頭路」雖朽，但至少可免飢餓。三貴相信終有發揮其「敏腕」的一天，這樣的夢想使他有了「轉世」懸想，進而成為他日後變成犬養三貴的心理基礎。當他成了犬養三貴，工作不僅得到升遷，而且對吃食的欲望終獲滿足而感到快慰。那種滿足感，小說有如下的描繪：

〔註53〕《楊雲萍、張我軍、蔡秋桐合集》，頁218～219。
〔註54〕作於1936年11月15日，原載於《台灣新文學》第一卷十號，1936年12月出版。
〔註55〕張恆豪編，《王詩琅、朱點人合集》（臺北：前衛，1999）頁257～258。
〔註56〕臺灣諺語，喻佔到好職位比什麼都實在。

> 一個晚上，妻坐在他身邊撒媚地慇慇懃懃給他添飯倒菜，**他喰脾一開，連喰四五碗**，但妻總是讓著箸不甘喰。他見妻對他這般待遇，忽然想起他的舊家，兄弟是兄弟，各人顧自己；他的大兄嫂和二兄嫂都是輪流煮飯，頂半月若大嫂煮喰，下月就輪到二兄嫂；今天輪著大兄嫂煮，那日的早頓、中頓和晚頓的好菜都要放在大兄面前，於是二兄二嫂都要受氣；明天輪值二兄嫂煮喰，那天三頓的好菜，也要放到二兄面前，於是大兄大嫂也要恨心了，這樣家內總是叛喰。〔註57〕

婚後陳三貴不僅能吃食無虞，更從而為家庭幸福感到快慰。今昔對比，得到的快慰是以改名「犬養三貴」作代價。對此，小說藉由「犬養的」雙關語及「失去了一個朋友！」的感嘆給予評價。然而，三貴的父親在「失了一個兒子」的感傷裏，卻仍執信「他仍是我的兒子，陳三貴！」。敘事至此，親情與扭曲的人性並置，無疑展現朱點人的敘事功力及其對人性寬厚的理解。

總之，同樣的同化題材，同樣的「感傷」，在〈榮歸〉、〈興兒〉與〈脫穎〉裏被日本同化的「青年再福」、風兒、三貴，對傳統的理解意味著守舊的、無所依傍、可以割捨的過去。而對三人的父親而言，卻是甘為親子付出的倫理價值，即使各有不盡相同的初衷。這樣的殖民地風景裡的傳統，則是日漸淪喪的事物，是被殖民體制扭曲的價值。

二、〈秋信〉的反襯

如同上述的三篇小說一樣，朱點人〈秋信〉〔註58〕裡的老人也是要角，其文體風格則同樣是「感傷」的。但不同的是，敘述前清秀才陳斗文北上參觀博覽會的所遇所思的〈秋信〉，除了描述傳統與殖民現代性的衝突之外，有更多人物內面的摹寫。〈秋信〉的文體，如同朱點人的其他作品一樣，仍夾雜臺灣話文詞彙（如「稻埕」、「一區田」等）以及日文詞彙（如「不器用」、「滿員」、「鐵道」、「部員」、「改札」等）。對此混雜的文體，朱惠足給予解釋：

> 那樣的混雜白話「文」，對應著台灣社會在移民與殖民歷史中產生的多語「言」，正是在台灣實踐「白話文」以我手寫我口的結果。就像斗文先生在重置後的台北街道喪失方向感一樣，有著漢字表記的共有／借用關係的「台灣閩南語」、「北京話」、「日文」等眾「聲」之

〔註57〕《王詩琅、朱點人合集》，頁270。
〔註58〕作於1936年1月31日，原載《臺灣新文學》1:2（1936.3.3）。

喧嘩，使得朱點人的〈秋信〉試圖透過現代中國書寫語言的重置來
強調的「民族」，無法維繫其單一的認同與表象。〔註59〕

文中她將施文杞對臺灣的白話文的「變態」觀察，歸因於移民與殖民歷史造
成的多語言環境使然。進而直指〈秋信〉的書寫為「祭出強固的中國民族意
識，揭發日本帝國壯觀外表及冠冕堂皇說辭背後不平等的權力關係。〔註60〕」
這裏的「中國」，筆者以為尚待更進一步的分析。單就〈秋信〉的一段文字來
說，如下：

> 「倭寇！東洋鬼子！」他終於不管得他們聽得懂與不懂，不禁的衝
> 口而出了：「**國運的興衰雖說有定數，清朝雖然滅亡了，但中國的民
> 族未必**……說什麼博覽會，這不過是誇示你們的……罷了……什麼
> 『**產業臺灣的躍進**……』，這也不過是你們東洋鬼才能躍進，若是臺
> 灣人的子弟，恐怕連寸進都不能呢，還說什麼教育來！」〔註61〕

這裡的「中國的民族」誠如朱惠足所言，是廣義的「文化中國」，也就是以漢文
化為中心的思維產物，這意味著「中國的民族」是指廣義的漢人，而臺灣人自
然是指漢裔的臺灣人。這樣的文化想像，落實在陳斗文對擊缽吟改革的寄望，
以及時人的「漢文」（包括臺灣話文）觀點上。進一步說，朱點人的「漢文」雖
來自中國，但就〈秋信〉的混雜文體來看，其漢文書寫已有了文化混雜的殖民
地性格。故若僅就其中國話文的書寫主張，即與「中國民族意識」相繫，則似
有將語言國籍化（語言＝國族），並將混雜的殖民地文化簡化的盲點。

　　小說敘事摹寫了身負傳統漢文學養的老秀才陳斗文，北上參觀博覽會所
引發的滯後言行與無奈。正如老秀才陳斗文對著一羣紅面鴨子說的：

> 「小畜生！要出去嗎？」
>
> 他把籬笆門打開，那羣鴨子，又是呷呷地叫，爭先走出去了，他也
> 出了籬笆門，坐在門外的**一株蒼古**的茄冬樹下吸煙。〔註62〕

「小畜生！要出去嗎？」這象徵式的問話，即已點出小說的重要主題──「出
去？」的躊躇。出去，是為了進入另一個空間。對陳斗文來說，下一個空間

〔註59〕朱惠足，〈帝國主義、國族主義、「現代」的移植與翻譯：西川滿《台灣縱貫
　　　　鐵道》與朱點人〈秋信〉〉，《中外文學》第33卷第11期（2005.4）頁136。
〔註60〕〈帝國主義、國族主義、「現代」的移植與翻譯：西川滿《台灣縱貫鐵道》與
　　　　朱點人〈秋信〉〉，頁130。
〔註61〕《王詩琅、朱點人合集》，頁235。
〔註62〕張恆豪編，《王詩琅、朱點人合集》（臺北：前衛，1990）頁226。

是充滿現代感的島都（臺北），這時適逢眾人北上參觀博覽會〔註63〕的歷史盛事，這是小說敘事的重要事件，斗文先生在前竹圍庄吳想、巡查眾人幾番勸說，最後孫兒同窗王北芳的來信力邀之下，方使之成行。但要跨出有形的「籬笆」不難，要跨入代表現代、都會的島都之前，一路上就是難以適應的歷程：

> 在車裏的時裝——和服、台灣衫、洋服的雰圍〔註64〕裏，突然闖進
> 斗文先生的古裝——黑的碗帽仔、黑長衫、黑的包仔鞋，嘴裏咬著
> 竹煙吹，尤其是倒垂在腦後的辮子……，儼然鶴入雞羣，覺得特別
> **刺目**〔註65〕。
>
> 他接著眾人的眼光，像受了侮辱，一時很難受，但旋而不以為意的
> 斜著眼角，把眾人睨了一眼，泰然自若的坐下去。
>
> 出發的時間到了，當車長的笛聲剛在鳴動的瞬間，**他急急的把兩耳
> 掩住**，塞避火車的汽笛，引得車裏一陣閧笑。（頁231）

此處敘事者以「鶴入雞羣」（群「雞」單「鶴」）為喻、新舊服飾的映襯，與貼切地用臺灣話文詞彙「刺目」指出其身影的突兀感。而這種突兀感，最後是歸於如下的景色摹寫：

> 氣候已是晚秋，時間又將向晚了，園裏連一個行人也沒有，微風吹
> 著敗葉，沙沙地作響，他的手裏一鬆，那張信箋就乘著風飄到地面
> 的一葉梧桐的落葉上去。〔註66〕

在此，作者不僅點出「秋信」淒涼蕭索的基調，且以「敗葉」點出其人不合時宜的感傷。而這裡的感傷，並非「守舊」使然。對於傳統，斗文先生自有見地，他曾為「臺灣人與漢文有存亡的關係」而振興漢文、創設詩社。他以為「擊缽吟不是詩，從凡夫俗子的口中唱出來的山歌才是詩」而心生改革。由此可知他對漢文的維繫與反省。總之，小說更深一層地指出老秀才感傷的是其捍衛的傳統遭人誤用，是為改革不及而傷。換個角度說，小說最後一幕的殖民地風景所摹寫的，與其說是對已然枯朽的傳統（一如敗葉）而傷，毋

〔註63〕 1935 年 10 月 10 日，第十六任臺灣總督中川健為慶祝其領臺四十週年，在臺
　　　 北市公會堂舉辦博覽會，歷時五十日。這場博覽會耗資 1119407 元，會期中
　　　 吸引 2738895 人次。參見呂紹理著，《展示臺灣：權力、空間與殖民統治的形
　　　 象表述》（臺北：麥田出版，2005）頁 242～243。
〔註64〕 四周的氣氛和情調。亦作「雰圍」。日語作氛圍氣（ふんいき）即氣氛之意。
〔註65〕 刺目（tshiah-bak），礙眼。
〔註66〕 《王詩琅、朱點人合集》，頁 237。

寧說是藉此反襯了對不斷進逼的殖民現代性的控訴。

第三節　啓蒙的文體風格書寫

> 唉！王爺公啊！你有看見嗎？有聽見嗎？如果你是有聽見這弱者，
> 無力可以抵抗的悲鳴，你的心也忍得過嗎？
>
> 人叫你臭耳人王爺，你當真耳孔無聽見嗎？聲聲叫著苦，聲聲哭著
> 苦，這憨大豬，也像曉得死日將到了，那麼萬人稱呼你是王爺，豈
> 沒有點慈悲的心嗎？
>
> ——蔡秋桐，王爺豬，1936

　　三〇年代的臺灣人由政治運動的「碰壁」走向文化運動的集結，代表著時人亟欲突破殖民現代性框架的努力。具體的作爲有民間文學的整理（如李獻璋編的《臺灣民間文學集》的出版），有更多小說作者藉由傳統題材的書寫反思在地文化，如上一節所見。此外，出於啓蒙視角的小說敘事亦是當時的主流。對此，下文將就郭秋生與蔡秋桐的小說作例加以探討。

一、〈鬼〉的對比

　　郭秋生的〈鬼〉（1930）〔註67〕 敘述兩個小販——李四和阿六，在 A 町途中因路上暗黑起風沙，李四疑心生暗鬼而驚慌，歸家後不久身亡。其死被鄉民傳爲 A 町有冤靈索命，故眾町老決議請示清水祖師，之後，村民遵其囑咐爲 S 荒埔的冤靈撿骨重新安置。日後，此地有應公因賭博師金德祈求發財有靈驗，加上劉信女爲其子病祈願，果不藥而癒等神蹟出現，因而 S 荒埔的人氣自此「轟動到數里路，數十里路的民眾，都不分晝夜爭到 S 荒埔來求有應公的靈藥，S 荒埔突現出病院的光景出來了，又好像是召集病魔舞蹈的世界，不幾日，S 荒埔既見光滑地寸草不留了，至於那日發掘的荒埔亦凹下一大窟了。」最後，墓土的爭奪也逼使警署無法坐視，下了禁令以防事端，並將撿回的枯骨沒收化驗，化驗結果得知，此枯骨並非人骨竟是豬骨。自此 A 町再無怪事發生，然而當地民眾仍埋怨自己的薄福。

　　雖是中國話文的小說，但〈鬼〉仍寫入不少臺灣話文詞彙。原因無他，

〔註67〕收於李南衡主編，《日據下台灣新文學　明集 2　小說選集一》（臺北：明潭，
　　　1979）。

為了寫實、貼近小說人物的身分說話，如下：

> 「為甚麼濛濛的塵砂會獨拋在他臉上？……然而卻也未曾聽見他有
> **冤家對頭**，亦不曾聽他有做過沒有天良的壞心事呢……要不然，就
> 是他的**運途**低了麼？哼！不一定，他的兒子**春頭**〔註68〕死去，妻子
> 也害了病好久才痊安的——那麼他是不止碰著土砂一件了，他俯伏
> 在路傍的緣故，或許是受了甚麼東西的**暴壓**〔註69〕，至少也給扼了
> 咽喉！所以一時抗不得，才發出『會死會死』的悲鳴來……A 町裏
> 沒有**清淨**〔註70〕的地方……這老早就有人說過了，諒必不是虛
> 傳……」李四不斷地自問自答，他懷疑一回，肯定一回，又否定一
> 回，但心裏一抹的**妖雲**〔註71〕，終於刻刻低迷，而不覺也感著周圍
> 的氣冷，陰風森森的虛襲，同時**毛管**〔註72〕也不由地起慄了。〔註73〕

在文體上，這段引文除了「暴壓」、「妖雲」等日製詞彙之外，也有「冤家對
頭」、「運途」、「春頭」、「清淨」、「毛管」等臺灣話文詞彙寫入。對李四疑神
疑鬼的內面摹寫，以「妖雲」喻指不祥的前兆即將到來，讓我們讀到濛濛如
砂的鬼怪之說的深植。而這類的觀念，也在宗教科儀的敘述中體現：

> 阿四嫂很苦了，再也拉不得治療的根由了，**符法師**也曾豎過斗，燒
> 符推咒語，道士也請來**動土**，**送火**，**收魂**，**謝外方**，城隍爺也問過
> 數壇，外方也服過三四方了，就是各廟宇亦都去**下願**〔註74〕了。然
> 而阿四的病狀，一味頻危沉急，狂暴的發作亦日上一日加劇，他同
> 居的郁卿嫂，即暗暗裏代阿四嫂擔憂了。〔註75〕

引文中，符法師是畫符驅邪押煞的法師。所謂「豎斗」目的在祈福辟邪。斗，
指的是斗燈（táu-ting）。斗燈是圓型米斗內置油燈、白米、七星劍（或桃木
劍）、鏡、秤、涼傘、尺及剪刀等物。動土指祭土煞，符法師在此為阿四所
作的祭祀稱祭土煞。送火（sàng-hé）指法師道士唸咒燒銀紙去邪。「收魂」
是指收回被作祟的靈魂。外方（gōa-hng）是指遊方亡魂，謝外方則是祭這些

〔註68〕 春頭（tshun-thâu），初春。
〔註69〕 暴圧（ぼうあつ），暴力壓制、鎮壓。
〔註70〕 清淨（tshing-tsīng），乾淨。
〔註71〕 妖雲（よううん），表示不吉利前兆的奇異的雲。臺語讀作 iau-hûn。
〔註72〕 毛管（mn̂g-kńg），毛孔。
〔註73〕 《日據下台灣新文學 明集 2 小說選集一》，頁 229。
〔註74〕 下願（hē-gūan），對神發誓。
〔註75〕 《日據下台灣新文學 明集 2 小說選集一》，頁 235。

遊方亡魂。以上這些科儀皆爲阿四請神押煞而來。〔註76〕然而這些狀似宗教科儀的紀錄並非小說敘事的眞正目的，相較於對阿四因貧血症導致最後心臟麻痺的死因敘述。前後這兩段敘述一熱一冷，宗教科儀與驗屍報告兩相對照，強烈呈現出敘事者的啓蒙況味。

然則阿四的驟死並非小說的完結，反倒有更多 A 町村民種種迷信行徑的敘述：衆町老請示清水祖師，得知阿四因煞到 S 荒埔的冤靈致死，遂村民衆議爲冤靈撿骨，重新安置。日後，偶有幾人向 S 荒埔有應公的祈求靈驗，至此人氣沸騰，各方爭奪墓土。最後逼使警署下禁令並沒收枯骨化驗，化驗得知枯骨竟是豬骨。小說至此，敘事者作了以下的收束：

> A 町再也沒有發生甚麼事故了，S 荒埔亦復現出故態了，只是薄陽的斜洸，似乎是燦然地在誚 S 荒埔怎會發熱〔註77〕？洪水般地的恐怖，祖師公的發落，S 荒埔的奇蹟，這些連續的**活劇**，靜夜裏還能占領人人的記憶，還能使人人反覆地再現。
>
> 然而 A 町的民衆，一面若有所失的抱怨了，一面便似乎是**有些埋怨著自己的薄福**！〔註78〕

小說敘事者在此，以連續的「活劇（詼諧有趣而類似戲劇情節的眞實事件）」來嘲諷 A 町村民的經歷與 S 荒埔的奇蹟，對照「枯骨」的科學驗證，村民對整個事件，若有所失又埋怨自己福薄的摹寫，前後兩句一得一失，科學與迷信的對比修辭，使啓蒙的意識型態一覽無遺。

二、〈媒婆〉的訓誨

〈鬼〉的啓蒙目的，不外乎意使讀衆破除迷信，而蔡秋桐的〈媒婆〉〔註79〕亦然。該小說敘述一位媒婆促成一段姻緣的故事。小說對當時的結婚禮俗雖有頗多記載，但仍是一篇啓蒙敘事。如下文對「下九流」樂隊的摹寫：

> 音樂隊員，也有老的也有少年的，噴吹無牙，打皷長短腳，挨絃的一目，扛轎的大躶歹，他們不像西洋音樂隊員那樣紳士派，有一定

〔註76〕文中未提到的是押煞（將煞神驅逐出境）與最後的送神。
〔註77〕此指迷戀、衝動、不冷靜。
〔註78〕《日據下台灣新文學　明集2　小說選集一》，頁247。
〔註79〕原載於《臺灣文藝》第二卷十號（1935.9.24）。

的團服，他們是祖傳的，是個**下九流**〔註80〕，**第一衰，剃頭噴皷吹，**
食四主人，那像乞食班，出門就想夾戰根。但是，他們能夠爲我們
保持音樂的一脈者，也不可放之等閑！〔註81〕

引文對樂隊作簡要的描繪後，仍不忘對其民間曲藝的傳承予以不可「放之等
閑」的訓誨。而訓誨即意味著啓蒙的視角，這造就了小說首尾一貫的文體風
格。如下：

洞房花燭夜，洞房的美談，她自新娘入門，看見新娘驕頭，她很煩
惱，得嫂對於洞房的造巧，叮嚀伊的兒子小心。

我衣凹你衣，我那叫，你著頭挑挑。

我褲凹你褲，我那叫，你著應乎，

我鞋凹你鞋，我那叫，你著頭犁犁。

夫妻得和順嗎？

此去會落家教嗎？

曉得有孝嗎？

媒人，紅包雖未拿，但是，她是沒有責任了。

好？歹？是頻得兄的運命呵了。〔註82〕

這裡先以洞房造巧的隱喻，展現禮俗情趣，然後仍不忘提及「好？歹？是頻
得兄的運命呵了。」的話語，暗示對媒人嘴「胡 lùi-lùi」的不信任，對傳統媒
妁的婚姻提出看法。相較於自由戀愛的婚姻，〈媒婆〉活像啓蒙者對媒妁婚姻
的訓誨。

三、〈王爺豬〉的質疑

〈王爺豬〉〔註83〕敘述鄉村祭拜王爺的故事。從籌備、殺豬頭數的分配，
以及祭拜過程皆有置身現場一般的實錄況味。不過，〈王爺豬〉也是旨在啓
蒙的敘事。小說起首的設問修辭既是對傳統王爺信仰的質疑，更是其文體風

〔註80〕「下九流」指娼妓、俳優、巫女、按摩、噴（pûn）鼓吹、剃頭、奴隸、下婢、
　　　　細姨等九種下等人，下流社會。
〔註81〕張恆豪編，《楊雲萍、張我軍、蔡秋桐合集》（臺北：前衛，1990）頁 234。
〔註82〕《楊雲萍、張我軍、蔡秋桐合集》，頁 248～249。
〔註83〕原載於《臺灣新文學》第一卷三號（1936.4.1）。。

格的基調。如下所引：

> 唉！王爺公啊！你有看見嗎？有聽見嗎？如果你是有聽見這弱者，無力可以抵抗的悲鳴，你的心也忍得過嗎？
>
> 人叫你**臭耳人王爺**，你當真耳孔無聽見嗎？聲聲叫著苦，聲聲哭著苦，這憨大豬，也像曉得死日將到了，那麼萬人稱呼你是王爺，豈沒有點慈悲的心嗎？〔註84〕

在 109 字 6 句話裡用了密度極高的 5 句設問（加上「臭耳人王爺」的批判），強烈地展現其啓蒙立場。而小說結尾的摹寫，正是呼應這樣的立場：

> 戲棚前那做小生意的，親密地招呼顧客的喊聲，變把戲的小鑼聲，賣藥的手提琴聲，人的呼喚聲，兒童啼笑聲，壇口燃放爆竹聲，狗的驚吠聲，祈禱的擲筶聲，嘻嘻嘩嘩不明白是什麼聲，*所有的歡願，所有的善願，所有的酬答，一切都淹在這聲浪的座下。*〔註85〕

一如巨浪掩去「所有的歡願，所有的善願，所有的酬答」於眾聲雜沓之中，「臭耳人王爺」成了適得其所的名號。

小　結

　　總結第一節賴和小說的平衡文體風格，與第三節郭秋生的〈鬼〉、蔡秋桐在〈媒婆〉、〈王爺豬〉的啓蒙敘事，賴和的作品予人平衡、尋索的況味；而第三節所分析的小說敘事則充滿啓蒙、訓誨的姿態。然則若說〈鬼〉、〈媒婆〉與〈王爺豬〉等小說是對傳統的反思，是一種「破」的話，那麼第二節裡的〈榮歸〉、〈興兄〉與〈脫穎〉等作品則是對殖民現代性的批判，同樣也是一種「破」。但不同的是，前者是站在以反迷信的啓蒙立場發言，後者則是對促使傳統的式微、喪失的殖民現代性的批判。兩者相同之處，是這兩類敘事所展現的殖民地風景，都流露了作者急切的精神樣貌。這正與閒適、慵懶的趣味相對。那種閒適趣味，正如立石鐵臣於 1941 年 9 月號《臺灣時報》的「日照風景」圖文所示：

〔註84〕《楊雲萍、張我軍、蔡秋桐合集》，頁 256。
〔註85〕《楊雲萍、張我軍、蔡秋桐合集》，頁 260。

圖文裡寫著「慵懶的牛車停下，暫時的休憩。牛、人，攤著熱得發昏的臉，說天氣的話等等。夏季日照靜靜調和了某風景。」這樣的文字所摹寫的風景雖融入人物的風采，卻沒有「對話」。整體的風景意在呈現閒適、慵懶的氛圍，當然不可能有啓蒙、批判的話語出現，宛如一幅印象派的光影描繪。這裡的畫面看不到敗葉，沒有歷史的滄桑。這樣的闕如，誠如周婉窈對三〇年代公學校國語讀本第三期（1923～1937）的研究一樣，她發現當時：「國語讀本中所呈現的臺灣，是缺乏歷史的臺灣，也就是只描寫『眼前』的臺灣，至於把臺灣帶到『眼前』這個時點的『過去』，卻避而不談。換句話說，我們只看到臺灣的『空間』樣式，而看不到它的『時間』縱深，彷彿這是個沒有過去的社會。」〔註86〕而這種沒有歷史縱深，只見空間的「鄉土」，在立石鐵臣的風景裡再次被複製了。所幸賴和、陳虛谷、郭秋生、朱點人與蔡秋桐等人所摹寫的殖民地風景，不是閒適的「鄉土」，他們同樣對殖民現代性的進逼下，反思傳統，即使充滿「破」的呼聲，即使無從言「立」，但我們看到了急切。

　　當然，文化啓蒙的「破」不是唯一的解放出口。然而當時臺灣知識分子

〔註86〕周婉窈，〈實學教育、鄉土愛與國家認同〉，《海行兮的年代：日本殖民統治末期臺灣史論集》（臺北：允晨文化出版，2002）頁262。

是否找到其他的方式？這需要更長的歷史考察才能得知，若然，則本研究短暫的時代篇幅是無法擔負這樣的議題，但筆者以為，四○年代陳紹馨在〈小說「陳夫人」中所表現的臺灣民俗〉所持的觀點，或能提供吾人對文化議題的一些思考。他說：「蓄妾制度原本有其社會意義——例如為了有不絕的後代子孫以祭祖，或是為了同族的繁盛，不能從一夫一婦的倫理簡單地視為罪惡。但是歷史進展過程中，這種制度失去其本來的意義，實質上轉化成富裕階級過剩性慾的處理策略。應該非難的毋寧說是這點罷了。〔註 87〕……但是忽略隱藏的蓄妾，卻忽視蓬勃的近代賣笑制度不顧，只是視所謂蓄妾制度為罪惡的話，就過於清教徒般的、矯風會式的意識型態了。」〔註 88〕

　　當時庄司總一所寫的《陳夫人》小說，主題是談內臺共婚的問題，是配合當時「大東亞各民族和諧」的作品，但陳紹馨將小說裡的大家族及其相關的蓄妾風俗文化視為「社會問題」，並批判庄司總一在小說裡把臺灣蓄妾的舊慣視為罪惡、應要剷除的啟蒙觀點，反駁庄司忽視蓄妾制度的社會意義，以及預存著矯正風俗的意識型態〔註 89〕。總之，歸結陳紹馨的看法，必要的歷史感或許是平視傳統與現代化等文化議題的前提；而上述賴和、陳紹馨的視角，應是吾人可引以為鏡的起點，即使這些文學話語、論述早在六十餘年前說過了。

〔註 87〕 陳紹馨，〈小說「陳夫人」に現れたる臺灣民俗〉，《民俗台湾》1:1（1941.7.15），
　　　　　頁 9。
〔註 88〕 〈小說「陳夫人」に現れたる臺灣民俗〉，頁 9。
〔註 89〕 戴文鋒，《日治晚期的民俗議題與臺灣民俗學——以《民俗臺灣》為分析場域》
　　　　　（嘉義：中正大學史研所博論，1999）頁 54。

第三章　殖民地風景中的個體

要之，要知文學之所以爲文學，已稱之爲文學，當然不是私人的書信可比。它的任務是要公開於大眾之前，不但要使它大眾化，還要使它給後代的人看，用做精神的遺產，留給於後代。

文學的任務不止於此，以臺灣來說，就要將臺灣的自然、社會、人情、風俗……等等介紹給世界人看，將臺灣的文學造成世界的。

——朱點人，檢一檢「鄉土文學」，1931

第一節　現代小說的個體意義

誠如前面所分析的，那些作者之所以要將傳統、殖民現代性等議題納入小說的書寫裡頭，無外乎是意識到新文化運動的時代需求。然而在「破」聲處處的時代裡，三〇年代臺灣的白話小說的書寫，無形中也凸顯了個體的形塑。這是一種「立」的可能嗎？如何看待這樣的個體現象？誠如緒章所指出的，當時的小說經常並存或混雜着寫實、現代主義文學的風格於一身。因此，在此章裡，我們不打算單以寫實或現代主義文學的視角來把握這些小說的意義，而是以現代小說的整體視角來解釋其中的個體意義。

一、歐洲現代小說的本義

在歐洲，表示「小說」的用語有很多。但一般多使用 roman，romance，或 novella，novel 等用語。而 roman 或 romance，本來是表示用羅馬話（lingua romana）所寫的籠統的意思，而所謂羅馬話，又是拉丁語所變化的俗語的總

稱，包括法語、義大利語、西班牙語、葡萄牙語、羅馬尼亞語等在內。換言之，用上述語言所寫的一種文藝，在歐洲被稱爲是「roman」。而這些書寫「大致上包括當時的種種民間文學，如愛情文學、圓桌騎士、英雄故事、冒險故事、艷事、風流事蹟、虛構的傳奇故事等等。尤其在中世的歐洲，非常盛行。」〔註1〕

　　而此發源於中世的「roman」，即所謂「傳奇的非寫實文學」，則經過四個世紀的變遷，在現代社會的成立過程中被否定，進而逐漸採取寫實的文學形式。而這種寫實取向，在 19 世紀小說達到其優勢地位，如英國小說家查爾斯・狄更生（Charles Dickens）及其他作家即透過持續出版物建立龐大的讀者，同時，寫實主義的慣例也被鞏固。因此，可以這麼說，歐洲現代小說與「散文體的傳奇小說（the prose romance）」的最大區別，相當程度上，是寫實主義對現代小說的要求，並傾向「經常以懷疑與散文體的、不同於令人驚奇的傳奇小說的方式來描述一個可識別的世俗社會。」〔註2〕

　　而上述對現代小說的寫實、描述世俗社會的要求，換個方式說，即是對人類經驗完整而眞實的紀錄。然而針對寫實主義，艾恩・瓦特（Ian Watt）則有更具體的界定，他提出「形式上的寫實主義（formal realism）」的說法，以爲必須爲讀者提供故事的細節，如「每一個人物的特色，所有情節發生的精確時間、地點，以及任何透過參考性較高的語言來描述的細節」〔註3〕這樣的細節要求當然就是應寫實要求而來，此外，瓦特更提醒我們現代小說本身還有原創性（originality）、新奇性（novel），人物的獨特性（individualization）與對環境的詳細描述〔註4〕等特徵。

二、坪內逍遙的「人情」說

　　然而上述瓦特的說法亦非金科玉律，顚撲不破的原則，畢竟世界其他地區的小說發展縱有其共相，但仍各自有其在地特性及著重之處。如明治維新以後的日本，影響其小說最大的是以法、俄、北歐等大陸系的主要作家與作

〔註1〕劉崇稜著，《日本近代文學精讀》（臺北：五南，2004）頁 295。
〔註2〕譯自 Baldick, Chris, *The Concise Oxford Dictionary of Literary Terms,* Oxford; New York: Oxford University Press, 1990. p.152.
〔註3〕艾恩・瓦特（Ian Watt）著；魯燕萍譯，《小說的興起》（臺北市：桂冠，2002）頁 25～26。
〔註4〕《小說的興起》，頁 5、9。

品。〔註5〕而一般以爲此「小說（しょうせつ）」是坪內逍遥〔註6〕對應 novel
的翻譯，他在《小說神髓》曾言：

> 小說的主要目的是寫人情〔註7〕，但如果只寫其表面，還不能算是
> 眞正的小說，必須穿及其骨髓。（中略）如欲窮盡人情的奧秘，獲得
> 世態的眞實，就只有客觀地將它摹寫出來。〔註8〕

坪內在此雖清楚地使用「小說」這個詞，但當時作爲 novel 的「小說」，亦即
「小說＝novel」這一等式，在明治初期並非是不言而喻的，〔註9〕而是在延續
19 世紀歐洲對現代小說的寫實要求的《小說神髓》發表後，指明其基本的創
作方法，並主張現代小說與詩歌、音樂和繪畫同是藝術形態之一，應具有其
社會地位的主張下，「小說」這概念才在日本固定下來。而值得注意的是，坪
內對現代小說的寫實要求，特別強調要窮盡內面「人情」的摹寫。

三、朱點人的「內面」說

　　而在臺灣，現代小說的出現是在 1920 年代。以臺灣白話小說來看〔註10〕，

〔註5〕　《日本近代文學精讀》，頁 297。

〔註6〕　坪內逍遥（1859～1935），日本劇作家、小說家、評論家、翻譯家。《小說神髓》（1885～1886）是日本近代文學的重要評論。

〔註7〕　坪內以爲，所謂人情即是「人的情慾，就是指所謂的一百零八種煩惱。」

〔註8〕　轉引自葉渭渠，唐月梅著，《日本文學史近代卷　近代卷》（中國北京：經濟日報出版社，1999.6）頁 64。

〔註9〕　如當時，作爲 novel 的譯語曾使用過「稗史」和「稗官小說」等詞彙。「小說」一詞，則被西周用作 fable 的譯語，在菊池大麓的《修辭及華文》中被定作 old romance 的譯語。中江兆民所翻譯的法國人維隆《美學》（原文 L'esthetique, 1878，日文譯爲《維氏美學》，1883 年）中，介紹了包括 novel 在內的歐美的許多文學體裁，但並沒有使用「小說」這個詞。參見小田敦子著；貫茜茜譯，〈殖民兩面性與「近代小說」：關於《小說神髓》與「脫亞」〉，（加）拉馬爾：（韓）姜乃熙主編，《印迹 3：現代性的影響》（中國南京：江蘇教育出版社，2008.2）頁 170。

〔註10〕　在〈可怕的沉默〉尚未出土之前，一般學者皆視謝春木（1902～1969）署名追風於 1922 年 5 月 21 日至 23 日，寫下〈她往何處去（彼女は何處へ）──致苦惱的年輕姊妹（惱める若き姊妹へ）〉，分四期連載於同年 7、8、9、10 月出版的《台灣》第 3 年 4、5、6、7 號的日文小說，爲臺灣新文學史上出現的第一篇小說。然而目前所見，新近出土的〈可怕的沉默〉，則被視爲第一篇臺灣新文學中文小說，而同年七月追風（謝春木）發表〈她往何處去〉則爲第一篇臺灣新文學日文小說。見施淑，《日據時代臺灣小說選》（臺北：前衛，1992.12）頁 400。

載於 1922 年 4 月《台灣文化叢書》第一號的〈可怕的沉默〉（署名鷗）就是一例。之所以將這篇作品視作現代小說，主要是它符合語體化、寫實與個體形塑等特點：首先，在該小說全文 2320 字當中，有超過半數的篇幅用在對話（1540 字）上，而且其書寫語言就是白話文體；其次，小說敘事透過「季生」與朋友老蔡對殖民體制進行一來一往的辯證對話後，終以「超越現實的態度，批判現實界的問題」（寫實目的）作結，這基本上是藉由個體的對話，寫實地提出批判的現代小說。

當然二〇年代並非只有〈可怕的沉默〉這樣的白話小說，如「無知」的〈神秘的自制島〉〔註11〕、施文杞的〈臺娘悲史〉〔註12〕這兩篇小說也經常被人提及，但相較〈可怕的沉默〉來看，前者雖反映殖民現實，但其諷喻寄託的表現形式仍不如後者來得寫實、直接。至於臺灣的現代小說，在三〇年代得到普遍的發展。這點從朱點人於 1934 年 7 月創刊的《先發部隊》〔註13〕發表的〈偏於外面的描寫應注意的要點〉〔註14〕可以窺得，該文指出當時臺灣的「現代小說」成績是「量勝於質」，也就是說普遍之餘，朱點人更進一步提出質的要求，他指出：「在思想方面，言愛情不出失戀的苦悶，言社會不過弱者的悲哀，總不能創作些較潑剌的新生活樣式的作品。在技巧方面缺少描寫手段。尤其是缺少內面的描寫。〔註15〕」等缺失。因此，文中他分述了「寫景」、「人物」、「心理描寫」等三部分現代小說書寫的技巧，並舉以一些「薄弱的例子」。該論最後強調現代小說「內面描寫」的內涵。朱點人以為：

> 假如我們要描寫一段景物，描寫景物是外面的描寫，描寫人物的心情是內面的描寫，同是一個月，清高的人看月，一面寫月的妙處，一面寫心境的清潔。生死離別的人看月，一面寫月，一面寫生死離別之情，這便是內面的描寫。〔註16〕

〔註11〕 原載於《臺灣》4：3（1923.310）。

〔註12〕 作於 1923 年 12 月 28 日，載於《臺灣民報》2：2（1924.2.11）。此期在臺灣遭禁。

〔註13〕 1934 年 7 月臺灣文藝協會創刊《先發部隊》，皆為白話文，主編廖漢臣，創刊號有「台灣新文學出路的探究」特輯，僅出一期。該協會為台北之文藝愛好者郭秋生、廖毓文、朱點人、林克夫、黃得時、王詩琅等人所組織。

〔註14〕 點人，〈偏於外面的描寫應注意的要點〉，原載於《先發部隊》創刊號，頁 8 ～11。

〔註15〕 〈偏於外面的描寫應注意的要點〉，頁 8～9。

〔註16〕 〈偏於外面的描寫應注意的要點〉，頁 11。

對於朱點人對現代小說「內面描寫」的要求，時人張深切除了對其題目感到「不甚自然」〔註 17〕之外，對這樣的要求並沒有提出異見。因此，當時的臺灣文壇對現代小說的認知，相較於 19 世紀歐洲現代小說的要求，除了寫實與散文文體（即口語）化的共相之外，個性／個體性格形塑則從「人情」、「內面描寫」的強調可以看到。

　　然則相較三〇年代臺灣新文學「成熟期」的說法，朱點人上述「量勝於質」的觀察，唯有以具體的文本分析方能檢視。因此，下文將就現代小說「個體」的描寫，將透過小說個體（人物）的書寫討論其重要性。

四、「個體」是理會殖民地風景的依據

　　這裡，要從個體的談起。在哲學的用法，個體（individual）意指某種事物組成的單一個體，如一本書組成的「字詞」或者某一字詞的「字母」。〔註 18〕而在小說書寫中，「個體」指的就是「個人」。而無論此個體的性格（即個性）是具有抽象的特點（abstract particular）」或是普遍的特點，〔註 19〕誠如路易斯‧杜蒙（Louis Dumont）〔註 20〕所區分的，此「個體」既代表所有社會當中的「語言、思想和意志的經驗主體」，也意指近代社會中「獨立的、自主的」、「非社會性的道德存有體」。〔註 21〕落實於小說人物來看，他既可視作某一經驗主體，有某種普遍性；同時，他也可視作某一個體的書寫，有其獨特性。

　　進一步說，閱讀小說，經常是閱讀主體（讀者）與小說人物（個體）〔註 22〕情感交疊的過程。無論小說是以「你」、「我」、「他」，或者交錯敘事，當吾

〔註 17〕見楚女，〈評先發部隊〉，原載於《台灣文藝》創刊號（1934.11.15）。頁 8。今見於中島利郎等編，《日本統治其台灣文學　文藝評論集　第一卷》（東京：綠蔭書房，2001）頁 298。

〔註 18〕譯自 "individual" *The Oxford Dictionary of Philosophy*. Simon Blackburn. Oxford University Press, 2008. *Oxford Reference Online*. Oxford University Press. National Cheng Kung University. 26 March 2009.（http://www.oxfordreference.com/views/ENTRY.html?subview=Main&entry=t98.e1632）

〔註 19〕譯自 Prof. Myles Brand "properties, individual" *The Oxford Companion to Philosophy*. Oxford University Press 2005. *Oxford Reference Online*. Oxford University Press. National Cheng Kung University. 26 March 2009（http://www.oxfordreference.com/views/ENTRY.html?subview=Main&entry=t116.e2064）

〔註 20〕路易斯‧杜蒙（Louis Dumont, 1911-1998）法國人類學家。

〔註 21〕Louis Dumont 著；黃柏棋譯，《個人主義論集》（臺北：聯經，2003）頁 93。

〔註 22〕為求聚焦，下文提及小說主體、人物及其性格、個性等詞時皆是著眼於「個體」之意。

人閱讀小說敘事時，勢必是以「我（self）」去理會另一個「我」的發聲。而這樣的理會，雖是基於讀者詮釋、想像，但那具體可視的小說人物，仍是被閱讀、感受到的個體。因此，小說人物與真實作者，雖不能輕易畫上等號，但基於寫作的前提（作者藉以介入世界的媒介）想法，筆者以為，小說中某一獨特人物仍可被視為真實作者的理念化身。是故本研究將「個體」的意義，視作藉由現代小說的閱讀，所領略到的主體＝作者代言發聲的所在；此「個體」更是理會其時代、人性、美學等等殖民地風景的依據。

第二節　兩性摹聲的文體風格

　　既然個體是作者代言發聲的所在，那麼小說的「聲音（voice）」〔註23〕（意指敘事者或說話者在小說中的敘述或對話），通常會被視作實際作者的代言發聲。因此，閱讀文學文本就形同是對聲音的再現、分析，甚而是對「非同尋常的聲音的關注」。〔註24〕

　　對小說聲音的關注，是起始於閱讀。一旦我們閱讀，它就從文體、字裡行間裡現聲。然則文體是中介，就像米伊哈・巴赫金（Mikhail Bakhtin）說的，聲音是比文體具有更多意味，在某種意義上來說，小說的聲音具有雙面性，它終將是**超文體**的，但它也離不開文體。因此，詹姆斯・費倫（James Phelan）〔註25〕將聲音視作「文體、語氣（tone）和價值觀的融合。」〔註26〕而這種聲音的綜合觀，就是本研究對小說聲音的理解，它是複數的存在，而非單數。

　　當然對小說聲音的理解，絕非個體的聲音分析而已，它即「已成為認同和權力的比喻（trope），正如伊瑞葛來（Lucelrigaray）所宣稱：發現一種聲音，就是發現一種方式」。同時，小說的「聲音」還包括小說敘事（敘述、對話）

〔註23〕　聲音（voice）的辭典意義是指的是有別於其他聲音（sound）的人聲，特別指的是「因講話、歌唱或其他發生而來自或發自人的喉頭的聲音」（OED）。據此，本研究所指的聲音即指小說人物的發聲。

〔註24〕　安德魯（Andrew Bennett），尼古拉（Nicholas Royle）著；汪正龍，李永新譯，《關鍵詞：文學、批評與理論導論》（中國桂林：廣西師範大學出版社，2007.6）頁68。

〔註25〕　詹姆斯・費倫（James Phelan, 1951-）美國文學研究學者。芝加哥大學博士，俄亥俄州立大學著名人文學科的英語教授。

〔註26〕　譯自 James Phelan, *Narrative as Rhetoric: Technique, Audiences, Ethics, Ideology*, Columbus: Ohio State University Press, 1996. p.45.

本身所承載的「社會關係」。因爲小說敘事的聲音本身與其外部世界「是互構的（mutually constitutive）關係」〔註27〕。巴赫金曾說：

> 從藝術上的系統著眼，小說可以被視爲一個社會講述（speech）型式
> 多樣性（甚而有時是語言的多樣性）與一個個體聲音多樣性。〔註28〕

這裡巴赫金提醒我們，理解小說的聲音須從社會、個體的多樣性入手。語言的多樣性已在此時代的「混雜」文體得到體現。此外，以此爲鏡，下文將從兩性的摹聲切入，以尋求三〇臺灣白話小說個體聲音及其殖民社會的聲音。首先，是女性解放的聲音分析。

一、女性解放的聲音

> 她想：男子獨專成功立名的臺灣，自己欲在這固陋的社會，爲女性
> 揚眉吐氣，爭一個世界的之聲名。
>
> ——王詩琅，青春，1935

自 1919（大正八）年第一次《臺灣教育令》公布〔註29〕以後，臺灣各級教育機構至此建立。〔註30〕就初等教育來看，從 1920 年到 1940 年臺灣男女學童就學率的差距仍極爲懸殊。〔註31〕也就是說，女學童就學率一向落後於男童。雖然男女學童就學率逐年增加，地域和性別的差距有時候會減少，但是基本上並未消失。〔註32〕在中等教育方面，偏重於質量的提高，從實業技藝

〔註27〕譯自 Susan Sniader Lanser, *Fictions of authority: women writers and narrative voice*, Ithaca :Cornell University Press, 1992. p.3-4.

〔註28〕譯自 M. M. Bakhtin, 'Discourse in the Novel', *The dialogic imagination: four essays*, ed. Michael Holquist, tr. Caryl Emerson and Michael Holquist, Austin: University of Texas Press, 1981, pp. 262.

〔註29〕《台灣教育令》是指日治時期台灣總督府爲了台灣特殊環境所頒布的有關教育的法律命令。該命令發布過三次。1919 年一月四日公布的第一次《台灣教育令》（大正 8 年勒令第 1 號）；第二次《台灣教育令》（大正 11 年勒令第 20 號）則於 1922 年二月六日公布，四月一日施行；1941 年公布第三次《台灣教育令》。

〔註30〕第一次《台灣教育令》法條內容共分 6 章 32 條及附則，其中將臺灣教育體制普通教育、職業教育、專門教育及師範教育（第四條）；普通教育則包括公學校、高等普通学校及女子高等（第六條）。

〔註31〕女童就學率自 1920 年的 9.36%，到了 1940 年的 43.64%，增加 4.7 倍；雖較同時段男性就學率（39.11%至 70.56%）所增加 1.8 倍高許多，但兩者就學率仍有極大的差距。見《臺灣省五十一年來統計提要》（臺灣省行政長官公署統計室編印，1946）頁 1241。

〔註32〕派翠西亞・鶴見（E. Patricia Tsurumi）著；林正芳譯，《日治時期臺灣教育史》

教育提升為普通中等教育，就讀的人數雖有所增加，但由於日本當局的政策使然，臺灣女性只有非常少數進入高等女學校，至 1943 年為止，共有 8830人畢業。師範教育是女性教育的最高階層，程度最高，但就讀的女性並不多。例如，台北第一師範學校公學師範部女子演習科，自 1918 年設立，至 1943年止，臺灣女性只有 91 人畢業，〔註33〕也就是說這期間每年女性的畢業人數仍不到四人。

　　對於女學童就學率不高的現象，黃石輝在 1926 年 6 月 20 日《臺灣民報》的〈臺灣的婦女教育〉一文裡，即歸因於「當局的辦法不善」，其次是「『重男輕女』的觀念還是不薄」使然。〔註34〕就前者來說，黃石輝主張臺灣的初等、中等教育應改為與內地相同的義務教育，免收學費以使貧富學童入學機會均等；對於後者，黃石輝則力主「絕對平等——要事事和男子一樣的看待、給他在社會上能夠獲得和男子同等的地位」〔註35〕，在觀念上的徹底解放：

> 認識他自己是個「人」並不是泥土堆的木塊彫的一件玩具、那末、誰肯去做人家的妾、誰願意去做娼妓！那時、這些社會上的怪物——蓄妾、嫖妓、人身買賣……等々、也就免不得遭了自然淘汰的厄運而消歸烏有去了！〔註36〕

因此，黃石輝的婦女解放主張是以「人」的平等價值為前提。但據楊翠的研究指出，在日治時期的臺灣，婦女解放是被列於三大解放目標（民族、階級、婦女）之末；她指出當時婦女解放並未有主體性，且隱含著工具性與輔助性的意義。因為當時的知識分子深信，經由前二者之推動，可使婦女問題一併在運動的過程中消釋掉，而達到社會整體解放。〔註37〕然則以現今的眼光視之，整個日治時期的婦女解放運動雖是「比較沉潛、低調、個人和零星的」〔註38〕，而且縱使有新女性的聲音也屬菁英階層，普羅階層的女性常是沉默無從發聲的；但婦女解放的聲音卻也不曾消失（如前述黃石輝的呼籲），

（宜蘭市：仰山文教基金會，1999）頁 126。
〔註33〕蔡進雄，〈臺灣地區女性教育的歷史回顧與未來展望〉，《兩性平等教育季刊》5（民 87.11）頁 102。
〔註34〕黃石輝，〈臺灣的婦女教育〉，《臺灣民報》110 號（1926.6.20），頁 3。
〔註35〕《臺灣民報》144 號（1927.2.13），頁 12。
〔註36〕《臺灣民報》144 號（1927.2.13），頁 12。
〔註37〕楊翠，《日據時期臺灣婦女解放運動》（臺北：時報文化，1993）頁 596。
〔註38〕《日據時期臺灣婦女解放運動》，頁 23。

尤以小說爲例，這些聲音雖多是男性代言，但仍具其時代意義。故下文將繼續此議題的分析。

（一）「明朗」的文體風格

在日治時期臺灣新文學作家當中，楊守愚（1905.3.9-1959.4.8）既是筆名最多的一位，〔註39〕也是臺灣新文學「搖籃期」及「成熟期」以來中文寫作最多產的一位作家。〔註40〕由於楊守愚與賴和爲同鄉的摯友，在賴和擔任《臺灣新民報》學藝欄編輯期間因醫務繁忙而分身乏術之際，楊守愚不僅幫忙代筆修改定稿，同時也發表了不少短篇小說和幾十首新詩。而就其小說來看，他代言女性的小說更是其重要的題材之一，故底下就〈出走的前一夜〉、〈一個晚上〉與〈決裂〉三篇作品爲例進行探討〔註41〕。

首先是於二○年代末期發表的〈出走的前一夜〉〔註42〕。這篇小說予人印象深刻之處，在於對「她」在出嫁前的一個星期前的某個晚上，計畫隔日清晨離家出走奔赴前程的內面摹寫。小說中的「她」的內面摹寫是以兩種聲音出現，如下：

> 「被奴隷慣了媽媽喲！可憐的老人喲！」慈母的和藹的體貼，一時倒起她的同情來。因爲她覺得媽媽的這樣硬自作主，和對於升學的高壓，無非也是一種**世俗的成見**。因爲母親是受了**舊制度的遺毒**底感染太深了，一切的言行，幾乎是脫不出這個。其實她自己，也是層層壓迫下的不幸者。說不定，她對於己的反對，束縛，反正是出於她仁慈的母愛呢。
>
> 「慈愛的媽媽呀！我將捨你而去，不知要教你怎樣傷心呢！唉！年老力衰的……」她不敢再想下去了，她已沒有這麽勇氣，她淌下眼

〔註39〕楊守愚（1905.3.9-1959.4.8）本名松茂，彰化市人。筆名有守愚、村老、洋、Y生、翔、瘦鶴、靜香軒主人等，見施懿琳編，《楊守愚作品選集（上）：小說、民間文學、戲劇、隨筆》（彰化市：彰縣文化，1995）書序。

〔註40〕張恆豪，〈無產者的輓歌——楊守愚集序〉，張恆豪編，《楊守愚集》（臺北：前衛，1990）頁14。

〔註41〕關於此議題的其他作品，二○年代發表的有《生命的價值》（《臺灣民報》254〜256號，1929.3.31、4.7、14）、《瘋女》（《臺灣民報》291號，1929.12.15），三○年代則有《誰害了她》（《臺灣民報》204、205號，1930.3.15、22）、冬夜（又題：慈母的心）（《臺灣新民報》311〜313號，1930.5.3、10、17）等。

〔註42〕本篇作於1927年11月16日，原載於《臺灣新民報》第343〜344號（1930.12.13、20）。

　　淚了，她低低地啜泣著，她覺得這樣殘酷的出走，實在太沒有母子
　　之情了，她一時想跑到母親的眼前懺悔去。

　　「太卑怯了，前途要緊！」同時另一個叫聲，在她的耳朵震撼著。……

　　她的心理，不斷地總是這樣變幻著。〔註43〕

這裡的「她」並未實際說出話來，而是以獨語表露心境。敘事者以全知的視
角一面摹寫「她」的獨語（如「被奴隸慣了媽媽喲！可憐的老人喲！」），一
面對其慈母的態度（如「世俗的成見」，受制於「舊制度的遺毒」）加以批判。
「她」一方得面對母子之情，一方則須處理層層的壓迫，思慮交迭而來。不
過，理性最後戰勝了親情：

　　「嚇！卑怯的女子，你願意當奴隸，當玩物麼？不！走吧！打斷舊
　　制度的桎梏，跑向光明的前途去吧！帶著你的希望，向前途跑去吧！
　　卑怯的女子，勇敢起來吧！別為幻想所恫嚇……」她的膽子又壯起
　　來了，霎時，她的眼前又像光明燦爛，充滿了勃勃的生氣了。她的
　　腦子忽又明晰、安靜了許多。〔註44〕

相較於前段引文中「她」的自我對話，這裡的聲音雖依然雙重，但不同之處
在於獨語（如「嚇！卑怯的女子，你願意當奴隸，當玩物麼？……」云云）
之外，另一個是敘事者引領的聲音（如「她的膽子又壯起來了，霎時……」
云云）摹寫出終歸於明晰而安然的風景，誠如小說結尾所摹寫的：「赫赫的朝
陽，爽朗的天空，活潑的遊雲，快活的小鳥，青翠的樹木……也只有這一切
大自然的壯麗、生動，不斷地向她放射出生之希望的光。逐逐地把她的憂愁、
煩悶的心淨洗，逐逐地使她感到舒適、自由的快意。」小說敘事至此，新女
性的快活模樣，海闊天空；這樣十足「明朗」的文體風格，引領楊守愚處理
弱勢女性處境的願景，書寫女性議題的動力所在。

　　同樣的「明朗」，在楊守愚三○年代小說〈一個晚上〉〔註45〕中也被充分
地展現。故事敘述穆生的妻子因肺癆不癒，不願拖累丈夫而自盡。情節雖以
悲劇起始，但她死前卻充分展現其新女性的洞見，如對小家庭及其支撐機制
的缺乏，即有以下的看法：

〔註43〕施懿琳編，《楊守愚作品選集（上）：小說、民間文學、戲劇、隨筆》（彰化市：
　　　　彰縣文化，1995）頁97。
〔註44〕《楊守愚作品選集（上）》，頁98。
〔註45〕本篇作於1930年11月2日，原載於《臺灣新民報》354、355號（1931.3.7、14）。

「唉，難道我是那樣一個仰靠男性的女人麼？親愛的！這兩年來的
漂泊生涯，你也應該認清了我才是，你想！除了患病，那一次我不
是和你一樣勞動。」

「著實把你累夠了。」過去的一切艱苦生活的咀嚼，使穆生不由地
流了一陣傷心眼淚。

「但是我絕不後悔，我更不願意再跑回去屈膝於大家庭的威權之
下，不過，我總覺得非有集團組織，如公共育兒院、公共食堂……
等設備，貧人家是談不到家庭生活的，如果妄想享受什麼小家庭的
美滿、快樂，那簡直自投死窟……喀喀…………」妻又是強烈地喘
嗽著：「你……你拿點……開水給我喝吧。」〔註46〕

這裡是透過夫妻對話的形式敘事，相對於丈夫，妻子的聲音是其敘事的重心，
語調慷慨而昂揚。而這樣的文體風格，在她自殺前，對丈夫的叮嚀也可窺得：

妻又道：「我死之後，你千萬不要再組織家庭，因為現在的貧民，
確沒有這麼資格，但這也不是我的妒意，事實已把這個證實，最
好你還是再去致專力於工會，事之成否，可不必計較，雖然自身
不能享到成功的幸福，但為人類將來計，也得幹下去，親愛的！
我們背叛大家庭的動機和初志，你該是永遠地不會忘記的吧，所
以我也就用我寫最後的『愛』與『希望』，期待你秉著這樣毅力做
去。」〔註47〕

這裡的叮嚀，無關私己的家計之想，而是對穆生持續投身工會運動的期待。
這篇作品的文體風格與先前的〈出走的前一夜〉是一致的，而這樣的一致性
則源於楊守愚鮮明左翼的意識形態。當然，處理婦女解放的作品，也不限於
明朗昂揚，如賴和〈可憐她死了〉〔註48〕則是悲劇輓歌一般，描述出身貧窮
的少女阿金，在封建意識充斥的社會中，由於周遭人們缺少同情心而活生生
被逼死的一生。小說除了敘述阿金短促一生的遭遇之外，殖民地工運的「苦
鬥」、資本主義壓迫以及人性的物化處境也是其著墨之處。〈可憐她死了〉點
出的是殖民地社會對婦女的雙重（殖民體制與封建）壓迫，賴和選以阿金的
落水身亡的悲劇收場，也是極為典型的寫法。

〔註46〕楊守愚作；張恆豪編，《楊守愚集》（臺北：前衛，1990）頁 126～127。
〔註47〕《楊守愚集》，頁 129。
〔註48〕原載於《臺灣新民報》363～367 號（1931.5.9、16、23、30、6.6）。

相較於悲劇輓歌的典型寫法，楊守愚的〈決裂〉〔註49〕敘述農民組合成員朱榮與妻決裂的故事，依舊展現其「明朗」文體風格。小說除了偶有的敘述之外，主要是與不同對象的對話進行敘事，如下朱榮與其妻的一段決裂對話：

> 「搾取？田是他的，他管不得嗎？」雖然是陷於憂忿交織之中，她還不忘記這與保持妻之尊嚴有關。
>
> 「田是他的，你說嗎？難道他從娘胎裏帶來的麼？哼！**那一件不是從窮人那裡掠奪去的**？哈！什麼攻家，問他減租，不應該麼？」
>
> 「攻家，是的，那簡直是流氓的行爲。」
>
> 「流氓！，你叔叔那樣惡地主，才配說是流氓呢！」朱榮聽見妻開口一個流氓，閉口一個流氓，惱極了。
>
> 「嚇……」妻放射出鄙夷的眼光，死盯著他。
>
> 「不，吸血鬼！強盜！」朱榮的態度，比前來得莊重：「像你這樣同一鼻孔出氣，還是分開來好，你既然反對我的主義，阻礙我的工作，那我倆當然是勢不兩立了。你的**反動行爲**，在我的眼中，也祇是我的一個仇敵……」〔註50〕

敘事者在此將這段對話設計成階級、理念對立的陳述。朱榮的妻在此代表封建、反動的一方，與朱榮的左翼立場相對立。因此，兩人決裂是必然的割捨，因爲朱榮自許：「一個社會運動家是顧不了什麼家庭、妻子的，就索性決裂吧！愚蠢的虛榮的女子，結局，也祇有給我一個對頭。」〔註51〕反過來說，這裡的女性已成「沒理解的女人」，是帶上一副「叫人厭惡」的婚姻枷鎖。〔註52〕這裡，朱榮的聲音傳達一個龐大且深具道德正當性的意義，藉以支撐他（社會運動者）的正面形象。然而弔詭的是，即使他有再遠大、堅定的左翼立場，竟連最親近的妻子都無法說服？然則除了衝突／對話的交代之外，朱榮及其妻子的「人情」、「內面」的鋪陳，是小說尚待戮力之處，以凸顯二人決裂的張力。

〔註49〕原載於《臺灣新民報》第396～399號（1933.1.1、9、16）。
〔註50〕《楊守愚集》，頁243。
〔註51〕《楊守愚集》，頁231。
〔註52〕《楊守愚集》，頁229。

（二）「內面」的文體風格

而相對於楊守愚明朗的左翼文體風格，在三〇年代處理女性議題的小說當中，朱點人〈紀念樹〉〔註 53〕無疑是另一種寫法的佳作。時人張深切甚而以為其風格「稍似周作人那樣的平凡而耐人玩味」進而譽其為「臺灣創作界的麒麟兒」〔註 54〕。這篇發表於先發部隊的小說，敘述白領職業婦女「我」得肺病回到娘家休養，幾經周折與衝突，終於意識到丈夫 R 君並非良人。敘事者以女性「我」的聲音敘述其遭受到的不公平對待，以及不因人而異的父權壓迫；同時，在此父權體制下的女性（如 R 的母親）也成了共謀與幫兇。而相較於基於動物本能互動的世界，「我」所控訴的父權，就成了世間複雜難解的問題，如下：

> 當白貓兒的前足加在黑貓兒的後尻，黑貓兒忙翻過來用牠的前足向白貓兒的臉上抓去，白貓兒也不躲避把全身的力蓄在後足望上一穿跳一尺來高，用牠的身量和力把黑貓兒推倒在地，牠的前足按住黑貓兒的胸部，黑貓兒映了幾聲，翻了幾翻身，往地面跳起來。牠們一走一逐在床前環走了幾回，先後穿出房外去了。
>
> 黑貓兒是我家飼的，是雌的，白貓兒是 K 家飼的，是雄的。當我還未離開我的家，這貓兒才僅僅斷了乳的乳貓，白貓兒大概也是同那個時候飼的吧。
>
> 我和 K 是絕交了——不是絕交，是我和他各堅持著自己的意志，不願輕易再開口說話的——然而貓兒們卻沒有這樣的意識吧？牠們的**親密，K 若有知，不曉得如何的感想？**〔註 55〕

引文大篇幅地摹寫貓兒自然親密的互動之後，隨後升起的聲音，是「我」對 K 與 R 抉擇的迷惘（K 是先前的男友，R 是現任的丈夫），人物的形塑則因內面的摹寫而立體。然則「我」所面對不止於情愛，還有如影隨形的肺病與婆媳問題。值得注意的是，小說敘事者是以新的細菌學的「肺結核（tuberculosis）」，而非傳統的「肺癆（consumption）」概念來指稱此病〔註 56〕，

〔註 53〕原載於 1934.7.15《先發部隊》創刊號。

〔註 54〕見楚女，〈評先發部隊〉，原載於《台灣文藝》創刊號（1934.11.15）。頁 9～10。

〔註 55〕《王詩琅、朱點人合集》，頁 164～165。

〔註 56〕肺結核真正的傳染媒介——結核桿菌——是在 1882 年由德國醫師科赫（Robert Koch）發現並確認的。為了強調 Tuberculosis 是一種不同於傳統理解的新病名，日本人便創造新詞「肺結核」來翻譯 Tuberculosis。雷祥麟著，〈衛

這當與作者的專研細菌學的背景有關〔註 57〕。因此，小說敘事推翻了傳統肺癆的概念，身染肺病的「我」對「也著人，也著神」、「犯沖」等民俗信仰有其反思。這可說是「破」的書寫。此外，「肺結核」出現於「我」、丈夫 R 與醫生之間的對話中，不僅代表了三〇年代臺灣社會已對「肺結核」有普遍的認知〔註 58〕，也爲「我」增添不少新女性的知性色彩。這就是「立」的書寫，企圖建構新一代女性的獨立人格。

　　然而「我」的肺病已然成爲一個關鍵事件。肺病，使婆媳之間有了衝突扞格，R 及其母親儼然成了父權壓迫的幫兇；再者，親如「同棲」〔註 59〕生活的 R，竟成「我」眼中的唯物論者，R 的經濟決定論使其對「我」毫無感情上的同情。因而，兩相交迫下，「我」最後選擇回家靜養：

> 暑假前後是草木的全盛期，圍裏的雞舌簧〔註 60〕啦，鴨舌簧〔註 61〕啦，已經蔓延得遍地了。當中有一株桑樹，我記得這株桑樹兒是我初入××公學校那年 K 給父親種的。那一年 K 怕是公學五年生吧，他跑到郊外撲蝶，順便把這株樹兒帶回來的，因爲他的家裏沒有種樹的餘地，才給了父親，以後就做了我家的所有物了。
>
> 在我不經意的十年來，這株樹兒既高出屋頂了，直徑怕有五六寸，樹身約有十五尺高，枝葉茂密綠蔭欲滴了。**我就選了這綠蔭底下當做避署，不，當做我靜養的地方。**〔註 62〕

生爲何不是保衛生命？民國時期另類的衛生、自我與疾病〉，《台灣社會研究季刊》54（2004.6）頁 45。

〔註 57〕朱點人當時任職臺北帝大熱帶醫學研究所雇員（1918～1941）期間，即專研細菌學。因此，作者對此傳染病的了解當不陌生。

〔註 58〕接受「肺結核」這個概念，是與當時細菌學的接受相關。在此篇小說刊出之前，1904 年日本頒布「結核豫防令」即代表接受了西方結核桿菌的概念。因此，臺灣在 1922（大正 11）年頒布「結核豫防法」；到了 1934（昭和 9）年 4 月 26 日成立「臺灣結核豫防協會」則持續加強對民間關於此傳染病防治的宣導與教育，而成爲當時最貼近民眾的活動。見巫潔濡著，《「肺癆」與「肺結核」——日治時期 Consumption 與 Tuberculosis 在臺灣的交會》（臺北醫學大學醫學人文研究所碩論，2005）頁 35、59。此外，王詩琅的〈青春〉，作於 1935 年 2 月 17 日，原載於《臺灣文藝》2:4（1935.4.1）。該小說同樣有高女學生月雲罹患**肺結核**住進療養院接受治療的情節。由此可見，「**肺結核**」、「肺病」在三〇年代已是社會周知的概念。

〔註 59〕原爲日製漢字「同棲（どうせい）」，意指正式結婚的男女一起同居生活。

〔註 60〕雞舌簧：亦作雞舌黃，植物名。

〔註 61〕鴨舌簧：亦作鴨舌黃，藥草一種。

〔註 62〕《王詩琅、朱點人合集》，頁 177。

敘事至此，「我」因肺病須靜養的不僅是身，還有「心」的層面，是「我」的自省。回顧十年光影，眼前是十年已枝葉茂密的紀念樹。表面上這是避暑靜養的綠蔭，實際上是睹物思人（K君）的所在。在此，愛情的回顧話語，不僅豐富了「我」的人物形象，也意味著對父權壓迫的省思。在這「破」與「立」之間，朱點人摹寫了人性的厚度。

　　因此，〈紀念樹〉相較於周定山在〈摧毀了的嫩牙——爲彬彬——〉〔註63〕的批判是含蓄多了。後者是一篇自傳性色彩濃郁的小說，作者藉由對因家貧而送人做養女最後早夭的女兒彬彬的遙念，進而批判父權體制，其文如下：

> 處這多子就算是福分的社會，人們的心理怎麼樣？實不能夠多大明瞭的。因爲人心在內，也無從去明瞭，窺探！不過多子是否福分，就有些疑問了！……做父親的天職如何重大，教育兒童的責任怎樣急切，都毫不輕重的！因這，就養成一種「惟我獨尊」的親權，父權。**老父壓迫我的，我就壓迫兒子出氣！兒子也蹂躪孫兒洩憤！**……所謂「一朝權在手，便把令來行。」一直勃谿〔註64〕下去！所以，**這種民族始終就爭不到「人」的資格，**的確如此的！
> 〔註65〕

這裡敘事者對父權體制下多子多福分的觀念強烈質疑，因爲「人」的資格無從彰顯。這樣的話語與〈紀念樹〉的厚度相較，是直白多了。〈紀念樹〉採取自省的口吻，與丈夫R及其母親（父權壓迫的幫兇）的衝突之後，「我」對「不經意的十年」回首，對丈夫R已不再信賴，純情的可愛青年的K已轉爲「精神上的朋友」。這樣對丈夫R與K的感情回顧，流露出「我」與男性平等交往，而非傳統「從夫」的視角。因而，與其說〈紀念樹〉流露的是「內面」的感性風格，毋寧說是娓娓道來，知性的，新女性發聲。

二、男性青澀的聲音

　　誠如上述的分析，代言女性的小說，「明朗」的文體風格立場之外，「內面」摹寫也自有其知性之處。然則無論是悲劇輓歌，或是「明朗」的文體風格，個體仍是發聲的所在，意義探討的核心。在左翼時潮的影響下，當時小

〔註63〕原載於《南音》第一卷第八、九、十號合刊（1932.6.13、7.25分二次刊載）。
〔註64〕案：家人彼此爭吵。
〔註65〕施懿琳編，《周定山作品選集（上）》（彰化市：彰縣文化，1996）頁26。

說的男性人物經常是以堅毅的啓蒙者或被剝削的普羅身分現身。但文學畢竟
是來自於作者，其個體的摹寫，作者的經驗或多或少成爲書寫的要件。本文
發現，三〇年代的小說當中，出現一種青澀男性的書寫。此類作品或能做爲一
面鏡子，映照出某些作者的成長身影。而賴和與朱點人就有這類極其生動的
作品，底下將依序對賴和的〈浪漫外紀〉、〈歸家〉、〈惹事〉與朱點人〈無花
果〉等小說做分析。

（一）〈浪漫外紀〉的酒神寓意

首先是賴和的〈浪漫外紀〉〔註 66〕，這篇小說敘述一群「鱸鰻（流氓）」
逃亡期間的片段故事。最初，是被警察包抄逃離賭場的兩個「鱸鰻」遇上警
察，兩方格鬥之後，兩個警察被擊倒置於菅草（kuann-tsháu）中。其次，這群
「鱸鰻」需要「旅費」，其中一位（老大）半夜向某「先生」求助，當夜「先
生」以朋友相稱並爽然襄助。最後，老大發落手下避難，一批「鱸鰻」在酒
店與一群「風雅人」因妓女陪酒問題爭風吃醋大打出手。經樓主報警處理後，
這批「鱸鰻」方才離去，但這群「風雅人」卻又引發另一班「兇惡惡的人」
百般嘲笑。適巧爲最初那兩個「鱸鰻」出面解圍。

如果從「浪漫」是博取感情、理想的方式，那麼它經常是對夢或冒險的
憧憬。小說中那群不把殖民地的警察法律看在眼裡的「鱸鰻」，以及對「先生」
敬重都是「浪漫」。相對而言，小說裡的「風雅人」卻是懦弱而無助的。如下
的描述：

> 「嗚！恁〔註 67〕也著靠警察，恁不是常在攻擊官廳，講牠怎樣橫暴
> 〔註 68〕，這時候恁也著求伊〔註 69〕來橫暴一下，哈哈！恁這雞規先
> 〔註 70〕。」
>
> 「⋯⋯」
>
> 「恁有情理好再講無？」
>
> 「雞規先！恁平日笑人無膽識，**怕警察像後叔公**，恁怎不敢和他們
> 抵抗一下看，只教人去死。」

〔註 66〕原載於《臺灣新民報》354、355、356 號（1931.3.7、14、21）。

〔註 67〕恁（lín），你們。

〔註 68〕橫暴（おうぼう），蠻橫強暴。

〔註 69〕伊（i），他。

〔註 70〕雞規先（ke-kui-sian），（李南衡註）罵人的話，意謂吹牛皮。

「你看伊在**演壇**〔註71〕上講得口涎亂噴，一聲中止，就乖乖**爬落**〔註72〕
來，這樣頂有膽。」

「恁這一班，不知害了多少不認分的人**受虧**〔註73〕。」

「也著去求警察，**好嘴**〔註74〕叫一聲不敢，我們也是饒恁，**拍**〔註75〕
恁這樣人，穢手。」

「**奢盤**〔註76〕做什麼？拍死好！」

你一句，我一聲，那一班較斯文的人，被侮辱得無可辯解，也不能
辯解。〔註77〕

在此鱸鰻與斯文人的對話裡，雖然映襯出這般「雞規先」受盡侮辱的無助，
但使其更為哀怨的是無所不在的殖民地警察的聲音，即使沉默，它仍是被殖
民者備受壓抑的來源。因此，小說形塑了如下的意象：

「朋友！你是欺我們不會相拍嗎？」

「相拍，好，就來！」

乒乒碰碰施洒，椅棹跌倒聲，碗碟破碎聲，骨頭皮肉的擊撞聲，混
著女性驚駭痛楚的悲鳴，奏成一曲交響樂，和著酒神的跳舞。〔註78〕

就是來自「來！相拍」的直率，賴和稱之為浪漫的態度。這裡「鱸鰻」與人
肉搏「奏成一曲交響樂，和著酒神的跳舞」的意象，其實是被殖民者困獸之
鬥的暗喻。敘事者在此藉象徵「放鬆壓抑與激發創造力」的〔註79〕酒神
（Dionysus）使鱸鰻的肉搏有了衝撞殖民壓抑的寓意。因此，賴和強調這一
群鱸鰻具有「重情誼」、「然諾有信，勇敢好鬥，不怕死而輕視金錢」、「報必

〔註71〕演壇（えんだん），講壇。
〔註72〕爬落（lô͘ h），爬下。
〔註73〕受虧（siū-khui），蒙受損失，受冤枉。
〔註74〕好嘴（hó-tshùi），講好聽話。
〔註75〕拍（phah），打。
〔註76〕亦作扯盤（tshia-puânn），爭論、鬥嘴。
〔註77〕《賴和集》，頁129～130。
〔註78〕《賴和集》，頁127～128。
〔註79〕酒神，亦譯作狄俄尼索斯（Dionysus）最初是代表繁殖力的自然神，與狂暴和
　　　　狂歡的儀式相關，晚近的傳統，他是酒神，藉音樂與詩以放鬆壓抑與激發創造
　　　　力。亦稱巴克斯（Bacchus）。"Dionysus" *A Dictionary of Phrase and Fable*. Edited
　　　　by Elizabeth Knowles. Oxford University Press, 2006. *Oxford Reference Online*.
　　　　Oxford University Press. National Cheng Kung University. 2 April 2009（http://www.
　　　　oxfordreference.com/views/ENTRY.html?subview=Main&entry=t214.e2146）

過其所受，所以容易籠絡」、「判斷力較弱」等性格〔註80〕，無疑是他眼中另一種臺灣人的形貌。在這篇宛若俠客野史的〈浪漫外紀〉裡，我們讀到賴和由「破」中尋「立」的可能；從「外」而「內」地為臺灣人尋索性格質地的聲音。

（二）〈歸家〉的陌生感

　　順著賴和的寫作時程，若說〈浪漫外紀〉是臺灣人性格質地的尋索，隔年的〈歸家〉〔註81〕則是青年的成長記實，只不過〈歸家〉摹寫的是一種陌生感。這篇小說「我」這位青年之於故鄉宛如「作客」，鄉人對「我」的客氣使其心生「被遺棄的恐懼」。然則這樣的陌生感，也來自於街市改正後新舊建築並立所透露的階級對立，乞食、閒人處處可見的空間裡；此外，還有來自於孔教呼喊中，孔廟却任其荒廢的扭曲。面對這些社會變遷，「我」無處施力，因而油然而生的陌生感代表一份憂心。這份憂心，從「我」與鄉人對公學教育認知差異可以窺得：

> 「一個囝仔要去喰日本頭路〔註82〕，不是央三託四〔註83〕抬身抬勢，那容易；自然是無有我們這樣人的份額〔註84〕，在家裏幾時用著日本話，只有等待巡查〔註85〕來對〔註86〕戶口的時候，用牠一半句。」
>
> 「你想錯去了，」我想要詳細說明給他聽，「不但如此，六年學校台灣字一字不識，要寫信就著〔註87〕去央別人。」賣麥芽羮的又搶著去證明進學校的無路用〔註88〕。
>
> 「學校不是單單學講話、識字，也要涵養國民性〔註89〕，……」
>
> 「巡查！」不知由什麼人發出這一聲警告，他兩人把擔子挑起就走，

〔註80〕《賴和集》，頁120。
〔註81〕原載於《南音》創刊號（1932.1.1）。
〔註82〕頭路（thâu-lōo），職業，工作。
〔註83〕央三託四（iong-sann thok-sì），拜託各種人。央，拜託。
〔註84〕份額（hūn-giảh），限額。
〔註85〕巡查（じゅんさ），警察。
〔註86〕對（tùi），查對。
〔註87〕著（tiỏh），得。
〔註88〕無路用（bô-lōo-īng），沒用，無效。
〔註89〕國民性（こくみんせい），某國國民共通的氣質與性格。

談話也自然終結。〔註90〕

這裡的對話，襯托出「我」的無力。這無力來自鄉人對公學校教育的質疑。「我」陌生地聽著鄉人的聲音，兩者之間形成一層無形的隔膜。這層隔膜的感受則與賴和的切身經驗直接有關，如他於〈無聊的回憶〉（1928.7.22-19）一文裡就曾提及自公學校畢業後，短暫在雜貨店學做生意，卻因漢字認識不多以致不諳貨單信件內容，算盤亦不熟練，日語用不上的窘境。〔註91〕因此，上文對話實際上是作者真實經驗的投射，觸及公學校畢業生的出路問題：這些學生學到的話（臺灣話，日語）哪一種有用？日文，還是臺灣字（漢文）有用？國民性的內容為何？這些疑問都使小說中的「我」與鄉人造成認知差距。據此，我們可以這樣說，「我」的陌生感來自殖民地社會的變遷，也來自於殖民同化教育下自我喪失下的茫然。

（三）〈惹事〉的逃遁

同樣的內面摹寫，在賴和〈惹事〉〔註92〕裡則成為逃遁的敘事。這篇小說敘述一位不受現實規範的二十歲左右的青年，雖因窮極無聊而惹事生非，卻亦有路見不平俠義之風。面對日警因雞事細故，欺壓無辜的寡婦，他理智詳察推敲案情，用心說服保正以及被煽起公憤的群眾，共同籌設會議，邀請警察上司與會以糾舉不法，排斥劣蹟昭彰的警員。但是會議時間一到，群眾不僅沒有抗爭，反倒議決為大人裝修浴室，為其分擔費用。此舉使青年頓覺被眾人遺棄，被眾人所不信，被眾人所嘲弄，最後也只好離家不顧。

小說以「我」的視角敘事，故事引人之處，在於摹寫「我」惹事生非，不為社會容許的青春與騷動，如「我」與「鱸鰻」的肉搏，對圍觀的群眾來說，竟是無意考察「理的曲直」的一幕喜劇。這反諷的筆調，在摹寫日警放養的雞群中延續下來，如下：

> 「畜生！比演武亭鳥仔〔註93〕更大膽。」種菜的一面罵，一面隨手拾起一枝竹荊，輕輕向雞母的翅膀上一擊，這一擊纔挫下牠的雌威，便見牠向生滿菅草的籬下走入去，穿出籬外又嘓嘓地在呼喚雞仔，雞仔也吱吱叫叫地跟著走。

〔註90〕《賴和集》，頁155～156。
〔註91〕原載於《臺灣民報》218～222號（1928.7.22-19）。收錄於林瑞明編，《賴和全集　新詩散文卷》（臺北：前衛，2000）頁244～245。
〔註92〕原載於《南音》1:2、6、9、10合刊號（1932.1.17、4.2、7.25）。
〔註93〕演武亭鳥仔，臺灣諺語，喻大膽。演武亭，指練武之處，武術道場。

「咬——」種菜的又發一聲洩不了的餘憤。

這一群雞走出菜畑，一路吱吱叫叫，像是受著很大的侮辱，抱著憤憤的不平，要去訴訟主人一樣。

大家要知道，這群雞是維持這一部落的安寧秩序，保護這區域裏的人民幸福，那衙門裏的大人〔註94〕所飼的，「拍〔註95〕狗也須看著主人」，因為有這樣關係，這群雞也特別受到人家的畏敬。〔註96〕

以上引文藉四處撒野，竟受人畏敬的雞群摹寫，暗諷日警大人的餘威。當然日警大人的劣跡惡行不止於此，但雖經「我」的調查舉發，最後正義仍不得伸張。然而，時人王錦江（詩琅）在〈賴懶雲論〉〔註97〕則對賴和形塑人物的能力給予極高的評價：

「惹事」的主人翁每當看見不公、不正的事，都無法不感到忿懣，並且要積極地去糾正事物的是非。但又每次終歸於失敗。……毫無疑問，他是一個要極力正確地捕捉人的靈魂和肉體，看透事物的本質的，嚴肅而認真的藝術家。

小說中少不經事的「我」，終究沒有看透殖民地社會「力即是理」的宿命與邏輯。因而，我們可以這樣看，頓使「我」感到「一種不可名狀的悲哀，失望羞恥，有如墮落深淵，水正沒過了頭部，只存有矇矓知覺，又如趕不上隊商，迷失在沙漠裏的孤客似地徬徨，也覺得像正在懷春的時候，被人發見了秘密的處女一樣，腼覥」的獨語，與前述「鱸鰻相拍」的情節前後呼應，共同鋪陳「被眾人所遺棄，被眾人所不信，被眾人所嘲弄」的「我」的逃遁，選擇遠離備受屈辱的家鄉。因此，這裡的獨語，不僅是內心衝突的話語，也是批判殖民壓迫最「安靜」的聲音。

（四）單戀的〈無花果〉

除了賴和的小說，在朱點人的〈無花果〉〔註98〕裡也可以看到男性的青澀。這篇小說敘述「他」重見已闊別二年，早已嫁為人妻的暗戀對象銀珠之後，驚覺其日記裡「微白臉色，漸漸的透著紅潤，二隻黑眼兒敏活地在微笑著」有二個酒窟的少女早已長成村人眼中「肥白好骨格」的婦人。失望之餘，

〔註94〕日治時期對警察的稱呼。
〔註95〕拍（phah），打。
〔註96〕《賴和集》，頁177。
〔註97〕原載於《臺灣時報》201 號（1936.8）。
〔註98〕作於 1934.2.7，原載於《臺灣文藝》創刊號（1934.11.5）。

他翻閱過往的日記簿，最終認識到應對「戀愛至上主義」的美有所堅持，不應再爲銀珠而淚流，從而又恢復爲「健全的人」。故事敘述以「他」的戀愛故事爲經，而以其對「美」的堅持爲緯，兩相交織成一個知識青年不願屈就世俗審美觀的獨語。這樣的獨語是以告別青澀的領悟作基調，如下：

> 青空裏的奇巖怪石般的白雲，已被了走下山去的太陽的反照染成了桃色，一群白鳥兒排了一個一字穿著桃色的雲，**顯得分外地白**。
>
> 「唉！人生究竟要個歸宿才好，像我這**漂搖無定的心**有什麼了局〔註99〕？」他嘆息著對自己說，把麻痺的手收回，緩緩地坐將起來，打算坐到黃昏才要回去。〔註100〕

上文所摹寫的是「漂搖無定的心」外的一種旁觀與冥想。小說敘事的主要部分可說是「他」的追述與想像的發聲，而純粹銀珠則是想像、無聲之美的存在，換言之，銀珠只是他得以心靈安頓的暗戀對象。一旦事過境遷，這無聲之美已蕩然無存之時，「他」唯有從「如麻的情緒裏打開一條思路」，給予自己一個解釋：

> 「啊！『美』啦！」他突然熱狂〔註101〕似的叫著：「以她今天的醜婦，已沒有資格給我的愛了！戀愛至上主義〔註102〕是什麼？精神的戀愛是什麼？『美』啦！祇有『美』才是戀的第一條件啦！」他提起筆來把日記的標題抹掉，再改寫了「死去了的日記」。〔註103〕

此處的獨語，仍是肯定精神的、戀愛至上主義的美。據此，這篇自戀者的小說或可視作眞實作者過往戀史的投影〔註104〕。不過，照常理判斷，時年三十二的作者，對愛情的體會當不僅於青澀、稚嫩的回顧而已。青澀之外，作者所引介的戀愛至上主義的本義實際上是與朱點人曾自承：「從『美』字著想：假如從一個女子的身上取掉她的『美』，不知會怎樣？——這就是『無

〔註99〕 了局（liáu-kio̍k），結局、收場。

〔註100〕《王詩琅、朱點人合集》，頁179。

〔註101〕原爲日製漢字「熱狂（ねっきょう）」，意即極爲興奮而熱衷。

〔註102〕戀愛至上主義（れんあいしじょうしゅぎ），指出戀愛是人世間最高價值與想法的思想、思考型態。明治時代日本詩人、評論家北村透谷（1868～1894）的「厭世詩人與女性（厭世詩家と女性）」（1892）即是最早的闡述。

〔註103〕《王詩琅、朱點人合集》，頁185。

〔註104〕廖毓文曾在〈同好者的面影（一）〉稱朱點人自公學校畢業後，就在醫專（今台大醫學院，先生時年十六）奉職，回到家裡就是守在書房裡面誦艷詩，寫情書，有諸多戀愛經驗。「雖然是一個戀愛的敗慘者、但在精神上的點人先生就是個情場的得意人」等話語。見《臺灣新文學》1:2（1936.4.1）頁90～91。

花果』的意圖啦。」〔註 105〕這些話語有所差異。因爲日本戀愛至上主義最早的闡述者北村透谷（1868～1894）在《厭世詩人與女性》是這樣看待戀愛的，如下：

> 戀愛是人生的秘密鑰匙。有戀愛然後有人世，抽出戀愛，人生就毫無趣味。……每個人要通過戀愛的時期才能得以進入人生奧義的一端。〔註 106〕

這裡北村的戀愛是體味人生的取徑，得以理解人生的前提。他還認爲男女相愛之後才能了解社會眞相、因人的聚集而成的社會，所以彼此相愛是第一階段，人不能離群索居，男女相合才能成爲社會的一分子。〔註 107〕換言之，北村的戀愛觀並非單戀式的想像，這與朱點人專注「美（實際上是女性美）」的觀點有很大的差距。因此，對最後恢復健全的「他」來說，不再爲「她」掉淚的「銀珠」，並非眞實的存在，而是概念「美」的存在而已。對朱點人來說，〈無花果〉是他對外來思想的誤讀產物，小說早已屢入他個人對女性「美」的想像。

　　綜合此節關於男、女性個體的聲音分析得知，無論是涉及女性解放的代言，或是男性青澀成長的回顧；敘事的聲音都是由個體對話、獨語或敘述所構成，這些聲音是小說意義的所在，是以整體的社會關係爲背景。因此，我們可以說，這些小說中的男女個體形塑已然成爲理解、想像殖民地風景的要件；而且個體與殖民社會的關係是「破」聲多於「立」聲，唯朱點人對新女性的形象有其「立」的書寫，這是其獨到之處。此外，那些青澀的男性個體形象除了是源於對殖民社會的衝撞而來（如賴和的作品），作者的身影也或多或少地投射於作品當中。因此，這些作者與其說是隱含作者（implied author）〔註 108〕，毋寧說是讀者解讀的產物，是讀者的作者觀念。換個角度說，「作者

〔註 105〕見點人，〈關於剽竊問題——給獻璋君的一封公開信〉，《臺灣新文學》1:9（1936.11.15），頁 76。

〔註 106〕島崎藤村編，《北村透谷集》（岩波文庫創刊書目　復刻）（東京：岩波書局，2006）頁 24、25。

〔註 107〕《北村透谷集》，頁 29。

〔註 108〕「隱含作者」是由韋恩‧C.布斯（Wayne C. Booth）在《小說修辭》（The Rhetoric of Fiction, 1961）所創造的一個術語，是作品設計的根源，意味著讀者從文本所推斷的意義，一種在作品背後的個性想像。布斯提出這個概念主要是爲了與眞實作者作區別，藉此與眞實作者間空出一段眞實與虛構的距離，將有助於在分析作品情境時，避免對眞實作者無端的聯繫與揣測。

不僅會死，而且甚至當他還活著的時候，他的某些方面就已經死了。」〔註109〕
也就是說，「眞實的」作者始終是在場的缺席，他是活在讀者的推論之中。

　　而此節所分析到的朱點人的〈無花果〉，則是「單純」的青澀之作。但若
將殖民社會想像成「女性美」的淪喪，則小說中「我」對「美」的堅持則隱
含了對殖民社會解放的寓意。當然這是筆者的推論。作爲讀者的研究者，對
「作者」最適當的推論、理解基礎應建立在可信的資料上；但理解一篇虛構
的小說，眞實作者的用意始終是目的。這道理很簡單，任何文學作者之所以
創作的動機便在於「有話要說」，誠如沙特（Jean-Paul Sartre）所言，「一切文
學作品都是一種籲求。」〔註110〕作者向讀者傳達其介入眞實世界的籲求。因
此，本研究對〈無花果〉的理解，除了得出作者對外來思潮的誤讀之外，將
小說個體及其殖民社會作隱喻式的連繫，也是另一種文學想像。

第三節　雙重的敘事聲音

　　有別於上一節從兩性摹聲的分析，本節依據主題，分別將對朱點人的
〈島都〉、〈蟬〉、郭秋生的〈王都鄉〉、張慶堂的〈鮮血〉、〈老與死〉、楊守
愚的〈爸爸！她在使你老人家生氣嗎？〉以及賴和的〈一個同志的批信〉等
小說聲音作雙重的理解。所謂「雙重的聲音」，此指經由人物對話、對話與
敘述並呈，或者獨語（自我對話）等三種敘事方式，藉以表達對事件、社會
的看法。當然，這是來自殖民地風景的發聲。

一、殖民地心靈的聽筒

（一）〈島都〉青年的覺醒

　　首先是朱點人的〈島都〉〔註111〕分析。這篇小說敘述少年史明一家悲苦
的遭遇及其覺醒參與工運的歷程。史明自幼母親貧病至死，其父將小弟史蹟
送人領養以換取做醮捐題所需款項。然而其父卻因思念史蹟心切而精神錯

〔註109〕安德魯・本尼特（Andrew Bennett），尼古拉・羅伊爾（Nicholas Royle）著；
　　　　汪正龍，李永新譯，《關鍵詞：文學、批評與理論導讀》（中國桂林：廣西師
　　　　範大學出版社，2007.6）頁21。
〔註110〕薩特著；（美）韋德・巴斯金編；歐陽友權，馮黎明譯，《薩特論藝術》（中國
　　　　桂林：廣西師範大學出版社，2001.12）頁137。
〔註111〕原載於1932.1.30、2.6、13、20《臺灣新民報》400～403號。

亂，以致史明中挫學業在家看護。最後其父史蓁慘死，這些事件給予他很深的創痕。而後他學做土工，恰值世界思潮波及臺灣，社會運動抬頭，工人覺醒，此後他毅然投入工運：

> 當一九二九年的開頭，勞動爭議〔註112〕方盛的時候，他率先出來組織團體立在鬥爭的第一線，用正當平等做武器，正正之旗，堂堂之陣，工人們多相信他們會得到最後的勝利，豈料法律的權威，金錢的力量，竟超越在一切之上，只一接觸，史明便被捕虜。

> 這一次的爭議，雖幸免被虜，得由戰線逃歸〔註113〕的人，也受了金錢的壓迫，在饑餓之下完全降伏〔註114〕了。史明恢復了自由，因所信甚堅，由這一次失敗的教訓，他已明白了失敗的缺點，不時在籌劃重整旗鼓，等待再起的時機。〔註115〕

小說人物史明雖遭逢窮困，卻仍義無反顧地投入工運。引文中昂揚不屈的聲音，成了小說的基調，他如反迷信的聲音亦然。下面的引文不僅點畫士紳、頭人為鋪張做醮而四處強募的面目外，更嘲弄獎勵迷信的高官的虛矯：

> 聽說今天是 K 寺安座式〔註116〕，某高官像獎勵迷信，特地帶了許多隨從參加拜佛。史明穿到拜殿來，就見主持僧領著一些僧眾，**合掌地不知地在念些什麼**？神龕上裝飾得異常精美。香爐裏昇上一大股白煙，霧一樣瀰漫了拜殿，香煙飽和了寺裏空氣。高官跟在和尚後面，地方的頭兄〔註117〕們又是保著一丈距離跟著高官背後，只見高官行了個最敬禮，一擺手回到自動車，警笛一鳴，一列自動車隊長驅地突破了觀眾重圍，**望著S大酒館享宴去了！**〔註118〕

此處高官最後「望著 S 大酒館享宴去了」的驚嘆號，代表的當然是敘事者的語氣、表情，這樣的語氣更呼應了對僧眾「合掌地不知地在念些什麼」的問號、嘲弄。高官、和尚與地方上的頭兄，在此共同點畫了一幅戲謔的殖民地風景，相形之下，那些被強力募捐的信眾，無疑成為迷信、備受剝削的一群。

〔註112〕勞動爭議：原為日製漢字「労働争議（ろうどうそうぎ）」，指工人與雇主因勞動條件所引起的爭論。簡稱爭議。

〔註113〕原為日製漢字「逃帰（にげかえ）る」，逃跑回家、逃回之意。

〔註114〕原為日製漢字「降伏（こうふく）」，投降之意。臺語讀作 hâng-hoˋk。

〔註115〕《王詩琅、朱點人合集》，頁 159～160。

〔註116〕原為日製漢字「式（しき）」，典禮、儀式之意。臺語讀作 sik。

〔註117〕頭兄（thâu-hiann），領袖人物。或作「頭人（thâu-lâng）」。

〔註118〕《王詩琅、朱點人合集》，頁 149。

據此，我們可以說，反迷信的聲音成爲反剝削的引言，如底下史蓁童時玩伴之間的對話所示：

「搭林山下那片很闊很闊〔註119〕的水田，每當仲夏晚秋，稻穗在黃森森的田裏點下頭時，我們在畦裏捉著草蟲、捉著雀子、捉著迷藏玩的水田，如今也變成麥畑了！水田裏的蟲聲，已改變吹著麥頭的風聲。H港，夏時我們在放牛之暇時常走到那裏弄潮，拾著貝殼，在沙埔上跑走，如今那裏亦充做了漁場。晚潮打上岸時『曳繩歌〔註120〕』很尖銳的衝破了夜的寂寞。」

「M村到底怎樣，變的這麼快？」年紀大的又在追問。

「聽說M村所有的土地，山林都是拂下〔註121〕給辭官退職的人，並且分割給某地移入的『脫褲班』〔註122〕——現在一時到M村舉目都是『文化村』、『新村』，一些純粹的模範農村了！」他畢竟有點常識，才會說得這些話。〔註123〕

上文的對話呈現雙重的聲音，前半段是對M村滄海桑田的變遷前的懷舊，後半段則是對M村土地、山林被拓殖公司及移民「脫褲班」拓殖、拂下給統治階級的批判。前半段的懷舊，對比出後半段常識對話的現實，強烈直指來自殖民體制的集體剝削。整體說來，這篇以直述、倒述交錯〔註124〕的敘事，最後是以史明如天際羣鴿四散的不明行踪收束，「無言」地傳達作者的左翼願景。

（二）〈王都鄉〉的不具

〈王都鄉〉（1935）〔註125〕是郭秋生最後一篇小說。故事敘述一位先天不具（殘障）的王都鄉，在父母雙亡後，突感自己是社會贅瘤而萌生自殺念頭以爲妻子找解脫，但自殺未遂而晃蕩街頭，卻被誤認爲乞丐而得到施捨。

〔註119〕闊（khuah），寬闊。

〔註120〕曳繩（曳き繩，ひき-なわ），拉回自船上垂放有誘餌的長線，藉以捕魚的方法。

〔註121〕拂下，日語払（い）下げる（はらい-さ‧げる），放領。臺語唸作 hút-hā。

〔註122〕脫褲班（th□g-khòu-pan），勞動者。

〔註123〕《王詩琅、朱點人合集》，頁152。

〔註124〕張恆豪，〈爲烏托邦殉身——朱點人集序〉，張恆豪編，《王詩琅、朱點人合集》（臺北：前衛，1999）頁279。

〔註125〕作於1934年10月16日，原載於《第一線》，1935年1月6日。

但反諷的是，被誤認乞丐的遭遇竟受四肢健全的杏仁小販稱羨。回家後的王都鄉在睡夢中，夢見自己四肢健全，興奮之餘四處找尋工作，卻備受眾人排擠。夢醒後，理解到健康的人也是不具者，因為眾人的生存權也被侵害，如同一群下等動物寄生偷活。自此他不以自己的不具為不幸，不以為恥，進而開始在街頭疾呼民眾覺醒，爭取底層的生存權益。

　　小說敘述主人翁覺悟的歷程，對王都鄉來說，社會本身即是「不具」的存在，因為其結構使底層生存權備受侵害。小說一開始，王都鄉自認是社會寄生蟲而企圖自殺的描述，狀似悲劇卻是覺醒的契機。契機來自於衝突、不解，王都鄉不解於杏仁茶小販對其乞食的稱羨，不解小販討賺不易與被扭曲、不具的人心。身體的不具可以在夢裡得到寬慰，但社會的不具卻是殘酷的現實。這是小說的敘事重心，也是其主要的聲音。因此，小說透過王都鄉在夢境與島都工人、行商小販、苦力、人力車等人的對話，發現他們宛若野犬般的彼此仇視與競爭的境況，道出底層生存權受侵害的社會結構因素，如下：

> 「那麼你說的惡魔……」
>
> 「退治〔註126〕嗎？無難〔註127〕啦，只要你們的決心一下，辦法便在那裏生出來的。去，去謀你們的同志，謀你們的同志，你們唾沫都足以成洪水成颶風成爆彈〔註128〕啦。」
>
> 賣杏仁茶的兄弟，表現着悲壯的面貌走了，王都鄉又一沉一浮移動他那朽木般的身體了。
>
> 「是了，我不該想死了，我無論如何都總有活着的必要了。」
>
> **他像發見一座新星座，發見了自己的存在了。他也不以自己的不具為不幸了。在十字路頭**〔註129〕**給人家彫古董**〔註130〕**，他也不以為奇恥了。他現在又站在別的街頭揮其摯熱的長廣告了。**〔註131〕

王都鄉的不具的身軀，在此成了社會體制不公的象徵。這裡的對話，展現他的覺醒，促使他在街頭一沉一浮作長廣告的動力。因此，我們可以說，面對

〔註126〕原為日製漢字「退治（たいじ）」，意指消滅。

〔註127〕原為日製漢字「無難（ぶなん）」，意指沒事。

〔註128〕原為日至漢字「爆彈（ばくだん）」，即炸彈。

〔註129〕臺語「路頭（lōo-thâu）」，街頭。

〔註130〕臺語「彫古董（tiau kóo-tóng）」，亦作「雕古董」。嘲弄、刁難。

〔註131〕李南衡主編，《日據下台灣新文學明集2　小說選集一》（臺北：明潭，1989）頁263。

這個病態、不具的社會，必須加以治療這一「政治」思想亦油然而生。〈王都鄉〉提出了「政治與文學」的普遍性問題，兩者的關聯性本身就是「醫學式」的思想。〈王都鄉〉讓吾人聯想到日治時期臺灣文學的政治性。而這樣的政治性，宛如先天地嵌入文學書寫的「內面」，它不時地提醒讀者反殖民的心境摹寫（如〈島都〉）；或形同殖民扭曲下的診斷聽筒，以〈王都鄉〉來說，王都鄉個體的長廣告正是「謀你們的同志，你們唾沫都足以成洪水成颶風成爆彈」以改變社會的藥方。

（三）〈鮮血〉的象徵

三〇年代的文壇裡，張慶堂也是一名寫手。張慶堂，生年不詳，臺南新化人，另有筆名唐德慶。曾與友人趙櫪馬、黃漂舟、董祐峯、鄭明、徐阿壬、朱鋒等十餘人共同組織「台南市藝術俱樂部」（1936 年成立），內分文藝與演劇兩部，並設置台灣舊文獻整理委員會，從事台灣舊文獻的整理與考證。戰後退出文壇，投筆從農。〔註132〕

就目前所見，有〈鮮血〉〔註133〕、〈年關〉〔註134〕、〈老與死〉〔註135〕、〈他是流淚了〉〔註136〕等四篇小說，大致刊載於 1935 年 9 月至隔年年底（不到兩年）的時間。而就作者自稱原爲「學生時代」〔註137〕舊稿，而後應楊逵《臺灣新文學》邀稿發表的〈年關〉來看，張慶堂的小說創作至少始於 1930年。

這裡要分析的是張慶堂的〈鮮血〉，這小說敘述農民九七，因不願受地主壓榨，將牛賣掉而去城裡以人力車夫爲生，一日，因下坡失速而與自動車碰撞流血的故事。

> 他有一隻牛，就可以打開他的難關了。爲要免下三生般的侮辱，他決心把耕牛賣掉。
>
> 可憐的牠，跟著主人勞苦了半世，如今祇賸厚厚的皮罩著粗大的骨，

〔註132〕朱鋒（莊松林），〈不堪回首話當年〉，《日據下台灣新文學明集 5　文獻資料選集》（臺北：明潭，1979）頁 395、396。

〔註133〕本篇作於 1935 年 7 月 25 日上午，原載《臺灣文藝》二卷九號（1935.9.24）。

〔註134〕本篇爲 1930 年 1 月 23 日舊稿，原載《臺灣新文學》第一卷第四期（1936.5.4）。

〔註135〕本篇作於 1936 年 3 月 9 日十一時，原載《臺灣新文學》一卷七號（1936.8.5）。

〔註136〕本篇作於 1936 年 11 月 11 日夜十一時脫稿，原載《臺灣新文學》第二卷第一期（1936.12.28）。

〔註137〕見該作品「後記」，張恆豪編，《陳虛谷、張慶堂、林越峰合集》（臺北：前衛，1990）頁 148。

搖搖擺擺地抽著無力的腳，跟著新主人去。幾次翻過頭來，用那瀰
滿著眼淚的眼睛，望著要離去的主人，兩葉粗大的耳，仍然無力地
搖動，髣髴似戀戀不捨般，使九七良心上，起一種苛責。想起替牠
勞苦了半世，而毫無所得，便被他賣去，而且不能不再替牠的新主
人勞動的誠實的牠；**越使九七更一步認識現社會上誠實者的不幸。**
〔註 138〕

敘事者在此將牛與九七的境況相繫。表面上，是九七的良心受到譴責的摹寫；
然而這裡的摹寫更加內在，因為敘事者已進入九七的內心獨語，從而呈現九
七與牛同屬誠實而不幸者的體悟。這纖細的自我對話，將他拉回十四歲時逃
家前的回顧：

「從此我這條小生命，總是稍有幸福罷！」他這樣地想，就覺得
兩隻小腳來得很輕捷，在那剛伸著細嫩的草葉上，擦出「砂！砂！」
的含有詩意的聲音，被輕微的春風，帶往沉寂的曠野裡去。他走
了幾步：忽然翻過頭，去望被他縛在樹幹的結了兩年多朋友的牛，
於是，有意而又近乎無意地，把小腿站住了。剛纔打退去萬種愁
苦的這小心房，忽又被一種為同情而感傷的情緒瀰滿去了。不錯，
站在同樣的遭遇而受同樣鞭撻的被鞭撻者，互相生出深厚的同
情，那是人情上所必有的事呢。想起飼了兩年多的牛，從此不得
不被他丟掉而縛在那龍眼樹下，不知道什麼時候，纔能夠被牠的
主人發見而牽回去，毅然決定了的意志，不免又為同情心而起動
搖。可是，他稍把肢節伸直幾伸，當「早起」被挨打背上的傷處
刺覺他神經而使他感覺傷痛時，他不免咬牙切齒，毅然決然的重
新堅決起心兒來。〔註 139〕

上面兩段引文的摹寫，一後一前，前者是果，後者為因。作者成功地透過內
外的摹寫技巧形塑人物的堅毅性格。因此，縱使有傷感，也要割捨。堅毅的
性格宛如基因，早已深植九七的內心。

此外，對牛的描繪，更是貫穿小說情節的關鍵。牛，是被壓迫者的象徵；
也是九七為其發聲的對象，我們從上面引文可清楚看到（見粗黑體字的描
述）。發聲，是源於感觸。小說最後述及九七在 B 市當人力車夫，在與自動車

〔註 138〕《陳虛谷、張慶堂、林越峰合集》，頁 120。
〔註 139〕《陳虛谷、張慶堂、林越峰合集》，頁 125。

突撞之前，勉力上崎頂的體會即是：

> 宇宙間仍然是給黑暗繞鎖著，倒垂在空際的路燈，被微冷的風絲，
> 吹得微微搖動，吐出怪使人難堪的慘澹的光絲，薄薄撒在粉白色的
> 路上，四邊異常沉靜，所以遠遠便可聽著「吱吱」的車聲，和牛一
> 般大的喘息聲。〔註140〕

這裡摹寫的人聲，作者技巧地以牛聲作喻，將牛與人連繫在一起。牛與人，
無言與堅毅的承受壓迫。以牛爲喻，〈鮮血〉無疑診斷出殖民地被壓迫者的集
體不幸。

二、病與老的聲音

（一）〈蟬〉的領悟

朱點人的〈蟬〉〔註141〕敘述主人翁純眞因兒子珍兒發燒不退，盡求西藥、
漢方與偏方卻毫無效果，惶惶終日，最後選擇住院十多日方才退燒出院的故
事。對這篇以都會爲場景，現代生活感十足的小說，時人夜郎曾給予極高的
評價〔註142〕。在此，究其修辭，摹寫乃此作極爲強眼的手法，如下：

> 珍兒有病以來，他連工作都顧不得，日夜和妻守護著。珍兒好一點，
> 他們的心就得放鬆一點，壞一點，便又不安起來，整日整夜的不眠
> 不休，把他明晳的頭兒弄得幾要昏花：走起路來，漠然地像在霧裡
> 行著，又像在水裏游著，身體幾乎要往前栽倒的。他的周圍有了什
> 麼，他都沒有感覺到。〔註143〕

引文生動地摹寫出純眞因其子高燒不退惶惶終日的心境；又如對蟬聲的摹聲
也有其高明之處：

> 純眞爬到樹上找了半天，捉不到一隻蟬，他好嘴〔註144〕的哄他，
> 允他明天準捉一隻給他。誰知到了黃昏蟬聲哭的越密，珍兒就吵得
> 越緊，純眞沒有辦法，依舊走到樹下去徘徊。他想這些蟬子眞的要
> 和他作對，別處不去哭，偏偏要在這裡噪鬧，弄得小孩子們不能安

〔註140〕《陳虛谷、張慶堂、林越峰合集》，頁133。
〔註141〕本篇作於1934年10月15日，原載於《第一線》，1935年1月6日出版。
〔註142〕夜郎，〈讀「第一線」小感〉，原載於《台灣文藝》2:2（1935.2.1）。
〔註143〕《王詩琅、朱點人合集》，頁187。
〔註144〕好嘴（hó-tshùi），友善、好言語。

靜。到底這些東西的哭聲是歌？還是泣？〔註145〕

這裡「珍兒」真實的哭鬧，與其說是幼年期的不成熟，毋寧說是和「執著追求成熟而未能成熟」〔註146〕的對照。成熟與否，總得有對照。作者在此以蟬聲喻哭，映襯出純真面對（不成熟的）珍兒的成熟。不成熟與成熟兩相映照，在有聲的蟬與無聲的氛圍之中，格外引人。珍兒住院前高燒不退，純真聽人偏方，上街買　魚〔註147〕取魚血，要「和些茶骨露〔註148〕」給珍兒退燒，適逢街上有防空演習。於是小說先摹寫了演習的街況，後引出有手刃鯉魚的氛圍：

> 那尾　魚看來倒有二三斤，但拿在手裏卻不甚活潑。純真取出一個
> 小盞兒放在桌上，一手強力地抓住牠，一手拿著銳利的刀兒，正要
> 把牠刺殺，但刀尖兒剛舐著牠的身，不知怎的，拿刀的手就顫抖起
> 來，把他猶豫了幾分間。但他終於硬了心腸，顫著手把刀尖兒刺到
> 牠的臍部去了。可憐的犧牲者，痙攣地搖著尾巴，拼命地掙扎，口
> 兒不住地開閉著，喊著無言的救聲，在這個瞬間，純真發見了人類
> 的殘忍。〔註149〕

看著「喊著無言的救聲」的純真，同時喊出另一道「人類的殘忍」（不成熟）的反省。這層的反省也與純真因珍兒住院燒退而發的感觸：「病室裏底和睦的狀態——各人看護自己的病人以外，還要顧及他人底互相照應的狀態——若能夠施之於社會，或是施之於國際，那麼世間就可以永久保持著平和了。」〔註150〕遙相呼應。

　　摹寫之外，另一修辭手法是象徵。蟬，不僅是珍兒住院解悶的玩物，也是純真領悟的所在：

> 一個小孩子從小到大，不知道費盡了他們底媽媽的心血！為什麼
> 世間的人們不守自己的本分，偏要構成這個殺人東西的戰爭

〔註145〕《王詩琅、朱點人合集》，頁196。
〔註146〕〈兒童的發現〉（児童の発見），柄谷行人著；趙京華譯，《日本現代文學的起源》（中國北京：生活・讀書・新知三聯書店，2003.1）頁127。
〔註147〕鮘代魚（tāi-hî），即鯉魚。
〔註148〕茶骨露（tē-kut-lōo），或作「地骨露」是用枸杞的根蒸餾出來的，枸杞根又稱為「地骨皮」，一般當為藥材，有退火、清涼的功效。
〔註149〕《王詩琅、朱點人合集》，頁191。
〔註150〕《王詩琅、朱點人合集》，頁202。

　　來！……過了十多天，珍兒的體溫已恢復到平熱〔註151〕了。當珍
　　兒要退院〔註152〕那天的早上，純眞在病棟的相思樹下踱步，偶然
　　發見了一個蟬脱〔註153〕釘在一株的樹幹上。〔註154〕

因此，對第四階級〔註155〕出身的純眞來說，「蟬蛻」的領悟是雙重的，不僅對
珍兒退院感到寬慰，對戰爭的質疑，雖無聲卻樸實有力。

（二）〈老與死〉的苦笑

　　張慶堂〈老與死〉敘述四十八歲農民烏肉兄體弱多病，妻死後，憑著頑
強的生命力與責任感，與六歲小女相依爲命的故事。關於責任感，小說有一
段如下的內面摹寫：

　　從前妻還是活著的時候，他對於「死」果然不像是恁樣的害怕，因
　　爲他覺得作算他眞的死了，那關於可愛而又近似是可憐的女孩子，
　　倒還有妻可照應她。可是妻是去年離開這人世了，這顯然是把全責
　　任──這孩子的──架在他底身上，於是他不自主地對於這不值錢
　　底老命也珍惜起來了。〔註156〕

「架在身上」的轉化修辭，生動而平素反映人世間的常理──責任，使烏肉
兄不自主地升起生之欲望，成爲藉以抵抗衰老與死亡的力量。然則老態卻不
曾減緩，對此，敘事者細微地摹寫烏肉兄的心境：

　　這酸苦的東西，可說完全是由他底熱情的良心所壓泄了出來的，因
　　爲雖然他是這麼硬著嘴巴，背著良心說是不老！其實「老」這東西，
　　老早就已經是偷偷地找他來。在他並不是完全不發覺的，像皮膚逐
　　漸地寬鬆了去，雞腸似的筋條是多麼樣地浮顯了起來。並且牙齒也
　　是漸少了，腰骨要想挺直起來須要很費力……這完全是老下去的象
　　徵！顯然又是連他自己都不能不相信的事呢。可是他因深怕自己置
　　身於昏闇底恐怖的環套裏去，於是乎便用「我是不能老下去喲！」
　　這十足滑稽的心情去填補他底心房的空虛。〔註157〕

〔註151〕平熱（へいねつ），健康時的正常體溫。
〔註152〕退院（たいいん），出院。
〔註153〕蟬脱（せんだつ），即蟬蛻（せんぜい）的誤寫。有蟬蛻、解脱之意。
〔註154〕《王詩琅、朱點人合集》，頁201～202。
〔註155〕第四階級（だいよんかいきゅう），相對於第三階級（市民階級），即勞動階
　　　　級、無產階級。
〔註156〕《陳虛谷、張慶堂、林越峰合集》，頁150。
〔註157〕《陳虛谷、張慶堂、林越峰合集》，頁152。

「老」來的酸苦，早已爬上了身，逼得他無從逃避。這裡「我是不能老下去嘟！」的自勉，並非對抗皮鬆、筋條浮顯、牙少、腰骨吃力等老態而已，而是要填補自覺滑稽的空虛。另外，小說以第三人稱的敘事，全知的視角，摹寫內外，遊刃餘地；敘述與對話交替運用，渾然順暢。而趨向內裡的聲音，細膩真切，更是一大特色，如下：

> 「赫！這樣的天氣也帶著簑衣，難道怕花粉被洒掉去嗎？」有時同伴竟這樣當面打趣他。但他總是厚著臉皮，付之一苦笑，而且逢苦笑中，髮鬚似乎含有「等下起雨來，讓我來打趣你們」的報復的神情。
>
> 有一天，真的驟然下起雨來了。但是烏肉兄便高興地說：「喂看呀，還是帶簑衣來好咧！」可是這高興所誘來得卻是「嚇，誰像你這惜命鬼，像這樣的雨，作算讓它洒下半天又算甚麼？」這些強而有力的話，一入烏肉兄的耳朵去時，**他滿腹的高興，便掃然而消逝去了。**
> 〔註 158〕

面對他人的戲謔，消逝太快的高興，烏肉兄雖困窘卻不失堅毅的人物性格油然而生。苦笑，在此為小說定調：

> 天漸亮了，晨雞叫的很熱鬧，風兒清涼地覓壁孔鑽進來，落在烏肉兄的額上，像敷著一重薄冰似的冷冰冰，他用手在臉上揩著，方知剛才是流了很多的汗。但肢節覺得輕鬆得多了，熱亦退了，可是他覺得非飲些藥不可呀。雖則並不是怎緊要的病，但是妻起初亦是染這種病的，她當為不緊要，便沒立刻飲藥，直延下去，她終於死了，雖則她不是完全為這種病。但這種寒熱病，一直延下去，是亦會死人呀！況且他在這孩子未長成之前是不應該死去的，他是負著養大她的重大的責任啦。於是他對於飲藥，不敢懶怠了。
>
> 承了他的謹慎所賜與，幾天之後，烏肉兄又在田裡苦笑了。〔註 159〕

苦笑，既成面對老態的方式。老態卻不曾消失，亦如破落茅屋，飄搖欲墜：

> 這所破茅屋，是被夾在兩屋崇巍的紅磚砌大廈之間，屋體是傾斜著。看去像要傾倒了，屋蓋米篩亦似的成許多洞兒，朝天看去，可以看見天上的星顆和許多黑黝黝的蜘蛛網。壁土亦被風敲落了幾處，雨後的涼風是由那兒鑽來的，有時風稍為凜冽些，整個的屋體便吱吱

〔註 158〕《陳虛谷、張慶堂、林越峰合集》，頁 153。
〔註 159〕《陳虛谷、張慶堂、林越峰合集》，頁 169。

的響叫，接著黑黝黝的東西，便像雨點般的掉下。〔註160〕

小說敘事提到，烏肉兄自妻死後，爲家計奔忙而無暇顧及破屋，致使因「模範部落」政策而瀕臨被強制拆毀，最後不惜借金修葺得以完存。殖民政策如此，堅毅依舊。傾斜的屋，如主人翁體弱的身，但終究沒有倒去，因爲他想「從一切絕望之中，抓下些細屑的幸福。」〔註161〕這樣的話語是烏肉兄的自勉，其中的絕望是苦，然而抓住細屑的幸福卻是堪足一笑的安慰。

三、獨語（自我對話）的聲音

這個部分要討論的是楊守愚的〈爸爸！她在使你老人家生氣嗎？〉、郭秋生的〈跳加官〉與賴和的〈一個同志的批信〉等三篇小說，從共同的獨語（自我對話）切入以歸納其聲音的意義。

（一）〈爸爸！她在使你老人家生氣嗎？〉的父權再現

首先是楊守愚的〈爸爸！她在使你老人家生氣嗎？〉〔註162〕，這是作者目前僅見的情慾小說。故事以「他」的全知視角敘述翁（景福）媳（瓊瑛）之間的情慾糾葛，如下：

> 一個人要是碰到不可能性的愛戀，該多麼痛苦呀！況有名分上的關係，尤其是有尊卑如翁媳這樣的名分，不消說，更加是悽楚萬分了。但，很不幸的，運命之神卻偏要找景福開玩笑，敏娜斯的金箭，在瞄準著，幾欲從他孤寂的心上射透，這一來，他也就被捲入那悲慘的漩渦裏去了。〔註163〕

小說一開始即點明景福與瓊瑛的翁媳名分，但景福卻脫離不了敏娜斯（Venus）這位愛神〔註164〕的捉弄，加上孤寂感愈加使其深陷情慾的漩渦，而無以超拔困境。摹寫這樣的困境，小說採取的是直接的逼視，引來如下的獨語：

> 被催眠了似的景福，眼見得一個側臥著的美人兒，是多麼驚心動

〔註160〕《陳虛谷、張慶堂、林越峰合集》，頁160～161。

〔註161〕《陳虛谷、張慶堂、林越峰合集》，頁162～163。

〔註162〕原載《臺灣新民報》第392、393、394號（1931.11.28、12.5、12）。

〔註163〕《楊守愚集》，頁219～220。

〔註164〕敏娜斯，一般譯作「維納斯」是古代義大利女神，司掌農田和園林，後來羅馬人把她與司掌愛情的希臘女神阿佛洛狄忒（Aphrodite）融合爲一。「維納斯」。《大英百科全書》。2009年。大英線上繁體中文版。2009年3月30日〈http://wordpedia.eb.com/tbol/article?i=078376〉.

魄呀──蓬鬆的亂髮，顰蹙的愁眉，懶洋洋的四肢，沒一處不具
有多愁善病的美。況，穿的又是一身亮薄的、貼身的睡衣，兩個
結實的、綿軟的乳房，更加是沒遮攔地在向他放射著強度的吸力。
咦！多末富於肉感的詩意喲！是他一生中不曾有過的新的發見，
痴痴地、目不轉睛地。喔！一股股從她體內分泌出來的肉的香味，
使得他沉沉陶醉，不自主地，跟著她柔荑的手指處，也把手伸過
去在她的額上、胸前，溫存地輕輕撫摸。〔註 165〕

這裡的瓊瑛僅是無聲而肉感的存在，被動地成為景福所逼視的對象。如下所
示：

「瓊……瑛……喔」**爸爸**，霹靂似的一聲，他懼怕了。他做錯了事
了，他比什麼都要覺得不安，因為他擁抱的，就是他不該擁抱的女
子──雖然是竊慕著的女性，但，**是兒子的妻**。

但是很奇怪的，在這樣不安、悔恨、恐怖的氛圍中，兩個羞紅的臉龐
對照著，兩顆跳動的心房對撲著，竟會引不起迴避的注意……〔註 166〕

這裡逼視的是瓊瑛的身體，也是景福自身的情欲。然而另一方面，如影隨形
的「爸爸」、「兒子的妻」等稱謂不僅是瓊瑛的呼聲、敘事者的聲音，而且也
代表主導權仍落在男性這一方，因為稱謂的主詞依舊是男性。瓊瑛，幾乎近
乎無聲的存在，即使翁媳兩人都沒有迴避的「對照著」，但書寫卻依存於景福
的視角做鋪陳。因此，若說這篇小說是受制於名分（禮教）下的情欲書寫，
點出名分的脆弱，不如說是牢不可破的父權再現。

（二）〈跳加冠〉的號跳

同樣的獨語，同樣以「他」的全知視角敘事，郭秋生在 1931（昭和六）
年 8、9 月間連載於《臺灣新民報》的〈跳加冠〉〔註 167〕就是這樣的白話小說。
故事敘述戲班 K 主任不敵內臺戲的興起、競爭，不知不覺地進內臺戲院看戲，
發現服飾、舞台效果皆不如人後自毀加官臉，進而感到自身存在的荒謬、虛
矯，最後發狂的心路故事。表面上這是以傳統跳加官作題材的小說，但通篇

〔註 165〕《楊守愚集》，頁 219。
〔註 166〕《楊守愚集》，頁 223。
〔註 167〕此文於昭和六年八月廿九日、九月七日、九月十二日、九月十九日、九月廿
　　　　六日（第三七九號、第三八〇號、第三八一號、第三八二號、第三八三號）
　　　　於《臺灣新民報》連載。

近乎獨語的敘事，其重心卻不在戲曲本身，如下：

> 「三本的走麥城、今夜是關公顯聖活捉呂蒙、很好看！」
>
> 慶平京班、日來博得絕好的人氣了。紅生〔註168〕好、尤其是馬夫的翻筋斗絕工！怪不得把廣大的新舞臺、幾乎要天天眞箇地無立錐的氣概。
>
> 「咄！拐誘師、詐欺漢、什麼活捉呂蒙、不也是厚顏無比的一勾當嗎？難道袁世凱活捉孫逸仙、你們也不是一樣腳色？也無不會表演罷？」
>
> 憤滿々的 K 班主、不禁把手中一張 B 報夕刊碎的好像片々的落花、又且表現着還不足發洩悶氣的神色。

這裡的京班演的就是日治時期臺灣民間所稱的「外江〔註169〕」戲。雖然從作品發表的時間來看，其時正值在台京戲的衰退期〔註170〕，但小說卻描述了「慶平京班」演出「走麥城」的盛況〔註171〕。據此，我們可以推知，作者所著墨的並非生活習見的跳加冠以至京班演出，否則豈有戲劇工作者會口出「厚顏無比的一勾當」，或他如「傀儡班的老朽都不易壞、歌舞團的幼稚還能坐見其大」等等鄙視自己行業的話語？換言之，面對這不可信的敘事者（unreliable narrator）的陳述之外，實有另外一種「聲音」要說，誠如 K 主任「他」解散戲班的宣言所示：

> 他立地表示着強堅的意志、同時給他班員一張的宣言：
>
> 「加冠不是我們跳的東西了、我們的跳、只有號跳一途了、徬徨於

〔註168〕戲劇中扮演關公等紅臉的腳色。亦稱爲「紅淨」。

〔註169〕案：外江（gūa-kang）一詞，可用以指相對於臺灣本地的福建與廣東兩省以外講官話之地。也可用來指稱以「吊鬼仔」（京胡。一種樂器。形狀像二胡而較小的拉弦樂器：有兩根弦，琴筒用竹做成，音色高昂、尖銳，主要用於京戲伴奏。）來演奏西皮、二簧調的中國音樂。

〔註170〕當時的京班起初來自上海，到了一九一〇年代才有本土京班。不過來自上海的京班仍是多數。據徐亞湘的研究，1908 年至 1936 年近三十年上海京班來台的活動過程，將其分成 1908～1919 年成長期，1920～1926 年爲興盛期，1927～1936 年爲衰退期。詳見其著，《日治時期中國戲班在臺灣》（台北：南天，2000）頁 69～81。

〔註171〕當年的三月台北市日新町（今大同區一帶）新新劇場有上海義和陞京班演出連台本戲《狸貓換太子》、《關公麥城昇天》及《黃河陣》等。見〈義和陞京班好評〉，《臺灣日日新報》，昭和六年三月七日，第 11098 號。郭秋生於三〇年代所任職的「江山樓」就位於日新町。據此判斷，郭秋生的〈跳加冠〉的京班題材當是生活習見。

> 岐路的我們兄弟姊妹們啊！趕快回過頭來、從那沒有路徑的荊棘
> 裏、號跳地攢入去表演吧！」

在「號跳（大叫大跳）」地跳進「沒有路徑的荊棘裏」的宣言依然是獨語，依然沒有道盡「他」的真正目的。因為前路根本沒有路徑，因而只有瘋狂一途得以收尾。小說作了如下的美化：

> 他想果然他的號跳不錯了。
>
> 蟋蟀在叫着、蚯蚓在吟着、他的耳朵也同時跳去和他們合奏着、神
> 妙的樂音復又嘹喨悠揚了。
>
> 「啊！大自然的韻律……」
>
> 髣髴先前瞧過那個「女神」唱着守兒歌微妙地在催他睡覺。

這裡的聲音是雙重的。第一層，作者將「他」的瘋狂安眠於「大自然的韻律」，其實是美化，是 K 主任號跳之後唯一能說的修辭；另一層無法道盡的聲音，是在「沒有路徑的荊棘裏」尋求殖民解放、號跳自解。

（三）〈一個同志的批信〉的獨語

賴和的〈一個同志的批信〉〔註172〕，這篇小說的敘事從「我」展讀獄中同志許修的求援信開始，而「我」是從政治運動撤退的一員，平日過著頹廢的生活，捨不得寄錢援助對方，然而這筆錢最後卻在官方強募下捐出。在文體上，〈一個同志的批信〉的獨語敘事是一大特色，如下所示：

> 雖然是在頭殼裡獨語著，這樣發洩一下，心肝頭的悶氣也輕鬆了許
> 多。提起批，重再看一遍。啊！伊的身體原本軟弱，這款病的確無
> 騙我。不管伊啊，我那有氣力？不過——不過若會一下病就死去，
> 那都無講起了（那就不提），萬一病無死，後日出來，怎有面目好相
> 見？〔註173〕

這裡的獨語摹寫了「我」的內心掙扎。然則對這篇臺灣話文小說而言，「獨語」這個詞並非是臺語原有的詞彙，但作者最後用了這個外來詞〔註174〕，這至少

〔註172〕作於 1935.12.13，賴和晚期的作品。原載於《臺灣新文學》創刊號
（1935.12.18）。

〔註173〕賴和作；張恆豪編，《賴和集》（臺北：前衛，1990）頁214。

〔註174〕外來詞（alien words）是指藉用來自其他的語言，而後變成與本國語一樣被
使用的詞彙。在日語，廣義而言，漢語也包含在內；但狹義來說，主要是指
來自歐美各國的詞彙。現在則以片假名標記。日語稱作「外来語」、「借用語」。

代表了以下兩個意義：（一）爲求盡意。在造句遣詞時，作者應考慮過如喃喃自語（lām-lām-chū-gú）、嗷嗷唸（ngâu-ngâu-liām）、踅踅唸（séh-séh-liām）等臺語詞彙，但作者爲求適切傳達「頭殼裡」無出聲的思索狀態，因捨棄意指嘴巴念念有詞的「喃喃自語」、「嗷嗷唸」、「踅踅唸」這些詞。（二）、容受外來詞是書寫的必然。而賴和選用的「獨語」，無論是來自「独語（どくご）」或者中國話文的「獨語」，雖皆非臺語原有的詞彙，但這意味賴和已理解、容受這個詞，並將之納入臺灣話文詞彙中。

　　在文體上，小說敘事爲凸顯「心肝頭的悶氣」的心境，特意捨棄引號的對話，使「我」的自問自答的「獨語」更具渲染力。儘管「我」曾爲運動態度的退縮申辯，但其儒弱的摹寫仍持續展開：敘事者「我」始終掙扎於「食飽就睏，這是最幸福的事，無奈我尚未修養到像豬一款的性情。〔註175〕」的無奈之中。而這層無奈，相較於楊守愚〈赴了春宴回來〉〔註176〕的敘述是掙扎多了。〈赴了春宴回來〉是一篇回顧「我」赴了春宴後回家途中的敘事。該小說中的「我」藉由酒席上眾人與女給〔註177〕們的歡樂凸顯其空虛則顯得單向多了。小說這樣寫到：

> 一下子，我突又想起了自己來：是，自己不是被稱爲聖人之徒麼？
> 結局，一被邀進過咖啡館，在肉香、酒香，還有女人的柔情、媚態
> 的包圍中，一次、二次……心也活啦。不是麼？吃過晚飯，總覺得
> 失掉了什麼似的，心裡頭空空虛虛的，只是悶，就一直等到喝下酒，
> **嗅嗅女給們的脂粉味，才算把空虛填平。**〔註178〕

這裡的「我」以酒色填平空虛的獨語，呈現了無以挽救的墮落形象。然而〈一個同志的批信〉中的「我」除了墮落之外，這個作爲主體的「我」卻仍急欲「公開」說明自己的苦境。如小說藉由「我」閱讀（引用）同志來信，讓許修發聲：

> ……這張信的郵費，是罄盡了我最後的所有，我不願就這樣死去，
> 你若憐惜我，同情我，不甘我這樣草草死掉，希求你寄些錢給我，
> 來向死神贖取我這不可知的生命，我也曉得你困難，但是除你以外，

〔註175〕張恆豪編，《賴和集》（台北：前衛出版社，1994）頁215。
〔註176〕本篇作於1935年12月10日，原載於《東亞新報》新年號（1936.1）。
〔註177〕女給（じょきゅう），女服務生。
〔註178〕許俊雅編，《楊守愚作品選集（補遺）》（彰化市：彰縣文化，1998）頁113。

　　我要向什麼人去哀求？……

敘事一來一往的對話設計，加上小說最後又附註說明：「這篇有些處應該是對話，因爲沒有對方的承諾，不敢妄爲發表，遂成獨白，恐閱者疑誤，故特聲明。」這裡，無疑是提醒讀眾此作在《臺灣新文學》「公開」的事實；也就是說，此作是以悖論式──公開的「獨語」方式被批露的，彷彿要彰顯「文責自負」的態度。因而附註說明不僅是力求平衡，更意味著個人與集體意識之間的拉扯：小說中的「我」是相對於許修（社會運動的同志，具有普遍的道德正當性）的主體，當「我」墮落，道德的愧疚感就迎面而來。誠如王詩琅將此作視爲「一個作家的危機〔註179〕」，其理在此。但就小說藝術而論，〈一個同志的批信〉已成功地呈現現代文學──寫實的自我，非聖人之徒的我──的個體特色。而此處的「獨語」（自我的對話）已成爲凸顯「我」的有效策略。

小　結

　　就臺灣話文論爭的影響來看，在1930年8月間黃石輝在《伍人報》發表掀起長達四年（1930～1934）的鄉土文學／臺灣話文論爭的〈怎樣不提倡鄉土文學〉前後，以臺灣話文書寫的現代小說卻只有〈以其自殺，不如殺敵〉、楊逵的〈貧農的変死〉〔註180〕、〈剝柴団仔〉以及賴和的〈一個同志的批信〉、〈富戶人的歷史〉〔註181〕等作品。然則就賴和本人而言，遲至其寫作生涯的晚期，仍有臺灣話文小說出現，可見臺灣話文在他心中的分量。但整體觀之，三○年代眞正以臺灣話文書寫的現代小說並不多見。然而此時的現代小說文體雖仍向中國白話文取徑，但爲求寫實與多語環境的影響，其文體已然呈現「漢文＝白話文＝台灣話文」在地視野。

　　誠如第一章所言，黃石輝將臺灣視作「鄉土」的「鄉土文學」觀點預示了臺灣文學的在地性，成爲日後文學書寫的主要視野。比喻來說，三○年代臺灣現代小說所展示的殖民地風景，既有左翼的鄉土，也有摩登的島都。在此，綜合前面三章諸位作者的文體風格分析（參見下表3-1文體風格分類表）有以下二點心得：

〔註179〕見王錦江，〈賴懶雲論〉，原載於《臺灣時報》201號（1936.8）頁113。
〔註180〕目前所見，此作已非楊逵手著實貌，故不列入分析。
〔註181〕此作不在本文分析主題之內，故不列入分析。

（一）內面摹寫取勝的殖民地風景

　　就題材（見表 3-1 章節一欄）而言，前三（1930～33）年的小說內容，（A）傳統與（B）殖民解放（包括階級、婦女以及民族解放）的題材是主要書寫的重心（各占 7/17）。值得一提的是郭秋生的〈跳加官〉與賴和的〈浪漫外記〉。〈跳加官〉雖屬傳統題材卻以象徵作結；而〈浪漫外記〉的鱸鰻敘事，卻仿若一篇衝撞殖民體制的的現代寓言。而後三（1934～36）年（A）傳統、（B）殖民解放的題材仍持續成為作者的書寫對象（各占 5/16、3/16），至於（C）其他作品當中，值得注意的是朱點人與張慶堂這兩位寫手。關於兩人作品的特色，前已分析，不再贅述。不過，本研究要強調的是兩人作品都以細膩的**內面摹寫**取勝，成功地形塑了個體形象。由此可知，三〇年代現代小說作者在關注殖民解放、傳統等題材的同時，其美學技巧亦有相當成熟的展現。

（二）彰顯個體的殖民地風景

　　內面摹寫所要彰顯的不外是現代小說個體，無論青澀或成熟，多少都與「真實作者」的身影、理念相關〔註 182〕，以成為理解小說聲音的所在。因而這些聲音更是讀者理會時代、人性、美學等等殖民地風景的依據。在前面三章的分析裡，我們閱讀到小說的聲音，無論是在女性解放、殖民地心靈的診斷，或是在青澀、逃遁、病與老的人生主題之中，這些小說都技巧地透過對話或是獨語發聲，說出看法。這些個體，不僅傳達了現代啟蒙的聲音，也成了殖民處境的載體。從表 3-1 的時序看來，當時的書寫趨勢已從意識形態的宣揚走向現代小說的內面經營，而且兩者並存不悖，留下可觀、足以讓人玩賞再三的佳作，即使那個時代有牢不可破的父權、殖民體制的壓抑與掙扎。

表 3-1 文體風格分類表

	作　者	題　名	完稿時間	刊　載　時　間	章-節
1A	賴和	蛇先生		《臺灣民報》294、295、296號（1930.1.1、11、18）	2-1
2A	賴和	彫古董	1930.4.30	《臺灣新民報》312～314 號（1930.5.10、17、24）	2-1

〔註182〕譬如朱點人即自承《蟬》是自己孩子住院的實記錄，是「做父親的真情流露。」見點人，〈關於剽竊問題——給獻璋君的一封公開信〉，《臺灣新文學》1:9（1936.11.15），頁 75。

3A	陳虛谷	榮歸		《臺灣新民報》322～323號（1930.7.16、26）	2-2
4A	郭秋生	鬼	1930.9.27-11.1	《臺灣新民報》332～339號（1930.9.27-11.1）	2-3
5A	賴和	棋盤邊	1930.10	《現代生活》日期不詳	2-1
6B	楊守愚	出走的前一夜	1927.11.16	《臺灣新民報》343～344號（1930.12.13、20）	3-2
7B	賴和	辱！？	1930.10	《臺灣新民報》345號（1931.1.1）	2-1
8B		以其自殺，不如殺敵	1931.2.11	手稿	1-1
9C	賴和	浪漫外記		《臺灣新民報》354、355、356號（1931.3.7、14、21）	3-2
10B	賴和	可憐她死了		《臺灣新民報》363～367號（1931.5.9、16、23、30、6.6）	3-2
11A	郭秋生	跳加官		《臺灣新民報》379～383號（1931.8.29-9.26）	3-3
12C	楊守愚	爸爸！她在使你老人家生氣嗎？		《臺灣新民報》392、393、394號（1931.11.28、12.5、12）	3-3
13C	賴和	歸家		《南音》創刊號（1932.1.1）	3-2
14A	周定山	老成黨		《南音》創刊號、第一卷第二號、第二卷第三號（1932.1.1、1.15、2.1）	2-1
15C	賴和	惹事		《南音》一卷二號、六號、九號、十合刊號（1932.1.17、4.2、7.25）	3-2
16C	朱點人	島都	1932.1.30-2.20	《臺灣新民報》400～403號	3-3
17B	楊逵	剁柴囝仔	1932.4.14	手稿	1-1
18B	周定山	摧毀了的嫩牙——為彬彬——		《南音》第一卷第八、九、十號合刊（1932.6.13、7.25）	3-2
19B	楊守愚	決裂		《臺灣新民報》396～399號（1932.1.1、9、16）	3-2
1B	朱點人	紀念樹	1934.2.6	《先發部隊》創刊號1934.7.15	3-2
2C	朱點人	無花果	1934.2.7	《臺灣文藝》創刊號1934.11.5	3-2
3C	朱點人	蟬	1934.10.15	《第一線》1935.1.6	3-3
4B	郭秋生	王都鄉	1934.10.16	《第一線》1935.1.10	3-3

5A	蔡秋桐	興兄		《臺灣文藝》二卷四號（1935.4）	2-2
6B	張慶堂	鮮血	1935.7.25	《臺灣文藝》二卷九號（1935.9.24）	3-3
7A	蔡秋桐	媒婆		《臺灣文藝》二卷九號（1935.9.24）	2-3
8C	賴和	一個同志的批信	1935.12.13	《臺灣新文學》創刊號（1935.12.28）	3-3
9C	楊守愚	赴了春宴回來	1935.12.10	《東亞新報》新年號（1936.1）	3-3
10C	朱點人	秋信	1936.1.31	《臺灣新文學》三月號（1936.3.3）	2-2
11A	蔡秋桐	王爺豬	1936.4.1	《臺灣新文學》一卷三號	2-3
12C	張慶堂	老與死	1936.3.9	《臺灣新文學》一卷七號（1936.8.5）	3-3
13A	朱點人	脫穎	1936.11.15	《臺灣新文學》一卷十號（1936.12）	2-2

第四章　殖民地風景中的語文同一性

　　誠如前述，三〇年代臺灣白話小說具有內面摹寫與彰顯個體的現代小說特色。值得強調的是，這是臺灣文學現代化的成果，又是殖民社會現代化的一環。相較於日本明治維新的近代化是壓縮了西歐國家自十八世紀後半以來的經驗。有一種說法認爲，臺灣經歷半個世紀的日本殖民統治與戰後的民主化，不僅是壓縮而且是重層化的進程。〔註1〕就臺灣文學的發展來看，情況亦然。臺灣新文學興起於二〇年代，到了 1932 年進入了高潮期，同年的 1 月 1 日，文藝雜誌《南音》半月刊問世，同年 4 月 15 日《臺灣新民報》改爲日刊。臺灣藝術研究會、臺灣文藝協會、臺灣文藝聯盟等文藝社團成立，《福爾摩沙》、《先發部隊》、《第一線》、《臺灣文藝》、《臺灣新文學》雜誌相繼成立。臺灣文壇的重心「漸從報紙轉移到雜誌」而「更見蓬勃發展」〔註2〕的盛況。

　　而上述的文壇盛況是文學現代化的外部現象，至於盛況內部臺灣白話文體所形成的話語場域，此場域的語文同一性更值得探討。故本章將從現代標點符號、臺灣白話文習得兩個主要面向切入分析此語文同一性的意義。

第一節　現代標點符號的使用

　　文學的界定無論是一種書寫產品、印刷物或文本，它都將爲讀者所閱讀，

〔註1〕若林正丈、吳密察主編，《臺灣重層近代化論文集》（臺北：播種者文化公司，2000）頁 12。
〔註2〕陳少廷編撰，《臺灣新文學運動簡史》（臺北：聯經，1981）頁 79。

這是其意義生產的先決條件。而標點符號（punctuation）則是輔助閱讀的有力工具。不僅如此，它更是現代書寫的一部分，有了它，文章的喜怒哀樂，文句的聲音與表情將增色不少。因此，現代標點符號本身亦被視爲一種「表意」符號〔註3〕。

然則世界各地標點符號的發展不盡相同。以英語的標點符號來說，從 17 世紀發展以來，到了 18 世紀晚期才完備。〔註4〕而且由於西歐各語言的標點符號均來源於 15～16 世紀的法國和義大利，故所採用的標點符號差別不大，且自 16 世紀時提出〔註5〕以後被各國普遍使用至今〔註6〕。

據管錫華的研究指出，經先秦萌芽到兩漢發展，再經魏晉到唐五代以至雕版印刷之書的廣泛流傳、文化的逐漸普及，作爲古書面語表達的輔助工具——古代標點符號，直到宋元明時期才發展成熟。〔註7〕然而在 Betsy Bowden 看來，古漢語主要是以氣音中斷和主要的新標題作爲記號。〔註8〕如下：

　永樂大典卷之五百五十四

　　庸　中庸十三

　　　子曰。人皆曰予知。驅而納諸罟擭陷穽之中而莫知之辟也。人皆曰予知。擇乎中庸。而不能期月守也。朱子章句予知之知去聲（下略）

上面引文所示，首二行是標題，表示此《中庸》文字爲明代《永樂大典》〔註9〕

〔註3〕　楊遠則說成「形象的意味」。例如「歎號」（！）「像在流淚」，「問號」（？）有在「我們的腦海裏繞個圈子」的形象。見楊遠編著，《標點符號研究》（臺北：東大，1995）頁 1～2。

〔註4〕　林穗芳編著，《標點符號學習與應用》（臺北：五南，2002）頁 107。

〔註5〕　這套標點符號是由馬努蒂烏斯（Manutius, Aldus, The Younger, 1547-1597）所提出。《大英百科全書》。2008 年。大英線上繁體中文版。2008 年 2 月 22 日（http://wordpedia.eb.com/tbol/article?i=047482）。

〔註6〕　甘居正著，《中文文法與標點符號》（臺北：黎明文化，1980.11）頁 72。

〔註7〕　管錫華著，《中國古代標點符號發展史》（中國成都：巴蜀書社，2002.9）頁 146。

〔註8〕　譯自 Betsy Bowden 所撰，Preminger, Alex; Brogan, T. V. F.（co-eds）; Warnke, Frank J.; Hardison Jr, O. B.; Miner, Earl（assoc. eds）. *The New Princeton Encyclopedia of Poetry and Poetics.*（Princeton, New Jersey: Princeton University Press, 1993）。

〔註9〕　該書是編撰於明永樂年間的一部類書，是中國的百科全書式的文獻集，全書 22,937 卷，11,095 冊，約 3.7 億字。今存不到 800 卷。其書標點符號方式繼承漢魏至唐五代所見的隨意性。見管錫華著，《中國古代標點符號發展史》（中國成都：巴蜀書社，2002.9）頁 216。

所收錄；第三行起即《中庸》的內文。標點方面，此文並不以「氣音中斷」句讀，而全是以「。」示之。這裡，我們還看不到漢語的新式標點符號的使用。據管錫華的研究指出，古代中國的標點裡，如問號、嘆號等符號本來就不存在。〔註 10〕而兩漢時期也僅用「、」與「。」兩種符號作句讀。〔註 11〕直到 1912 年後，才開始引進歐洲的某些標點符號。〔註 12〕1919 年 4 月胡適等人在國語統一籌備會第一次大會上向北洋政府教育部提出《請頒行新式標點符號議案》〔註 13〕，獲得通過。胡適在同年 11 月再做修正，稱《請頒行新式標點符號議案（修正案）》，隨後 1920 年 2 月則正式頒行《通令採用新式標點符號文》（訓令第五十三號）。這套標點符號法主要是根據當時白話文作品使用情形而制定，並頒布通令全國，在當時是歷史上的第一次。〔註 14〕換言之，對中國來說，現代標點符號被作為句讀、表意的符號使用乃始於二十世紀初，時間並不算早。

而日語的標點符號則稱作句読点（くとうてん）。從 8 世紀起日本使用返點〔註 15〕和訓點〔註 16〕的標點系統，幫助讀者理解漢文的意義和語法關係。江戶時期（1603～1868）起，用空心點（。）作句號，倒轉斜線號（、）作逗號。1906（明治 39）年 2 月，日本文部省大臣官房調查課起草「句読法（案）」〔註 17〕。到了 1925（大正 14）年日本文部省頒佈「仮名遣改定案」之後，其現代標點符號系統，自此才確立下來。〔註 18〕

〔註 10〕《中國古代標點符號發展史》，頁 13。

〔註 11〕《中文文法與標點符號》，頁 72。

〔註 12〕主要是問號、驚嘆號和逗號（小圓圈仍作句號）。直接引語或用成對的雙逗號，或用引號（「」）標示。此外還曾用直線標示專有名詞，用波浪線標示書名，這兩種符號在豎寫體中加在字旁，在橫寫體中加在字下。「標點符號」。《大英百科全書》。2008 年。大英線上繁體中文版。2008 年 2 月 21 日（http://wordpedia.eb.com/tbol/article?i=061459）。

〔註 13〕此案由胡適、馬裕藻、周作人、朱希祖、劉復及錢玄同六人聯名提出。見《胡適文存》第一集，（臺北：遠東圖書，1953）頁 115～128。

〔註 14〕《標點符號學習與應用》，頁 81。

〔註 15〕返り点（かえり-てん）為了表示在漢文的訓読，反讀的順序所加上的符號。在漢字的左下填寫小小的「レ、一・二・三、上・中・下、甲・乙・丙、天・地・人」等符號。

〔註 16〕訓点（くんてん）為了訓讀漢文，添寫在漢字上和周圍的文字與符號。

〔註 17〕但因內容不明，隨後詳述「句點符號的使用方法」要點等內容，如直書時逗點作「、」，橫寫時作「，」。

〔註 18〕通常現在除了句號、逗號之外，也包含「！」、問號「？」、中黑「・」、以及

一、日治時代臺灣媒體的現代標點符號使用概況

在臺灣，日治時代報章媒體上的和文版與漢文版所用的標點符號是有差別的。從前者來看，大抵皆以直書呈現，而以「、」與「。」作句讀，如當時的御用報紙《臺灣日日新報》，該社雖早在1910（明治四十三）年十一月即已添入、安裝新式輪轉機，〔註19〕不僅使之成為八頁的報紙，也成為當時全國設備最好的報社。到了 1914（大正三）年五月，該社為迎接五千號，改良了新的活字印刷術，〔註20〕但該報的版面仍呈現如下：

這裡除了「印刷の大改良!!!最新式活字」的小題用上嘆號「！」之外，內文仍以固有的日文直書形式，沒有使用現代的標點符號作句讀。再如 1920 年《臺灣時報》〔註21〕一則「支那的言文一致」報導，如下：

　　括號符號。在橫寫以及羅馬字文句中，則使用「·」「，」等，還有其他表記上的補助符號。參見《大辞泉》、《大辞林》。

〔註19〕臺灣日日新報編，《台湾日日三十年史》（東京：ゆまに書房）頁20。

〔註20〕《台湾日日三十年史》，頁25。

〔註21〕《臺灣時報》1920年三月號。該報係日治時期，臺灣總督府內部所發行之期刊，創刊於大正八年（1919）七月，至昭和二十年（1945）三月停刊。

支那の言文一致

言文一致は支那でも其必要を認めたと見え此程支
那に於ける全國教育聯合會が、支那の國文を言文
一致に改正せんさ決議し、又た國語統一籌備會は
小學國文科に國語を用ひしめんさ、執れも北京敎
育部に向て賃行を具陳したが、今回敎育部は、彌
々具體的に省署へ左の通牒を發した。

全文則添上頓號「、」與最後的句點「。」作句讀。時至三〇年代和文版的句讀，大致仍維持以「、」與「。」的形式，如 1930（昭和五）年 11 月 25 日《臺灣日日新報》夕刊二版有關日軍以山砲掃蕩霧社的報導：

> 百發百中の功績を示した
>
> 臺北の山砲隊歸還
>
> 今次の兇蕃掃蕩に於いて最も效果的なる、功績を舉げたものは山
> 砲隊てある、步兵を支援すると云ふよりは寧ろ百發百中の砲擊に
> よつて敵に多大の損傷を與へたのみか敵の士氣を大きく沮喪せし
> てめてその適確なる（以下略）

全文僅以「、」作逗點來使用，文末甚至沒有句號。但相對於和文，該報漢文版則單以「。」句讀。再如 1906 年 10 月 20 日〈語學之必要〉〔註22〕：「語學爲個人所必要。不可不潛心講究也。且夫言者。心之聲也。心有一理想之蓄。未經表白之。人固莫之知。經一表白之。吾心始見。」所示，此類的標點方式，時至三〇年代該報漢文的句讀形式仍無多大改變，如下一則瀛社新聞所示：

> 瀛社例會

〔註22〕該文爲漢文欄「寄書」，署名曲江村人。

> 明春一月四日
>
> 瀛社本期值東。爲施明德
>
> 陳鑑昌。駱友漁。黃承順
>
> 洪夢樓諸氏。訂來新曆一
>
> 月四日午後二時開會。會
>
> 場假萬華龍山寺事務所。
>
> 屆期希望社員多數出席。〔註23〕

從此引文看來，以「。」句讀仍是該報的主要形式〔註 24〕。反觀在臺灣人辦的報章雜誌上，如 1919 年在「臺灣文社」發行的《臺灣文藝叢誌》初期則以文言句讀的方式呈現，如下：

> 自治者有二種之觀察一重國家一重團體重國家者謂不論何等團體不
>
> 過依然國家之一機關自治固有之行政總而言之非別有在即皆國家之
>
> 行政機關也重團體者謂不受國家之拘束全一區劃之人民依團體之力
>
> 而自爲治國家則僅有保護之責而已英國亦據此根本義而行〔註25〕

這樣完全沒有現代標點符號的文章，其句讀是需要基本的文言解讀能力作基礎，即使該誌隨後到了第五年，其文言加添了「。」，但現代標點符號的使用仍不普遍。如下所示：

> 若國家能足保其生活。則永久亦甘受之。要之獨立氣風旺盛者。使
>
> 得見其眞正之協力也。然我國依賴主義之弊。到底不比於佛國。觀
>
> 此吾人愈々鼓吹絕叫獨立之精神痛言其必要焉。〔註26〕

而此句讀方式和前述的《臺灣日日新報》文言語法一樣，沒有使用現代標點符號。然則從二〇年代在東京創刊的《臺灣青年》〔註27〕看來，其日文部分

〔註23〕 1934（昭和九）年十二月二十六日《臺灣日日新報》此文原爲直書，因行文之便，改以橫寫。

〔註24〕 在二〇年代《臺灣文藝叢誌》（1919～1926）與三〇年代《三六九小報》（1930.9.9-1935.9.6）的報導亦同樣以「。」作句讀，唯雜文、小說的對話另加「」標記之。

〔註25〕 說劍　蔡梓舟譯述，〈自治談〉，《臺灣文藝叢誌》第二年第五號、第二年六號（大正九年十月十五日）。

〔註26〕 法學博士林毅陸著，鹿津李啓芳譯，〈獨立與協力〉，《臺灣文藝叢誌》第五年第六號（大正十二年六月二十五日）。

〔註27〕 由留學東京的台灣學生發起，1920 年 8 月 16 日創刊。他們組織「臺灣青年雜誌社」，蔡培火爲發行人，刊行中、日文並用的綜合雜誌《臺灣青年》。到 1922 年 2 月 15 日發行第 4 卷第 2 號爲止，一共出版了 18 期，後改發行《臺灣》。

則使用較多的現代標點符號，如黃朝琴〈言論の責任を重ぜよ〉〔註28〕爲例，其中除「、」「。」之外，還使用括號「（ ）」以加註說明，以雙引號「『 』」與刪節號「……」標記引文，如下：

> 東京日日新聞（二月八日）『臺灣に施行すべ特別法及豫算は、島民の生活に緊密なる關係を有するものですから、島民が之に對する協贊權を得ようとする事は必しも無理な注文と云ふ事は出來ない……』

而此現代的句讀方式，也運用在該系列《臺灣民報》的平易漢文的文體上，如1923年該報創刊詞中，該文有感於「時勢已經進步、只有一種雜誌、實在不足以應付社會各方面的要求。所以這回新刊本報、專用平易的漢文、滿載民眾的知識、宗旨不外欲啓發我島的文化、振起同胞的元氣、以謀臺灣的幸福、求東洋的和平而已。」〔註29〕這裡除了用了「、」與「。」之外，也使用問號「？」和嘆號「！」作表意。而所謂「平易漢文」即此文所顯示的文體，是較淺顯易懂的漢文。如下：「台中州南投郡南投公學校、自前年以來廢止漢文科、至今一般父兄及生徒深感不便、故於數日前與同地之有識者相商、（中略）各處之經廢止者亦思要力懇當局之許允其復設、若是則漢文之普及庶幾有望矣。」〔註30〕從這篇報導看來，除了報導時人對復設漢文科的陳情之外。在文體上，雖非「我手寫我口」的白話語體，但已較前述的《臺灣日日新報》或《臺灣文藝叢誌》上的文言更淺顯平易。

因此，從上述的分析可知，現代標點符號（句讀方式）的使用，是與語言（和文或漢文）習慣、語體化程度（文言、平易漢文或白話語體）相關。尤其是漢文的語體化程度越高，連帶的，以現代標點符號作句讀的需求越高。

二、漢文的語體化與現代標點符號的關聯

到了三〇年代，相對於文言、平易漢文，臺灣報紙上的白話文書寫則有更多的現代標點符號出現，如蔡秋桐於《新高新報》〔註31〕發表的小說《帝

〔註28〕《臺灣》第四年第四卷（1923）「和文之部」（東方文化書局複刊本）頁43～50。

〔註29〕慈舟，〈創刊詞〉，《臺灣民報》1:1（1923.4.15）。

〔註30〕〈漢文復設之陳情〉，《臺灣民報》3:6（1925.2.21）。

〔註31〕該報創刊於1916（大正五）年一月十五日，由「臺政新報」變更登記，並由

君庄的祕史》〔註32〕，該小說故事宛若一部以二〇年代爲背景的「媽祖郡帝
君庄」沿革史。該小說以章回小說〔註33〕的方式敘事，並引三國演義人物充
做小說人物，故事最後以犯着不忠不義不仁三大罪狀的庄長肥力爺被處以絞
刑作結。然則頗具玩味之處，在於這篇小說文體雖無逗號，但以「。」句讀，
如下所示：

> 肥力爺講罷。第一保正發言……在小囤仔看起來。那果要當地發展。
> 獨々缺欠一項……。眾人聽了皆莫名其妙。汝看我我汝。等候第一
> 保正不再開口呢。其實第一保正因講了即想見沒見妥當。再講也不
> 得。不講也不得。（中略）這肥力爺也就應那地方民的意示。來買那
> 人心了（應民心施愚民政策）。（中略）伸了腰啊！我打不見一頓飯
> 嗎？。〔註34〕

但是這篇章回形式的小說裡已有嘆號「！」、問號「？」、雙引號「『』」、刪節
號「……」、括號「（）」與波折號「——」等標點。在「對話」部分雖不以「」
標記，但仍以較「敘述」文字空一格的方式表示，如下：

> 有一日晚食時候夫人問。
> 　汝爲何自做了庄長來。
> 　反日不爽快起來呢！。
> 　豈有人反對汝嗎？
> 　現時卻是沒有反對。但
> 　此去那沒有想々。看有好

雜誌改爲週報，社長爲唐澤信夫。發行所位於基隆市日新町三丁目六番地。
該報因每逢週六、日發行，因注重評論及通俗趣味的內容，頗受讀者歡迎，
發行亦不少。但該報因資本短絀，始終是以週報形式發行。參見國勢新聞社
編，《臺灣新聞總覽》（昭和十一年版）頁 30；另見張圍東，〈日據時代臺灣報
紙小史〉《國立中央圖書館臺灣分館館刊》，5:3（1999.3）頁 56。

〔註32〕 此作以筆名「愁洞」發表。昭和五（1930）年 12 月 4 日起至 1931 年 4 月 16
日，共 10 回連載於週刊報紙《新高新報》第 249 至 267 號。目前所知，其最
早的小說可能是此作。

〔註33〕 如小說一開始即使用章回小說所習用的「卻說」，即說書人或章回小說中，在
一個情節結束後，另起一個段落時，常用的發端詞。如元關漢卿《玉鏡臺》
第一折：「卻說那不得志的，也有一等。」在敘事上〈帝君庄的秘史〉仍保有
章回小說的形式。

〔註34〕 〈帝君庄的祕史（四）〉，《新高新報》1931（昭和六）年一月十五日。

> 方法。是沒有妥當。人講
> 『人無遠慮。必有近憂』
> 肥力爺講夫人又……汝也都
> 已經去了好幾年咯。〔註35〕

上文的『 』雙引號是用在引用修辭地表示上。而這樣的句讀方式與同年的《臺灣新民報》類似，同樣沒有用逗號「，」句讀。但發表在《臺灣新民報》上的〈放屎百姓〉，則已用上引號「」來標記對話，或加強語意。〔註36〕如下：

> 肩挑擔子腳行路、嘴裡常常喃喃不知道念甚麼？非唱歌、非念曲、
> 是瘋癲嗎？不是？那末一定是「空斫」人。〔註37〕

這段形容「空斫〔註38〕」之人的引文，其現代標點符號的用法，大致代表了三〇年代文學作品以現代標點符號作句讀、表意的方式，如在漢文欄廢止之後的1937年6、7月號《臺灣新文學》的〈失業〉小說看到的一樣，如下：

> 他害羞着用手搔着頭皮、遲疑地囁嚅着。
> 「我不過試一下看。」
> 「那麼、你明天再試一下看。」妻得意地説着。
> 他躊躇了一下再説着：
> 「我想暫時接您母親過來幫忙。」
> 「我母親不是您的媚婢、您呢？」妻故意戲他一下。〔註39〕

在上面一段引文裡，仍以「、」代替逗號「，」之外，標記對話的引號、冒號，或問號、句號等標點都與現今的用法已無太大的差異。

　　總之，從以上的考察，相較於《臺灣日日新報》、《臺灣時報》、《臺灣文藝叢誌》等媒體的標點使用，得知三〇年代在《臺灣新民報》、《新高新報》、《臺灣新文學》等媒體發表的臺灣白話小說，已活用了現代標點符號。換言之，這意味著這些媒體已懂得使用這些現代「表意」符號來輔助傳達小說內

〔註35〕〈帝君庄的祕史（五）〉，《新高新報》1931（昭和六）年一月二十二日。

〔註36〕這樣的用法，在之前的《台灣大眾時報》（1928.5.8-1928.7.9）與其後的《新台灣大眾時報》（1930.12.11-1931.7）亦可看到。

〔註37〕〈放屎百姓（上）〉，《臺灣新民報》1931（昭和六）年四月廿五日。原文為直書，為行文之便，改以橫書示之。

〔註38〕「空斫」人是指魂不守舍的人，如同拿刀空砍，虛晃空洞。

〔註39〕康道樂，〈失業〉，《臺灣新文學》2:5（1937.6.15）頁58。

容的聲、情與神采；而且相對於文言、平易漢文的文體，所謂臺灣白話文小說文體即是以現代標點符號作句讀、表意，並在媒體發表的現代產物。因此，做爲漢字漢文語體化產物的臺灣白話文體，其現代標點符號的使用，具有不可忽視的現代意涵。總之，漢字漢文的語體化（臺灣白話文體）和現代標點符號的使用是一體兩面的關係，兩者是不可分割的文體表現。縮小來看，做爲句讀、表意的現代標點符號的活用，儼然成爲觀察臺灣白話文文體的成形要件；它成爲殖民地風景的聲、情與神采的一部分，成爲形構語文同一性的現代標誌之一。

第二節　臺灣白話文的意義

　　從上一節討論得知，現代標點符號的使用是與臺灣白話文體一體兩面的關係。而此節將繼續以蔡秋桐作例，探討其時臺灣白話文的意義。

一、漢文書寫的兩面性

　　蔡秋桐，筆名有愁洞、匿人也、秋洞、秋闊、蔡落葉等，1900 年 4 月 18 日（農曆）生，雲林縣元長鄉五塊村人〔註 40〕。而張恆豪在〈放屎百姓的浮世繪——蔡秋桐集序〉中指出：

> （蔡秋桐）先入私塾習漢文，後進公學校接受日文教育。曾參加台灣文藝聯盟，與郭水潭同爲南部委員。廿二歲即任保正，前後廿五年。曾辦《曉鐘》雜誌，共出刊三期。〔註41〕

這裡，關於蔡秋桐「習漢文」的經歷，黃武忠在先前的〈北港地帶的代表人物——蔡秋桐〉文中亦有類似的說法，他指出：

> （蔡秋桐）先入私塾讀漢文，當時約七、八歲。……直到十六歲才入元長公學校就讀，也在這個時候接受日文教育。……在公學校幾年中，學會了日文，並以日文在當時刊行的《子供世界》發表作品，同時也常在《子供世界》看到楊雲萍的漢文作品。

〔註40〕 見黃武忠，〈北港地帶的代表人物——蔡秋桐〉，張恆豪編，《楊雲萍、張我軍、蔡秋桐合集》（臺北：前衛，1990）頁 277。至於「秋闊」這個筆名，據蔡秋桐自述不曾用過。見陳家煌，〈保正伯的矛盾——論蔡秋桐及其小說〉，《台灣文藝》，166、167 期（1999.1）頁 41。

〔註41〕 張恆豪編，《楊雲萍、張我軍、蔡秋桐合集》（臺北：前衛，1990）頁 167。

然而這段私塾讀漢文的經歷，葉石濤的說法卻有不同的描述，他說：「蔡秋桐一九〇〇年生於雲林元長，公學校畢業後，入私塾接受漢文教育。〔註42〕」也就是蔡秋桐學習漢文的經驗出現先後兩種不同的說法。在此，筆者以爲黃武忠的親訪紀錄較爲可信〔註43〕，而且對照 1937 年版《臺灣人事鑑》（臺北：臺灣新民報社）的相關敘述，亦可應證：

> 【經歷】明治三十三年四月十八日生於現住地，元長公學校畢業後繼續研究漢學，……（中略），趣味方面有讀書、文藝、臺灣在地風俗研究，常見有文藝作品發表。

從「公學校畢業後繼續研究漢學」的描述，不難得知：早在接受公學校教育之前，蔡秋桐已受過漢文教育，故《臺灣人事鑑》方有「公學校畢業後繼續研究漢學」之說，至於葉石濤的說法可能是一時筆誤所致〔註44〕。因此，從蔡秋桐戰前參與漢詩詩會「褒忠吟社」，戰後參與「元長詩學研究社」活動可知其漢文學養（即經由漢文習得的學識修養。此學養類似於日語的「教養」（きょうよう）概念）很早就已內化（internalization）爲人格、學識、閱讀與書寫的一部分，並且橫跨新、舊文學。單就其白話文小說來看，黃武忠有以下的記載：

> 蔡秋桐從公學校畢業後，便放棄日文寫作，所有作品都是用漢文來表達，大部分作品發表於《新高新報》，這個時期以臺灣土話來寫小說，直到在《臺灣新民報》投稿時，才用白話文寫作。當時在東京發行的《臺灣民報》常有刊登用白話文創作的作品，也有一些教人寫作白話文的文章，因此蔡秋桐常買來閱讀，**學習寫作白話文的方法，並常閱讀張我軍、賴和、楊守愚的白話文作品**，一面欣賞，一面研究學習白話文的寫法，最後終能寫一手流利的白話文，創作了多篇極具價值的小說。〔註45〕

〔註42〕葉石濤著，《台灣文學史綱》（高雄：春暉出版社，1996.9 再版）頁 45。
〔註43〕黃武忠紀錄蔡秋桐背景文章有二：前者，〈北港地帶的代表人物——蔡秋桐〉，《日據時代台灣新文學作家小傳》（台北：時報文化，1980.10）。亦收錄於張恆豪編，《楊雲萍、張我軍、蔡秋桐合集》（臺北：前衛，1990）。後者刊於 1981年 1 月 1 日《台灣日報》的〈退隱田園的蔡秋桐〉一文，收於黃武忠，《臺灣作家印象記》（臺北：眾文圖書，1984）。而這些紀錄皆爲親訪紀錄當最可信。
〔註44〕論者陳家煌亦有類似的說法。見其著，〈保正伯的矛盾——論蔡秋桐及其小說〉，《台灣文藝》166、167（1999.1）。頁 42。
〔註45〕黃武忠，〈北港地帶的代表人物——蔡秋桐〉，張恆豪編，《楊雲萍、張我軍、

從此得知，蔡秋桐白話文的學習對象有張我軍、賴和、楊守愚等作家。然則值得注意的是，這些作家與蔡秋桐一樣，他們既寫白話小說，亦皆能作舊詩，「是當時比較普遍的現象〔註46〕」。換言之，「漢文」書寫對賴和、楊守愚、陳虛谷與蔡秋桐等人而言，是兼具傳統、現代的兩面性，而傳統漢文已是其學識、人格內化的一部分。

總之，無論新、舊文學的書寫，漢文始終是蔡秋桐的文學語言。就其小說的文體風格來說，無論是「臺灣土語」（即臺灣話文）或是白話文創作，在黃武忠的眼裡，蔡秋桐是「能寫一手流利的白話文，創作了多篇極具價值的小說」的作家。但在蔡秋桐始於《新高新報》的小說創作，一開始並非是現代小說形式，而是章回小說的形式。也就是說，蔡秋桐白話文的習得是經歷一段時日的自學而來，並非一蹴可幾；而其習得的成果則具體地反映在他的小說創作上。下文我們將以《新高新報》時期的〈有求必應〉〔註47〕與而後的〈四兩仔土〉〔註48〕作比較，藉以探討其臺灣白話文體習得的意義。

二、從章回到白話的速成習得

雖然蔡秋桐於臺灣話文論爭期間（1930～1934）並無具體論述出現，但在媒體熱烈討論的社會氛圍下，對照其小說的發表時間（1930～1936）、慣於使用臺灣話詞彙及傳統題材（見第二章）等現象看來，仍能看到這場論爭對其小說創作的影響。而對其小說的文體風格的評價，諸如以敘事內容與現實世界的迂迴關係作論斷，視「諷刺」為其個人式的特色〔註49〕；或如葉石濤的「嘲弄、諷刺筆觸〔註50〕」的評論以及黃武忠所謂：「只是真實的紀錄事情

蔡秋桐合集》（臺北：前衛，1990）頁278～9。

〔註46〕陳逸雄，〈我所認識的陳虛谷〉，陳逸雄編，《陳虛谷作品集》（彰化市：彰化縣立文化中心，1997）下冊，頁827。

〔註47〕蔡秋桐自1930年12月起以「愁洞」之名，陸續在《新高新報》發表的三篇小說是〈帝君庄的祕史〉（1930～1931）、〈連座〉（1931）、〈有求必應〉（1931）。

〔註48〕蔡秋桐在《臺灣新民報》陸續發表的四篇小說：〈保正伯〉（1931）、〈放屎百姓〉（1931）、〈奪錦標〉（1931）、〈新興的悲哀〉（1931）；在《臺灣文藝》發表三篇小說：〈興兄〉（1935）、〈理想鄉〉（1935）、〈媒婆〉（1935）以及在《臺灣新文學》發表二篇小說：〈王爺豬〉（1936）、〈四兩仔土〉（1936）等九篇。

〔註49〕陳建忠，〈新興的悲哀──論蔡秋桐小說中的反殖民現代性思想〉，《台灣文學學報》，第一期（2000.6）頁242。

〔註50〕葉石濤，《文學來自土地，台灣文學的困境》（高雄：派色文化出版社，1992.7）頁9。

而已，但是這些作品於現在讀來，卻帶著深遠的意義，含有『反面寫實』的嘲諷意味〔註51〕」；如張恆豪所言：「他繼承了賴和嘲諷的一面，以果戈里式的銳利犀筆，將日本統治階層的侵掠笑臉挖苦甚爲入骨。〔註52〕」等等。歸納以上評論，實乃不脫1935年文鷗的觀點，他指出：

> 最近時見蔡秋桐、謝萬安兩先生的諷刺小說，殊覺痛快，其銳利筆法，很表露了作者的譏刺，很好，不過可惜其筆法稍性急，描寫不夠，而沒有沉著，這由小說的生命說來，可謂最大缺點。〔註53〕

這裡姑不論蔡氏作品是否「沉著」，惟整體視之，不管論其諷刺、譏刺、嘲諷，或是「反面寫實」，都是呼應現代小說的寫實要求，而其小說風格則是建立在臺灣白話文體之上，因此，我們可以這樣說，蔡秋桐小說風格是與臺灣白話文體相依相生，兩者無法分開討論。

　　而無論是嘲諷，或是譏刺，在筆者看來，蔡秋桐的現代小說的風格又與其漢文學養相繫，如《詩經》的譏刺傳統；或如用來諷刺當時政治或社會，以曉諭當政者或社會大眾覺悟的詩歌——諷諭詩的傳統〔註54〕。蔡氏以迂迴、嬉笑認命的口吻再現殖民地人民的苦難的寫法，毋寧說是承襲了此傳統。而這樣的承襲，在其章回形式的〈帝君庄的祕史〉便可看出端倪。

　　從歷時的角度來看，蔡秋桐在發表〈帝君庄的祕史〉、〈連座〉之間，又接連發表了〈保正伯〉、〈放屎百姓〉、〈奪錦標〉等小說，這不僅代表其時創作力的旺盛，也意味著他自學白話文有成。尤其在〈連座〉之後，〈有求必應〉〔註55〕即已脫離章回的敘事形式。時間上，〈有求必應〉與〈帝君庄的祕史〉相隔不到一年。由此可見，蔡秋桐自學白話文的時程，可謂速成。〔註56〕而

〔註51〕黃武忠，〈北港地帶的代表人物——蔡秋桐〉，張恆豪編，《楊雲萍、張我軍、蔡秋桐合集》（臺北：前衛，1990）頁278。

〔註52〕張恆豪，〈放屎百姓的浮世繪〉，張恆豪編，《楊雲萍、張我軍、蔡秋桐合集》（臺北：前衛，1990）頁168。

〔註53〕文鷗，〈遠望臺〉，《台灣文藝》2:7（1935.7）。

〔註54〕譬如唐代的白居易即是箇中翹楚。在此僅以其《新樂府》三十首之十〈杜陵叟〉一詩，其中：「虐人害物即豺狼，何必鉤爪鋸牙食人肉。」詩句作例。此詩句即沉痛地控訴朝廷不顧災荒仍強徵稅賦的苛政。見徐元選注，《歷代諷諭詩選》（臺北：木鐸出版社，1988）頁117。

〔註55〕原載於《新高新報》278、282、284、287號（1931.7.2、7.30、8.13、8.27）。其中第二回已佚。

〔註56〕據黃武忠的採訪記載，假設蔡秋桐在《臺灣民報》東京創刊（1923.4.15）後開始見報自學白話文，至其白話文小說〈有求必應〉（1931.7.2-8.27）發表爲

在文體風格上，無論是〈有求必應〉或是〈保正伯〉、〈放屎百姓〉、〈奪錦標〉等，這些小說都延續了〈帝君庄的祕史〉嘲諷書寫。以〈有求必應〉爲例，該小說敘述才哥、和嬸先後受冤拘留，其家人才嫂與和叔投訴無門，祈求有應公保佑。後，兩人果分別無罪、繳納罰金釋放。爲了酬神，兩家請來大小戲對臺。兩戲拼臺不分軒輊，難分難解，幸虧午後突降大雨，才哥的掌中戲與和叔的大戲，才得以和解收場。但苦的是，昨日從 P 街的小攤們，原本想大發利市，卻只能敗興而歸。嘲諷風格依然。

　　〈有求必應〉通篇是以「我」的全知視角敘事，除了對土水工才哥、和嬸等人無端受冤、受罰的荒謬大加嘲諷之外，啓蒙，更是小說極其鮮明的立場。如下：

> 有應公啊！。怎樣不去對天交涉。而當這重要的時節降雨呢？
>
> 可憐的自昨日由 P 街而來做小買賣的兄弟們。在今日要得個大利市返去。竟然。金……香……燭……被這無情的雨沃壞。
>
> 賣涼水呢？。這烏陰的天候。涼水那有人買！。敗興地一臺一臺的リヤカー〔註57〕向 P 街返去。
>
> 燒金客呢？。只是賞了一身淋漓返去。**究更有應甚麼？**〔註58〕

從上引文得知，敘事者運用前後兩句的設問修辭，對有應公信仰的大加質疑。對此立場，我們並不感到陌生，這樣的視角與日後發表的〈王爺豬〉等作品（第二章已討論過）的啓蒙立場是一貫的。再與〈保正伯〉作比較，其嘲諷的文體風格依舊，如下一段所示：

> **乖々巧々正々直々排著列靜立在大路邊的木麻黃，被那冬夜的風打得施々雪々擺々搖々。**在這樹腳遠々看見有一個人手提一個包兒、行向衙門去、那個包兒卻被半光半暗的月亮照得不明不白、認不出是什麼東西。來到大人宿舍的後尾門、輕々地敲著門、同時細聲————這是表示恭敬的細聲、不是怕被人聽見的細聲——地叫、「奧サン。」
>
> 奧サン、出來開門一看、原來是保正伯、提一件烏紗帽（オセイボ）

止，時間仍不超過八年。對不經學校教育，全憑自學而有十餘篇白話小說發表，其白話文習得誠可謂「速成」。

〔註57〕リヤカー：（掛在腳踏車後面的）兩輪拖車。

〔註58〕原載於《新高新報》287 號（1931.8.27）第五回。

來給大人做烏紗帽呢。〔註59〕

上面引文，頭一句即以擬人修辭，暗諷走後門送禮的保正，其人的畏縮巴結與「乖巧」的樹姿兩相烘托，嘲諷意味十足；加上以御歲暮（オセイボ，歲末禮物）與「烏紗帽」的諧音修辭，一語雙關，年禮與官帽脣齒相依，對官場的嘲諷堪稱一絕。當然，這樣的嘲諷在〈有求必應〉是爲了啓蒙；但在〈保正伯〉則爲批判殖民體制而發。最後，再與〈四兩仔土〉〔註60〕作比較，則後者的嘲諷文字更加純熟，該小說藉由阿笑身具「好寶貝」可以加賺工錢的敘事，與「卑微、誠實、憨厚、勤勉的臺灣人形象〔註61〕」的土哥空有「生泡」的無奈形成強烈對比。在此，敘事者以迂迴的方式對農場的壓榨大加嘲諷；連帶的，這篇臺灣白話文體的小說，充分展現了作者的摹寫功力，如下：

土哥手拿二張半舊落的票說著。這銀票，就是土哥在同情週間〔註62〕所領的同情金〔註63〕，過年他用了五角，伸的二圓銀，被他用腳巾縛了一個多月，至二月二十日他的刑期滿了。又可以再做第三號金庫之珍客了。〔註64〕

這裡，摹寫了出身上層仕紳家庭，最後淪落爲羅漢腳，吃臭蕃薯簽的土哥，一生沉默。即使被百般剝削，最後仍省吃儉用地誠實繳納罰金，只因他是殖民金庫的「珍客〔註65〕」。然則這樣的臺灣白話文體，是作者自學得來；而其嘲諷文體風格的種子則早在 1931 年創作初期即已深植。

　　總之，比起前面對賴和、郭秋生、朱點人、張慶堂等人的現代小說的實際分析看來，蔡秋桐的臺灣白話文體的自學經驗是極具時代意義的。因為他是基於固有的漢文學養，經由報章雜誌上白話文的觀摹，漸次地造就其臺灣白話文體的書寫能力。而值得注意的是，這段自學歷程不僅速成，且是不經殖民教育體制而來。再如同我們所看到的，他延續了漢文學養的嘲諷傳統，從〈帝君庄的祕史〉的章回敘事到日後的現代小說〈四兩仔土〉皆形成其一

〔註59〕原載於《臺灣新民報》353 號（1931.2.28）。此處引文與上段〈有求必應〉引文，除了分別以「、」與「。」作句讀之外，其它現代標點符號已被活用。
〔註60〕原載《臺灣新文學》1:8（1936.9.19）。
〔註61〕張恆豪，〈放屎百姓的浮世繪〉，張恆豪編，《楊雲萍、張我軍、蔡秋桐合集》（臺北：前衛，1990）頁 169。
〔註62〕週間（しゅうーかん）一週。
〔註63〕同情（どうーじょう）救濟。
〔註64〕《楊雲萍、張我軍、蔡秋桐合集》，頁 276。
〔註65〕珍客（tin-khik），（文）稀客。

貫的文體風格。然而筆者要強調的是，其嘲諷、寫實的現代小說風格，也造就了臺灣白話文體的形成；而這樣的文體是將臺語融入的書寫，讓吾人在討論所謂「白話文」時無法繞開的前提。也就是說，三〇年代臺灣現代小說所使用的白話文體，無可避免地是混雜了「臺灣話文（臺語）」、日文、中國話文等詞彙、語法，而使所謂的「白話文」有了在地屬性。因此，本研究將這樣的文體稱作「臺灣白話文」。而臺灣白話文體更是三〇年代臺灣文學現代化的具體產物，它不僅有其在地屬性，也有其現代意涵。

第三節　從發明傳統到現代個體的摹寫

> 忍視群生陷罪淵，慈帆彼岸傳風懸。
> 求仁正喜君堪任，何事中途便息肩？ 〔註66〕

　　　　　　　　　　　　　　　　　　——賴和，忍視群生

　　從前面二、三章的分析已知，三〇年代臺灣現代小說的殖民地風景裡，敘事者或小說人物經常有意識地以啟蒙，或平衡、謹慎的姿態看待在地傳統；以批判殖民現代性的角度介入現實，直指殖民社會，諸如失業、貧窮、階級壓迫等等問題。據此，若說其中的啟蒙、批判思維是「破」，則現代個體的文學書寫即是「立」。當然在時間的縱軸上，「破」、「立」是不斷交迭而生，往復不一。在這條長路上也未必所有人都願自覺地挑起這思索的擔子。或許總有人中途息肩吧？但就前面章節分析來看，當時的作者仍不吝惜多給上帝發笑的機會，〔註67〕在其作品中不時流露他們的思索與想像。而此節將從黃純青的論述、1937 年漢文欄廢止的原因以及賴和、朱點人的小說談起，歸結這時代臺灣現代小說的意義。

一、「發明傳統」的可能——以黃純青的論述為例

　　首先是黃純青相關論述的探討。在 1930 年黃純青曾參與過一場關於墨

〔註66〕賴和著，林瑞明編，《賴和全集　漢詩卷》，卷十九（臺北：前衛，2000）頁590。

〔註67〕猶太人有一個精彩的諺語：人們一思索，上帝就發笑（Man thinks, Cod laughs.）。米蘭‧昆德拉著，孟湄譯，《小說的藝術》（香港：牛津大學出版社，2000）頁 128。

學義理的論爭。〔註68〕當時他的發言雖談不上「浩大」，但其論述仍深具「實學」〔註69〕的實用、近代精神。其論旨在於將苦行救世的墨學「兼愛」精神，轉爲深具近代意義的思想詮釋。筆者歸納其觀點有二：一、「兼愛平等周徧」。他以爲兼愛「平等周徧」更勝於儒家的「博施濟眾」。黃氏提出以「平等周徧」爲目的兼愛是謀「最大多數的最大幸福〔註70〕」，是人類的最高理想；比起「博施濟眾」的儒家主張更普遍、平等。因此，他以爲兼愛「正是今日治本救時之良劑〔註71〕」；二、「兼愛直觸現實」。黃氏以爲「兼愛」精神可作爲「軍縮問題」的良劑。因爲它可以減少國際間的攻伐，也可以解決「階級問題」、「民族問題」〔註72〕。

是故，若說墨學是漢學傳統的一部分，是作爲異端而存在的學問，則當時黃純青這些直觸戰爭、階級、民族等議題的墨學詮釋，是可以將之視作「發明傳統」〔註73〕的典型。而日後事實證明，這「發明傳統」的思維正是他支持臺灣話文的〈臺灣話改造論〉（此文大抵可以臺語閱讀）一文的論述基礎。而〈臺灣話改造論〉主張保存「漢文」的目的就是要保存臺灣話文。黃純青

〔註68〕這場論爭的詳細內容，請見李敏忠，〈1930 年臺灣墨學論爭的近代意義〉，國立成功大學台灣文學系第四屆研究生論文發表會，成大台文系主辦，2007 年 4 月 26 日。

〔註69〕這概念源自中國，而在日本江戶時期的蘭學、明治時期的職業教育上，亦講實學。唯其間有其不同的意涵。不過它一般指比理論研究更重視的實用性、技術的學問；即對實際社會生活有用的學問，譬如農學、工學、經濟學、醫學、法學等。（大辞林、大辞泉）。日本實學諸多的轉折與內涵，可參見周婉窈，〈實學教育、鄉土愛與國家認同〉，《海行兮的年代：日本殖民統治末期臺灣史論集》（臺北：允晨文化出版，2002）頁 228～234。此題與本文無關，在此，取其「實用的」、「近代的」意涵。

〔註70〕「最大多數的最大幸福」（the greatest happiness for the greatest number）一句出自英國著名哲學家、法學和社會改革家傑里米‧邊沁（Jeremy Bentham, 1748-1832）。按照邊沁的看法，社會是由各個人構成的團體，每個人可視做組成社會的一分子。而社會全體的幸福是由組成此社會的個人幸福的總和。社會全體的幸福則是以最大多數的最大幸福來衡量的。

〔註71〕見昭和五年七月二十三日《臺灣日日新報》（四），第 10872 號〈楊墨論〉。

〔註72〕昭和五年八月十六日《臺灣日日新報》（四）第 10897 號〈非墨十說（續）〉。

〔註73〕這裡借用 Eric Hobsbawm 的概念。他以爲「發明傳統」包括那些具體被發明、建構與正式確立的「傳統」（traditions），以及那些於短暫、可確定年代的時期裡（可能只有幾年），以一種難以辨認的方式出現與迅速確立的「傳統」。Eric Hobsbawm/Terence Ranger（eds），*The Invention of Tradition*, New York: Cambridge University Press, 1983. p.1

以爲：

> 莫怪識漢文兮人一日會一日少，這也是自然兮歸結。（中略）不久漢
> 文就會滅亡了。白話文這服藥，就是白虎湯了，就是最後兮鹽水注
> 射藥了。這服藥若是無救，就要發送訃音，寫「藥石無靈，嗚呼哀
> 哉！漢文死去了！」〔註74〕

就黃純青而言，這裡的白話文就是臺灣話文，而拯救漢文的良藥就是白話
文，因此，他要改造的臺灣話文。易言之，如前述，黃純青在此同樣地提出
了「漢文＝白話文＝臺灣話文」的在地視野，然而這樣的視野是怎麼來的？
筆者以爲，是與時人的「漢文」觀相連繫。日治時代所謂的「漢文」，在1903
（明治36）年東京刊行的《中學教育・漢文教授法》有以下的描述：

> 雖然在我國所稱的漢文其意義，極爲廣泛，但是基於支那固有的文
> 字與語法，不限制時間與作者，上自四千年的古代，下至清朝的現
> 在，進而延及將來，當然假使根據支那固有的文字、語法寫成文章，
> 即使他國人，根據此原則寫成的文章，應該稱全部這些文章爲漢文。
>
> 〔註75〕

這裡是日人的「漢文」觀。這裡的「漢文」指的是從古至今，根據支那文字
與語法所寫的文章，舉凡當時的中國文言文、白話文以至日人寫的文章都屬
「漢文〔註76〕」的範圍。也就是說，對日人來說，「漢文」，不專屬於中國。
至於對當時臺灣人來說，「漢文」則另有其在地的意涵，如1927年3月6
日《臺灣民報》147號的〈公學校的漢文教授和舊式的臺灣書房〉所言：

> 台灣人因爲公學校不能滿足地教授漢文，所以不得不給子弟往舊式
> 的台灣書房讀書，舊式書房的教授法，唯有形式的講解和強制的背
> 誦的兩個法子而已，教材多是從四書、五經、諸子、古文的中間選
> 取的，若是中國的新式教科書，形式內容都是現代的々，舊式書房
> 的教師有些難懂，而當局也禁止不給教的。

又說：

〔註74〕黃純青，〈臺灣話改造論〉，《彙編》，頁142。
〔註75〕內堀維次著『中學教育・漢文教授法』（1904.12，金港堂），轉引自江連隆著
　　　　『漢文教育理論実践』（東京：大修館書店，1984）頁2。
〔註76〕對於現在的日人來說，「漢文」代表的意義有二：（一）相對於現代中國語的
　　　　文章，意指古文。　（二）日本人仿效中國古文僅根據漢字所寫成的文章。廣
　　　　義來說，也包含變體漢文。　（大辞林）

漢文教授的目的若是在做思想的工具，一定要選擇現代的教材才
行。什麼是現代的教材？漢文專用的（祖家中國）自胡適提倡文
學革命以來，全中國差不多普遍的用著白話文，就是學校的教科
書，除起國粹學以外，大概都用白話文，因爲白話文容易學，又
容易可以寫出自己的思想。**所以台灣人要學漢文，一定要從白話
文中選擇教材，才能夠合用。**（中略）至於教法不消說是不用臺灣
語不行的。

從以上《臺灣民報》報導可以看出，當時臺灣人所認定的「漢文」，並不全是
文言文，連中國白話文也屬漢文的範疇。不僅如此，最適切的理解當時臺灣
人眼中的「漢文」則須把範圍再擴大一些，認定爲「包括各種方言在內的漢
語」亦無不可。因爲，當時的臺灣人堅持想學習的並非「北京話」，而是屬漢
語系統中的「閩南話」或「客家話」。〔註77〕這樣的看法，可以從 1922 年 4
月 1 日「臺灣公立公學校規則」〔註78〕發佈到 1937 年 4 月 1 日公學校漢文課
程完全廢止爲止，在臺人所興起的「漢文復興運動〔註79〕」論述可以看到。
如王敏川於〈臺灣教育問題管見〉一文即言：「若漢文之教授用語，不拘何學
年生，可以**臺語爲主，其意義方能徹底明白，並可喚起興味，及養成讀書力**。
〔註80〕」此處「漢文」實包括了臺語。再如南江於〈教育臺灣失學男女的提
唱〉〔註81〕一文亦提及：

話用臺灣語教授，文以白話文記載，（文字漢字）這兩條主張，是對
於這項教育是不可移易的。

這裡的白話文是指民報提倡「平易漢文」以來的學習對象——中國話文。而
饒富玩味的是，「話用臺灣語教授，文以白話文記載」的言文分立思維。對臺
灣人來說，這是再熟悉不過的習慣。源於歷史因素，自秦始皇「書同文」以
後，臺灣如同其他漢語方言區一樣，漢字讀音與方言口語卻未統一，即本文

〔註77〕見王順隆，〈日治時期台灣人「漢文教育」的時代意義〉，《臺灣風物》49：4
　　　（1999.12）頁 110。

〔註78〕此規則乃爲因應「臺灣教育令」之「日台共學」的新措施，將所有漢文課改
　　　爲每週二小時的「隨意科」（即選修），並得視地方情勢，廢除漢文課。見
　　　台灣教育會編『臺灣教育沿革志』（臺北：南天，1939）頁 361。

〔註79〕此運動的梗概，可見廖祺正，《三十年代台灣話文運動》（臺南：成功大學史
　　　語所碩論，1990）。頁 14～21。

〔註80〕王敏川，〈臺灣教育問題管見〉，《臺灣青年》3:4.5（1921.10.15；11.15）。

〔註81〕南江，〈教育臺灣失學男女的提唱〉，《臺灣民報》67 號（1925.8.26）。

的「言文分立」。不僅如此，臺語讀漢字又有所謂「文白異讀」，亦即文言音與白話音不一致的現象。〔註 82〕然則這也是識（漢）字階層所熟悉的閱讀方式。其次，言文分立所突顯的尚有臺語口語的「有音無字」，即無法以漢字表達的語音詞彙。但筆者以為，這不代表「當時並不存在一個能夠充分表記口語臺語的漢字書寫系統。」〔註 83〕，毋寧說當時的臺灣人早將「話用臺灣語教授，文以白話文記載」視作常態，並依據漢字固有的表意功能造字遣詞，以橫跨臺灣話文與中國話文的書寫。

　　對黃純青的〈臺灣話改造論〉，時人楊碩鵬即以為其論要旨在於用「淺白漢文，取其字義作臺灣白話文」〔註 84〕，如他慣以「兮」、「敢」作為臺灣話文「的」、「豈」的表記符號。另外，他在〈與郭秋生先生論臺灣話改造論〉則以「屈話就文」的原則，主張盡量利用「熟字」書寫臺灣話文，避免新字過多〔註 85〕。對此，雖然黃石輝主張盡量使用中國白話文所採用的字，如：的、他、很、給、和、會等，用來讀作臺灣的白音，可以不必採用「兮」。〔註 86〕但黃純青慣以熟字「兮」、「敢」等字替代「的」、「豈」的用字態度，可視為「淺白漢文」而非更淺白的「中國白話文」的用法。然而對臺語的白音來說，不管兩人是用「的」或「兮」，「很」或「甚」字，其用字態度仍是延續了言文分立的漢字傳統，除非當時臺灣話文改以拼音文字做標記符號。因此，就這一點來說，黃純青的臺灣話文論述可說又是一個「發明傳統」（漢字傳統）的顯例。

二、從 1937 年漢文欄的「廢止」論臺灣白話文的成形

　　如果在認知主體（the knowing subject）與被認知的現實（reality）之間沒有一種同一性（identity）的話，那麼知識這種東西就是無法被

〔註 82〕關於臺語「文白異讀」問題，參見楊秀芳，《臺灣閩南語語法稿》（臺北：大安出版社，1991）頁 10～13。

〔註 83〕許極燉，〈漢字表記臺語的歷史考察〉，收於許極燉著，《臺語文字化的方向》（臺北：自立晚報，1992）頁 131～175。儘管當時已存在教會羅馬字，但這書寫系統只流傳於約三萬人的教徒之間，尚未普及。見蔡培火，〈新臺灣の建設と羅馬字〉，1923 年《臺灣民報》第 13、14 號。

〔註 84〕楊碩鵬，〈臺灣話改造問題〉，《彙編》頁 145。

〔註 85〕黃純青，〈與郭秋生先生論臺灣話改造論〉，《彙編》頁 177。

〔註 86〕黃石輝，〈對「臺灣話改造論」的一商榷〉，《彙編》頁 147。

解釋的。〔註87〕

——卡西爾（Ernst Cassirer）

誠如上述討論得知，雖然三〇年代臺灣話文論爭前後，真正落實於「純」臺灣話文的小說並不多，但無可避免的，當時白話小說的書寫仍或多或少孱入臺灣話文，進而讓臺灣人在報章雜誌上形成臺灣人深諳的，有別於中國白話文的某一語域（register）〔註88〕。當然這樣說，不是將當時的白話文與日文視作同一語言之下的不同語域關係，實際上兩者始終是無法互通的語言關係。筆者在於強調，三〇年代臺灣白話文書寫已趨成形的事實。誠如緒章所言，當時白話文的書寫，其發展比起日文、中國話文是極端快速的現代化成果；對殖民當局來說，它所形成的話語領域則猶如某些語域一樣難以理解與掌控；相對於「國語（日語）」，這無疑是對其殖民統治話語的最大威脅。這樣的推測，我們可以從 1937（昭和十二）年 4 月 1 日發行的《臺灣時報》第二〇九號收錄的「島內各事情」一欄中關於「廢止漢文欄」的報導窺得：

> 「島內新聞漢文欄廢止」島內日刊新聞漢文欄（東臺灣新報無本欄），臺日、臺灣、臺南等三者在四月一日，新民報在四月一日減半、六月一日則全面廢止。
>
> 報社通告
>
> 　　這次以下所名之新聞社，有鑑於時勢所趨而協定各自實行漢文欄的廢止。原因是由於領臺已經四十餘年，以及普遍皇民化，對於文運突然逐漸興盛起來的臺灣來說，可以確信即使今日全面廢止漢文欄也不會有任何障礙。漢文欄廢止的實行日期，臺灣日日新報、臺灣新聞、臺南新報等三社，從四月一日廢止，臺灣新民報現在的四頁漢文欄從四月一日開始減半，從六月一日開始全面廢除。然後，進行日文欄的擴張來取代右邊的漢文欄，期待以其充實的內容貫徹報導機關的使命，並且有覺悟盡更大的努力。也懇切地請求諸位讀

〔註87〕卡西爾（Ernst Cassirer）著，結構群譯，《人論》（台北：結構群，1989）頁176。英文版見 Ernst Cassirer, *An Essay on Man: an introduction to a philosophy of human culture*, New Haven: Yale university Press, 1944. p.112。

〔註88〕語域是文體學所使用的術語。就辭典的定義，語域「涉及在特殊種類的社會情境中使用的一種語言變體。因而一種正式的語域與非正式的語域差異，經常在辭彙、發音與標點上。」見 *The Oxford Dictionary of Literary Terms*. Chris Baldick. Oxford University Press, 2008.

者的體諒與理解。 昭和十二年三月一日〔註89〕

針對以上的「報社通告」，在同年 5 月 1 日的《臺灣時報》第 210 號刊載著〈關於日刊漢文欄廢止之總督談〉〔註90〕一文，如下：

> （前略）廢止本來佔據了版面四分之一甚至二分之一的漢文欄，更恰當一點的說法應該說是**臺灣語欄**，而讓使用內地的語言、文章的報導更加擴張，皆是從作為自己本身的本島統治方針的「將本島完全地當作屬於日本的一部分」的立場來看不得不拍手慶賀的地方。
>
> （中略）總而言之，國語、國文的普及是總督府的傳統政策，並且**深信依此可以帶來真正的同化效果**，也同時確信政策的實現，不論在精神面或在物質面，都將會是本島人民的幸福。這回新聞社廢除**了漢文欄就是加速了國語、國文普及化的表現**。站在總督府的立場，當然也藉此機會趁機強調官公署內等的國語常用，甚至廣泛呼籲尋求民間的協力配合。〔註91〕

從以上兩文可以確定的是，三七年「廢止漢文欄」並非經由總督府所頒布的法令來施行，而是當時各報社「自主」的決定。但這並無法排除來自總督府壓力的可能，故中島利郎即認為可能是總督府為打擊一向標榜「臺灣人唯一的言論機關」的《臺灣新民報》社，才以各報的「自主」廢止的形式來施壓，其因在於該報社論經常刊載批判殖民統治當局，而且該報始終對漢文欄投注許多心力，「因而不好單只廢除該報的漢文欄，才同時對四報同等地施加了壓力的也說不一定。〔註92〕」這裡，中島利郎的推測不無道理。因為此舉正呼應了總督府於同年一月十五日頒布第二號府令廢止公學校漢文科的政策。在同年二月一日的《臺灣時報》第二〇七號廢止公學校漢文科的說明裡，吾人可以看到這一貫的說詞：

> 因此，假使隨意科目也使國語習得以及國民精神的體會上的負擔過重乃至其不徹底，造成**教育方針的矛盾**，在制度上也決定廢止了。

〔註89〕轉引自中島利郎著，彭萱譯，〈日治時期台灣研究的問題點——根據台灣總督府的漢文禁止以及日本統治末期的台語禁止為例〉，《文學台灣》46（2004.4），頁 300～301。

〔註90〕此文原載於同年 4 月 1 日發行的「國語普及紙面刷新紀念號」以及《臺灣日日新報》。此 210 號刊載的引文有省略之處。

〔註91〕〈日治時期台灣研究的問題點〉，頁 301。

〔註92〕〈日治時期台灣研究的問題點〉，頁 302。

因此，就總督府的立場而言，「漢文」的持續存在，乃有礙國語學習以及國民精神的體會。無庸置疑的，漢文欄的廢止即是國語同化教育的貫徹。不止於此，總督府眼中所在意、急欲廢止的更是「臺灣語」、「臺灣文」。如下：

> 在報紙等為現實的讀者的便宜，到今日不得不全廢臺灣語、臺灣文，但是早晚都要廢止是誰也沒有異議的，是所謂的時機問題。〔註93〕

這裡，總督府的「漢文」觀即呼應了前述的臺灣人「漢文（包括臺語）」觀。而該文更進一步以當時北海道與九州已使用同樣的語言（即國語）為例，質疑臺灣人無須執著「本島語」（即臺灣語）。所以，總督支持廢止漢文欄，乃針對上文所謂「臺灣語、臺灣文」而來。而就本研究的分析看來，此處的「臺灣語、臺灣文」所指涉的就是臺灣當時在報章媒體上日趨成形的臺灣白話文體。由於這樣的文體不僅有礙於國語同化，更讓殖民當局擔憂的恐怕是這些語文的持續發展，將變成臺灣人獨有而深諳的「語域」，成為被殖民者彼此傳播、聯繫的語文同一性（identity）的依據。

然而，日後楊逵在《臺灣新文學》雜誌的「編輯後記」說到的：「由於時代潮流的所趨，本雜誌也面臨逐漸縮小漢文篇幅，幾近不得不全廢的命運了。對只用漢文寫作的作家以及只讀漢文讀者，實在深感抱歉，敬請原諒！大家重學アイウエオ吧！」〔註94〕這些話語，無疑已預料到臺灣人選擇日文書寫的到來。所以，楊逵雖然在《臺灣新文學》最後一期的「編輯後語」提及，漢文欄被迫全面廢止之後，漢文作家仍不可退卻；並且希望只要一如往昔地投稿，該雜誌「會選定譯者翻譯之後發表，希望有更上一層的努力。」〔註95〕等等的話語，但面對殖民政策以及該雜誌自身的經濟壓力仍使《臺灣新文學》雜誌無以為繼。

而今，綜觀日治殖民的這段歷史時，可以確定的是漢文欄的廢止並無法全然斷絕臺灣新文學的發展，反倒使當時的臺灣人選以日文書寫，繼續再現其眼中的殖民地風景與文化想像。從 1937 年各界「自動廢止漢文欄」的原因推論，我們反證出三○年代在報章雜誌上由論述、文學作品所形成的話語場

〔註93〕〈關於日刊漢文欄廢止之總督談〉，《臺灣時報》210 號（1937.5.1）頁 16。
〔註94〕「編輯後記」，《臺灣新文學》2:4（1937.5.16）。譯文參酌下村作次郎著：邱振瑞譯，《從文學讀臺灣》（臺北：前衛，1997）頁 77。
〔註95〕「編輯後記」，《臺灣新文學》2:5（1937.6.15）。譯文參酌下村作次郎著：邱振瑞譯，《從文學讀臺灣》（臺北：前衛，1997）頁 77。

域，擴大卡西爾（Ernst Cassirer）〔註96〕指出的，這些作家與讀眾（認知主體）所共同建構的語文同一性的意義是依據殖民現實來解釋的。換言之，這語文同一性是與殖民地現實相應而生的話語場域，並與成形的臺灣白話文書寫相依相生。

三、臺灣白話小說的文體風格

誠如前面第三章對諸位作家的文體風格分析，得出內面與個體摹寫的共相。而此共相，是建立在臺灣白話文的書寫上；反過來說，這臺灣白話文正是經由內面與個體摹寫的實踐而來。兩者相依相成，互為因果，從民報轉向文學雜誌（見表 4-1「出處」欄），持續形成臺灣人的話語場域，建構其語文同一性。作家們以各自的文學書寫充實殖民地風景的內涵。誠如在緒章所指出的，殖民地風景是具有內外風景的摹寫以及被殖民者個體彰顯的書寫。對此，筆者將再舉賴和、朱點人兩人小說分析與柄谷行人在《日本近代文學的起源》〔註97〕的觀點對話，藉以歸納臺灣白話小說的在地認同意義。

首先是柄谷行人在其著《日本近代文學的起源》的觀念探討。柄谷在其書中提出一個基本觀念是所謂的「顚倒（てんとう）」。其意即指「倒置」，成為顚倒的狀態；或是顚倒的狀態，譬如說「上下關係顚倒」、「主客顚倒」、「本末顚倒」等等。而柄谷所謂「風景的發現」就是指原來有個自然的、外在的風景是「本」，後來作家卻在文本當中書寫風景，這是末。然而，作家卻是透過「顚倒」的方式發現「風景」的。據此，柄谷分析成立於 1890（明治二十）年前後的日本「近代文學」，發現並加以驗證指出長久以來被視為普遍的「近代」、「文學」等的概念，以及現代文學的特徵如客觀寫實、內心獨白、言文一致的語體化主張等，都是源於十九世紀以來西歐而逐漸擴張到世界各地的「現代性」文學的一種「裝置」，都並非原本存在的「物」，而是對不曾存在的東西使之具有「普遍性」之後，讓人們感到它就一直這樣存在過。〔註98〕

〔註96〕Ernst Cassirer（1874-1945.）德國猶太哲學家、教育家和作家。受學於馬爾堡（Marburg）新康德主義傳統，而發展出一種文化哲學。

〔註97〕雖然此書的中文版譯者趙京華將此書譯作《日本現代文學的起源》，但原書名實為《日本近代文學の起源》，而且日本學界慣有「近代」、「現代」文學的分期，為求忠實，本研究一律改回「近代文學」稱之。

〔註98〕孟慶樞，〈對日本 20 世紀 80 年代以來文學批評的幾點思考〉，《外國文學批評》（2005.01 期）。頁 144。

易言之，柄谷對日本近代文學「起源」的發現，也意味著預見了七〇年代日本文學的「終結」。對此，趙京華〔註99〕將此近代文學「起源」的發現理解爲「文學與現代性關係」的思索，〔註100〕然而對照三〇年代臺灣白話小說的「殖民地風景」，柄谷這個後現代的文學「起源」、「顛倒」論點雖非本研究的視角，卻與本研究所分析的作者亟欲建構新文化的「現代」意圖形成對照。也就是說，這些白話小說書寫自然是臺灣文學現代化的一環，然則更值得探究的是這些小說所再現的殖民地風景裡對殖民現代性的思索。這些小說作者急於思索著被殖民者自己的「現代主體」的出路。

（一）混雜的文體

其次，柄谷提醒我們，口語與書面與是不同的，這只是因爲「說話」和「書寫」是性質不同的行爲。他舉了前島密〔註101〕當時其《漢字御廢止之議》的進言爲例，指出前島密文字必須服務於聲音這表音主義的思考。因此，漢字也被認爲是服務於聲音的，故選用漢字還是選用仮名不過是選擇的問題而已。〔註102〕而就漢字本身來說，形象直接構成意義。可是到了表音主義，則即使帶著漢字，這漢字也只能從屬於聲音。對此思維，柄谷舉日本的戲劇改良運動做喻，指出日本在戲劇改良之後，以往化妝過的臉面，轉爲素顏（寫實性的）之後，具有意義的「內面」就出現了。如底下的簡圖所示：

〔註99〕趙京華爲《日本近代文學の起源》中文版譯者。1957 年生於吉林。1987 年畢業于吉林大學，獲文學碩士學位。1997 年日本國立一橋大學博士課程畢業，獲社會學博士學位。現爲中國社會科學院文學研究所研究員

〔註100〕除此之外，趙京華指出此書的另一思索是，進入九〇年代以後，柄谷接受安德森（Benedict Anderson）「想像的共同體」及國民國家（nation-states）理論的影響，當時柄谷雖無自覺，但實際上該書對「文學與國民國家建制的共謀關係」作了闡述。見趙京華，〈與柄谷行人一起重讀《日本現代文學的起源》〉，《博覽群書》（2005.11 期）頁 81～82。

〔註101〕前島密（まえじまひそか）〔1835～1919〕官僚・政治家。生於越後。爲郵便制度調查而渡英，帰国後，創立官營的郵便事業。確定了「郵便」「切手」等名稱。著名的国字改良論者。

〔註102〕〈內面之發現〉（内面の発見），柄谷行人著；趙京華譯，《日本現代文學的起源》（中國北京：生活・讀書・新知三聯書店，2003.1）頁 36～37。

　　因此，在柄谷看來，素顏變成了一種聲音性的文字，它使得所應該摹寫（表現）的內面聲音＝意義得以存在。總之，作爲「文言一致」的表音主義是與「寫實」、「內面」的發現等在根源上相互關聯的。〔註103〕相形之下，日治時期的臺灣情形更複雜，三○年代臺灣話文的支持者雖以漢字做爲臺語的表音符號，但漢字本身的文化象徵，也是他們考量選擇的要因。再者，當時臺灣話文支持者雖以「言文一致」作爲主張的立論基礎，但實踐的結果顯示「純」的臺灣話文的小說並不多見，反而是在臺灣現代小說中或多或少都屢入日語、中國話文、臺灣話文等詞彙。王詩琅在〈賴懶雲論〉（1936）中就曾這樣說過：

> 當前臺灣的漢文作家最令人困惱的問題，是語言使用的問題。不論如何，居住在臺灣的人以來自泉漳兩州的人爲多。泉漳語轉爲文字感到困難，更何況經過幾世的土著化，因此，文字呼應其語言變遷，於今更加困難。但是文字是要求切實感，要求言文一致的，因此，如何表現臺灣語言成爲一個問題。昭和六、七年間隨著臺灣文學的勃興，臺灣語言使用的問題成爲激烈論爭的議題。〔註104〕

王詩琅指出當時臺灣文學的書寫，面對的不僅是「如何表現臺灣」的問題，而且意識到「臺灣語言」本身的變遷問題。這些相關的議題，都曾在臺灣話文論爭期間被討論過。但賴和「很早就避開作品中使用臺灣話的困難，而寫下任何支那人都讀得懂的作品。」雖然當時賴和「寫入臺灣式的語言（臺灣的な言葉）」已成爲其一貫的文學風格，但王詩琅仍以爲「在實踐上卻尚無人能出其右。」〔註105〕因而，他特別推崇賴和刊載於《南音》創刊號（1932.1.1）的〈歸家〉，指出其作品有生動的口語對話。然而端看〈歸家〉的一段，如下：

> 「一個囝仔要去喰日本頭路〔註106〕，不是**央三託四**〔註107〕抬身抬勢，那容易；自然是無有我們這樣人的**份額**〔註108〕，在家裏幾時用

〔註103〕　　内面之發現（内面の発見），柄谷行人著；趙京華譯，《日本現代文學的起源》（中國北京：生活・讀書・新知三聯書店，2003.1）頁48。

〔註104〕　　見王錦江，〈賴懶雲論〉，原載於《臺灣時報》201號（1936.8）頁113。譯文參酌張炎憲，翁佳音編，《陋巷清士：王詩琅選集》（臺北縣板橋市：稻鄉，2000）。

〔註105〕〈賴懶雲論〉，頁113。

〔註106〕頭路（thâu-lōo），職業，工作。

〔註107〕央三託四（iong-sann thok-sì），拜託各種人。央，拜託。

〔註108〕份額（hūn-giah），限額。

著日本話，只有等待巡查〔註109〕來對〔註110〕戶口的時候，用他一半句。」

「你想錯去了，」我想要詳細說明給他聽，「不但如此，六年學校台灣字一字不識，要寫信就著〔註111〕去央別人。」賣麥芽羹的又搶著去證明進學校的無路用〔註112〕。

「學校不是單單學講話、識字，也要涵養國民性〔註113〕，……」

「巡查！」不知由什麼人發出這一聲警告，他兩人把擔子挑起就走，談話也自然終結。

這裡不僅有「頭路」、「無路用」等臺語詞彙，也有早已成爲生活語言，如「國民性」、「巡查」等外來詞。雖然這是「整個臺灣社會在殖民者的入侵下」〔註114〕的產物，但同時這也是殖民地語言環境的必然反映。因此，我們可以這樣說，三〇年代臺灣白話小說的混雜文體已不期然地打破了「言文一致」的主張。當時臺灣話文的支持者對「言文一致」的主張形同一種口號式的引用，對此主張，當時並未見有論者作深論。但儘管如此，這些小說所再現的寫實而混雜的殖民地風景，確實反映了當時的語言狀況，以我們熟知的漢字表音功能承載；此外，這樣的混雜文體所形成的語文同一性，也確實被臺灣白話文體所承載，同樣發揮漢字固有的表意功能。因此，漢字漢文的表音、表意功能，共同形構了臺灣白話文體，進而成爲當時現代小說的文體風格。

（二）現代主體的彰顯

最後，柄谷提醒我們，風景一旦成爲可視的，便彷彿從一開始就存在於外部似的。人們由此開始摹寫風景。如果將此稱爲寫實主義，這寫實主義實在是產生於浪漫派式的顛倒之中。〔註115〕所以在柄谷看來，寫實主義是從作爲「自人間被疏遠化的風景」的風景的發現出發的。換言之，在緒章所討論到的，卡夫卡的「反寫實主義」的小說、畢卡索的立體派繪畫，也被視作「被疏遠化」的寫實藝術。也就是說，寫實主義並非是自然主義式的外在、

〔註109〕巡查（じゅん-さ），警察。
〔註110〕對（tùi），查對。
〔註111〕著（tioˈh），得。
〔註112〕無路用（bô-lōo-īng），沒用，無效。
〔註113〕國民性（こくみんせい），某國國民共通的氣質與性格。
〔註114〕陳建忠著，《賴和的文學與思想研究》（高雄：春暉，2004）頁237。
〔註115〕《日本現代文學的起源》，頁19

客觀的摹寫而已，柄谷以爲，寫實主義還要時時創造出風景。寫實主義者永遠是「內在的人」。〔註116〕就前面章節的分析得知，賴和、楊逵、郭秋生、朱點人、蔡秋桐、陳虛谷、張慶堂等作家都稱得上寫實主義作家，也可被視爲「內在的人」，因爲他們的作品都有內面摹寫的寫法，有其再現的視角。然則柄谷的「內在之人」之說，其實並非新論。眾所皆知的，文學之所以文學的現代意義在於「個體」的彰顯，誠如尼采提出「上帝已死」之後「人」被重新發現的哲學思維。而在第三章分析得知，如郭秋生〈跳加官〉的個體號跳、〈王都鄉〉的不具社會下的獨語，朱點人〈蟬〉中的個體領悟，張慶堂的〈鮮血〉個體的喘息、〈老與死〉的責任書寫，楊守愚的〈爸爸！她在使你老人家生氣嗎？〉的情欲以及賴和在〈一個同志的批信〉那非聖人之徒的獨語皆然。柄谷以爲：

> 風景是和孤獨的內心狀態緊密連接在一起的。……換言之，只有在
> 對周圍外部的東西沒有關心的「內在的人（inner man）」那裡，風景
> 才能得以發現。風景乃是被無視「外部」的人發現的。〔註117〕

因此，風景是藉由人的孤獨與內面性的狀態緊密結合。相對眼前的他者，主人翁是對其冷淡的。據此，**對周圍無關心的「內在人間」，開始看見風景。**然而對照三〇年代臺灣的白話小說，諸多殖民地風景所摹寫的卻是「文化認同（identity）的指標，也是保證認同」的書寫。〔註118〕因爲這些作家既以漢字作爲書寫風景的工具，即意味著他們認同漢字代表的社會性格、美學習慣、倫理習慣等等可以作爲與同化抗衡的文化認同。因此，陳建忠以爲這些作家比起不識漢文的新一代作家則「更具有以文化本位立場進行反殖民的意味〔註119〕」。儘管這些作品可能是以啓蒙（如郭秋生的〈鬼〉與蔡秋桐的〈媒婆〉、〈王爺豬〉）、傷感（如陳虛谷的〈榮歸〉、蔡秋桐的〈興兄〉與朱點人的〈脫穎〉、〈秋信〉）或平衡（如賴和的〈蛇先生〉）的文體風格書寫，但這些作品仍兼具內外風景的摹寫，仍是批判殖民體制的書寫。反過來說，這樣的書寫更強固了作者自身的倫理要求與在地性。

　　而所謂倫理的要求，以賴和與朱點人的小說（如表4-1「賴和與朱點人的作品刊行時序表」所列作品）爲例，爲普羅階級發聲的立場當無從質疑。至

〔註116〕《日本現代文學的起源》，頁 19。
〔註117〕《日本現代文學的起源》，頁 15。
〔註118〕柴田陽弘編著，《風景の研究》（東京：慶應義塾大學出版，2006）頁 20。
〔註119〕《賴和的文學與思想研究》，頁 238。

於在地性，則牽涉到兩人對臺灣話文的態度。賴和傾向支持，並有〈富戶人的歷史〉（遺稿）以及在臺灣話文論爭後發表的〈一個同志的批信〉（1935.12）具體創作；而朱點人則持反對立場，其小說始終是以中國白話文書寫。兩人對臺灣話文的態度雖南轅北轍，卻不曾正面交鋒，這可能與朱點人曾受賴和指導〔註120〕有關，此外，也當與賴和為人「和藹仁德」「樸素謙讓」〔註121〕的性格有關。然則這不代表賴和沒有意見，如在〈臺灣話文的新字問題〉中即言：

> 我有一個意見，不知可以當作你的參考不能。新字的創造，我也是認定一程度有必要，不過總要在既成文字裏尋不出「音」、「意」兩可以通用的時，不得已才創來用。若既成字裏有意通而音不諧的時候，**我想還是用既成字，附以傍註較易普通。**〔註122〕

這是一封就「新字」問題，給《南音》雜誌同仁郭秋生〔註123〕的公開信。從這裡的話語可知，這當是賴和的經驗之談，強調書寫語言的**普遍性**。賴和的〈惹事〉（如表4-1「賴和與朱點人的作品刊行時序表」的「完稿時間」一欄）這篇小說的發表正值臺灣話文論爭期間，據胡民祥指出的，該小說在一百五十句的對白中，臺灣話文的對白已超過中國白話文〔註124〕。這樣的寫法不僅可以視作對臺灣話文書寫的呼應，更是在地性的書寫。再如其最初發表的〈一桿「稱仔」〉，如下：

> 有一個較有年紀的說：「該死的東西，到市上來，只這**規紀**亦就不懂？要做什麼生意？汝說幾斤幾兩，難道牠的錢汝敢拿嗎？」
>
> 「難道我們的東西，該**白**送給他的嗎？」參不平地回答。
>
> 「唉！汝不曉得他的屬害，汝還未嘗到他，**青草膏**的滋味。」那有年紀的嘲笑地說。

〔註120〕見朱石峰，〈回憶懶雲先生〉（懶雲先生の思い出），原載於《台灣文學》3:2（1943.4.28）今見於中島利郎等編，《日本統治其台灣文學　文藝評論集　第五卷》（東京：綠蔭書房，2001）頁32～34。

〔註121〕見毓文，〈諸同好者的面影（一）〉，今見於中島利郎等編，《日本統治其台灣文學　文藝評論集　第一卷》（東京：綠蔭書房，2001）頁331。

〔註122〕賴和，〈臺灣話文的新字問題〉，《南音》1:3，一九三二年二月一日。

〔註123〕一九三二年賴和與眾人合力創辦《南音》。郭秋生即是同仁之一。

〔註124〕胡民祥，〈賴和的文學語言〉，「賴和及其同時代的作家：日據時期臺灣文學國際學術會議」論文，1994。頁11。轉引自陳建忠著，《賴和的文學與思想研究》（高雄：春暉，2004）頁242。

雖然〈一桿「稱仔」〉是中國白話文小說，但上段引文仍有「規紀」、「白送」、「青草膏」等臺語詞彙。對平日「穿漢服、講省語（楊守愚語）」的賴和〔註125〕來說，這是再自然不過的在地書寫。而對力主中國話文的朱點人來說，在臺灣話文論爭時期發言的看法大致有二：（一）臺灣的文學任務在於「將臺灣的自然、社會、人情、風俗……等等介紹給世界人看，將臺灣的文學造成世界的。〔註126〕」依此，他對黃石輝所亟欲解決的「文盲問題」提出看法：

> 黃（案：黃石輝）先生說：「要醫臺灣的文盲症，除卻臺灣白話文是不能成功」這樣的見解有沒有妥當？**要醫臺灣的文盲症，療救的方法很多，除了臺灣白話文而外，還有在來所襲用的漢文（文言）和日文等等。**如果學會了任何一種文字，文盲症是「自然的」可以療救的。何必狹義的去指定那一種的文學。〔註127〕

換言之，解決文盲與使用何種語言是兩回事，故斷言以《南音》雜誌為首所自任的「文盲病院，究竟不是時醫！〔註128〕」（二）臺灣話文的實施主體是私人，無教育機構可推展，不如日製漢字由國家文部省頒佈，可普遍全國。相形之下，以「已經有很久的歷史」的中國話文「描寫臺灣的事物，對於地方色是毫無阻害的。地方色已能保存，鄉土的色彩自可備而無遺了！」〔註129〕。

總之，縱使朱點人與賴和對臺灣話文的看法殊異，但在〈檢一檢「鄉土文學」〉一文所展示的視野與賴和從〈一桿「稱仔」〉到〈富戶人的歷史〉一貫的在地視野是一致的。換言之，他們的文學風景展示一致的在地性。這從朱點人〈島都〉的文體可以窺得，如下：

> 「怎樣你就不該出錢？**天公**〔註130〕是**保庇**〔註131〕大家……」

> 「天公？我們向來是受不到保庇的，就教祂不用保庇我……」

〔註125〕見許俊雅編，《楊守愚作品選集（補遺）》（彰化市：彰縣文化，1998）頁 271。

〔註126〕朱點人，〈檢一檢「鄉土文學」〉，原刊《昭和新報》1931.8.29，連載三回。《彙編》，頁 87。

〔註127〕朱點人，〈檢一檢「鄉土文學」〉，原刊《昭和新報》1931.8.29，連載三回。《彙編》，頁 86。

〔註128〕朱點人，〈勸鄉土文學臺灣話文早脫出文壇〉，原刊《臺灣新民報》996 號，1933.11.27。《彙編》，頁 466。

〔註129〕朱點人〈檢一檢「鄉土文學」〉，原刊《昭和新報》，1931.8.29，連載三回，《彙編》，頁 87～89。

〔註130〕天公（thinn-kong），玉皇大帝。

〔註131〕保庇（pó-pì），保佑。

「這是正經事，誰有閒〔註132〕和你講笑〔註133〕，要出不？」那頭
兄忽然生起氣來。

「就不出，要怎樣？」蓁也有點氣，竟不顧頭兄的體面〔註134〕。

「不出？好！看你這地方再住得下？」

「笑話，我不缺少人家厝稅〔註135〕，誰敢趕我？」

「好，試看咧！」頭兄氣憤憤地先自出去了。

「你瘋了嗎？蓁哥！」書記看看兩人都變面〔註136〕了。〔註137〕

從上面引文看來，這些臺語詞彙的使用不僅有助於小說人物（頭兄、書記與
主角史蓁）對話語境的鋪展，也是在地性的展現。而賴和的作品亦然，底下
以〈惹事〉一段爲例，如下：

大家要知道，這群雞是維持這一部落的安寧秩序，保護這區域裏的
人民幸福，那衙門裏的大人〔註138〕所飼的，「拍〔註139〕狗也須看著
主人」，因爲有這樣關係，這群雞也特別受到人家的畏敬。衙門就在
這一條街上，接後便是菜畑〔註140〕，透〔註141〕菜畑內的路，就在
衙門邊；路邊，和衙門的牆圍相對，有一間破草厝〔註142〕，住著一
家貧苦的人，一個中年寡婦和一對幼小的男女，寡婦是給人洗衣及
做針黹，來養活她這被幸福的神所擯棄的子女。〔註143〕

從上文得知，仍有「厝」、「拍狗也須看著主人」等臺語詞彙、俗諺以及「畑」
的日製漢字出現。是故，比較〈惹事〉、〈島都〉這兩篇創作時間相近（見表
4-1「出處」一欄所示）的小說得知，無論是否支持臺灣話文，他們的作品都
或多或少地屧入臺灣話文詞彙，共同形塑了殖民地風景，而這風景是經由對

〔註132〕有閒（ū-îng），有時間。
〔註133〕講笑（kóng-tshiò），開玩笑。
〔註134〕體面（thé-bīn），臉色、名譽。
〔註135〕厝稅（tshù-sè），房租。
〔註136〕變面（piàn-bīn），變臉色。
〔註137〕《王詩琅、朱點人合集》，頁154。
〔註138〕日治時期對警察的稱呼。
〔註139〕拍（phah），打。
〔註140〕畑（はたけ），日製漢字，農地。
〔註141〕透（thàu），通往。
〔註142〕茅屋。
〔註143〕張恆豪編，《賴和集》（臺北：前衛，1999）頁177。

殖民體制的批判而來。如賴和〈惹事〉裡一段文字：

> 一晚──（中略）行到公眾聚會所前，看見裏面坐滿了人，我覺得
> 有些意外，近前去再看詳細，我突然感著一種不可名狀的悲哀，失
> 望羞恥，有如墮落深淵，水正沒過了頭部，只存有矇矓知覺，又如
> 趕不上隊商，迷失在沙漠裏的孤客似地徬徨，也覺得像正在懷春的
> 時候，被人發見了秘密的處女一樣，腆覥，現在是我已被眾人所遺
> 棄，被眾人所不信，被眾人所嘲弄，我感覺著面上的血管一時漲大
> 起來，遍身的血液全聚到頭上來，我再沒有在此立腳的勇氣，翻轉
> 身要走，這時候忽被那保正伯看見了。〔註144〕

這一段是以「我」的獨語展現，接連的譬喻修辭，摹寫了一個內面孤獨的風
景，這備感挫敗的風景卻是來自眾人的背叛，來自眾人對殖民壓迫的屈從。
此外，敘事者藉由小說中的「我」的認同危機，尋找讀眾的反思、共鳴。易
言之，作者有意藉由「破」（挫敗）敘事，引發讀眾對現代主體作正面的思索。
這是賴和的籲求。而朱點人〈島都〉裡的一段，如下：

> 十五圓十五圓，史蕘的心中不時數著這數目，他想不出這十五圓的
> 來路，而且明後日就要來收，這真使他困難到萬分。他為着這建醮
> 曾加多少工作，而又儉腸捏肚地節省着，預備些款待人客的錢，他
> 是熱情的男子，對朋友很親切，逢着這在兒童時代便聽見老人們誇
> 說過夢一般的熱鬧，縱不去邀請，朋友也會自來，省儉起來的糴米
> 買柴，還怕不足，「公錢，公眾事」，唉！真要去丟去面皮，史蕘想
> 到無法度，不禁悲觀起來。〔註145〕

這裡依然是內面風景的摹寫。摹寫主人翁史蕘在苦思十五圓「公錢」的來路
與丟去面皮的無奈。而後小說安排了史蕘賣子求現以解天公作醮的強募壓
力，但最後失心落水身亡作結。顯然，天公並沒有保佑這一家人，這也是「破」
（反迷信）的敘事。比起〈惹事〉，〈島都〉個體的悲劇敘事，力圖對迷信的
破除，也張顯現代主體的追索。總之，兩者皆藉由「破」的敘事尋找「立」
的可能。

〔註144〕《賴和集》，頁186。
〔註145〕《王詩琅、朱點人合集》，頁155。

小　結

　　綜合上述，三〇年代混雜的臺灣白話文體的成形，促使殖民地各界「自動」廢止了漢文欄。但這樣「挫敗」的歷史，仍為後人留下精神遺產，它告訴我們：當時臺灣現代小說所使用的文體，成就了深具抗衡日語的語文同一性，它可以作為撼動殖民同化教育體制的語文基礎與在地性。因此，我們可以說，殖民當局要破壞、斷絕的是，臺灣人在啓蒙、反迷信、反封建、反父權（破）的思維，與發明傳統、現代主體的摹寫（立）的之間形成的語文同一性與在地性，因為有了臺灣人自己定義的現代文體；而這文體已然成為展現殖民地風景的文學語言。

表4-1　賴和與朱點人的作品刊行時序表

	作　者	作　　品	完稿時間	出　　　　處
	賴和	一桿「稱仔」	1925.12.4	《臺灣民報》92、93號（1926.2.14、21）
	賴和	鬪熱鬧		《臺灣民報》86號（1926.1.1）
	賴和	補大人		《新生》雜誌第一集（1927）
	賴和	不如意的過年	1927.12.14	《臺灣民報》189號（1928.1.1）
1	賴和	蛇先生	1930.1.1、11、18	《臺灣民報》294、295、296號（1930.1.1、11、18）
2	賴和	彫古董	1930.4.30	《臺灣新民報》312、313、314號（1930.5.10、17、24）
3	賴和	棋盤邊	1930.10	《現代生活》日期不詳
4	賴和	辱！？	1930.10	《臺灣新民報》345號（1931.1.1）
5	賴和	浪漫外記		《臺灣新民報》354、355、356號（1931.3.7、14、21）
6	賴和	可憐她死了		《臺灣新民報》363～367號（1931.5.9、16、23、30、6.6）
7	賴和	歸家		《南音》創刊號（1932.1.1）
8	賴和	豐作		《臺灣新民報》396、397號（1932.1.1、9）
9	賴和	惹事		《南音》1:2；1:6；1:9、1:10（合刊號）（1932.1.17、4.2、7.25）
1	朱點人	島都		《臺灣新民報》400～403號（1932.1.30-2.20）

10	賴和	善訟的人的故事	1932.12.20	《臺灣文藝》2:1（1934.12.18）
2	朱點人	紀念樹	1934.2.6	《先發部隊》1:1（1934.7.15）
3	朱點人	無花果	1934.2.7	《臺灣文藝》1:1（1934.11.5）
4	朱點人	蟬	1934.10.15	《第一線》1:1（1935.1.6）
5	朱點人	賊頭兒曾切	1934.11.20	《第一線》1:1（1935.1.6）
6	朱點人	安息之日	1935.6.15	《臺灣文藝》2:7（1935.7.1）
11	賴和	富戶人的歷史	不詳	遺稿
12	賴和	一個同志的批信	1935.12.13	《臺灣新文學》1:1（1935.12.28）
7	朱點人	秋信	1936.1.31	《臺灣新文學》1:2（1936.3.3）
8	朱點人	長壽會	1936.6.16	《臺灣新文學》1:6（1936.7.7）
9	朱點人	脫穎	1936.11.15	《臺灣新文學》1:10（1936.12）

第五章　結論：侷限與思索

　　將文體風格視爲一種方法，本研究已在緒論作了理論說明，並於各章節有了具體的操作。經這樣的操作得知，三〇年代臺灣白話小說作者們各自的文體風格，他們不僅共同形構了混雜的臺灣白話文體；同時，在其殖民地風景的摹寫裡，個體而內面成爲他們書寫的趨向。這趨向無疑彰顯了現代主體的特質。然則這些特質是其來有自的，底下藉由各章節的簡要回顧再說明之：

　　第一章「殖民地風景中的鄉土」分析，本研究從〈以其自殺，不如殺敵〉到楊逵的〈剁柴囝仔〉的討論，看到三〇年代臺灣現代小說作者走向內面摹寫的趨向，這樣的觀察，從楊逵的「說謊」說得到支持。楊逵具體指出其小說的美學要求。另外，此章討論了黃石輝「便宜」的漢字觀，這個觀點典型地指出日後形成寫實、混雜的臺灣白話文體的遠因；再者，黃石輝把臺灣規定作一個鄉土的「鄉土文學」論，則承襲二〇年代臺灣新文學的發展，再度爲臺灣新文學指出在地、整體的視野。

　　第二章「殖民地風景中的傳統」，本研究從賴和、郭秋生、蔡秋桐等人的小說分析得出各自對「傳統」的態度。若說對傳統的反思、啓蒙，是一種「破」的思維的話，則對殖民現代性的批判，同樣也是一種「破」。但不同的是，前者是站在以反迷信等啓蒙立場發言，後者則是對促使傳統的式微、喪失的殖民現代性的批判。相同之處在於這兩類敘事，都展現了這些作家急切的精神樣貌，而這樣的內面風景正是與閒適、慵懶的趣味相對。從此章的分析得知，三〇年代作家所摹寫的殖民地風景，不是閒適的「鄉土」；且在殖民現代性的進逼下，他們反思傳統，即使在眾多「破」聲中，少見「立」言，但正是如此，我們才清晰地看到他們嘔欲建立新文化的急切之情。當然，面對傳統，

啟蒙立場的「破」不是唯一的解放立場。然而當時臺灣知識分子是否找到其他的方式？則已非本研究的篇幅所能負荷，但無可否認的，「歷史感」當是平衡看待傳統、現代的前提。

在第三章「殖民地風景中的個體」的分析，得出殖民地風景中「內面摹寫」與「彰顯個體」的書寫共相。關於前者，朱點人與張慶堂是值得注意的兩位寫手。兩人的作品都以細膩的**內面摹寫**取勝，成功地形塑個體形象。據此可知，三〇年代的小說作者在關注階級解放、傳統等題材的同時，也具有現代小說的書寫技巧。至於「彰顯個體」的書寫，本研究以小說敘事的聲音切入，看到無論是女性解放、殖民地心靈的診斷，或是青澀、逃遁、病與老等題材，這些小說都技巧地透過對話、獨語，說出看法。這些個體不僅傳達了現代啟蒙的聲音，也成為殖民處境的載體。

第四章「殖民地風景中的語文同一性」的討論，本研究以為，三〇年代混雜的臺灣白話文體的成形，促使殖民地各界「自動」廢止了漢文欄。然而這樣「挫敗」的歷史，仍留下精神遺產：當時臺灣現代小說所使用的文體，成就了深具抗衡日語的語文同一性，它可以作為撼動殖民同化教育體制的語文基礎與在地性。因此，我們可以說，殖民當局要破壞、斷絕的是，臺灣人在啟蒙、反迷信、反封建、反父權（破）的思維，與發明傳統、現代主體的摹寫（立）之間形成的語文同一性與在地性，因為有了臺灣人自己定義的現代文體；而這文體已然成為展現殖民地風景的文學語言。

接下來，這裡將藉由黃石輝與王詩琅的談話指出本研究的侷限與思索。首先是黃石輝的談話。1934年「臺灣文藝協會」的機關誌《先發部隊》創刊號〔註1〕推出「台灣新文學出路的探究」專輯。這個專號裡，邀集黃石輝、周定山、賴慶、楊守愚、陳君玉、朱點人、廖毓文、郭秋生等八位作家就臺灣新文學的發展提出論點。其中讓人印象深刻的是黃石輝在〈沒有批評的必要，先給大眾識字〉所直言的，他說：

> 文藝何故為何和大眾無緣呢？這個答案亦很簡單。就是大眾不識字啦！……所以在我的見解，我們的出路，只有造成廣大的支持者——誘發群眾的文學趣味而已。要誘發其文學趣味，次要想方法給他識字，使大眾裡的識字層廣大起來才有效果。要不然，我們無論何時都要踂躞於碰壁之途，還有什麼可以批評呢？〔註2〕

〔註1〕 該雜誌於一九三四年七月十五日發行。
〔註2〕 《先發部隊》1:1（1934.7.15）頁1～2。

黃石輝指出文藝大眾化的前提——識字率的憂慮，正好點出本研究所謂「語文同一性」概念的侷限，因為這語文同一性是以日漸式微的漢字書寫做前提。而且此語文同一性可能僅集中在少數識（漢）字的作者與讀眾上。從當時的文藝雜誌來看，1935 年 12 月創刊的日文、漢文各半的《臺灣新文學》其實際販賣冊數，藤井省三推估大約有一千本。〔註3〕至於當時全島性文藝團體的機關誌《臺灣文藝》的發行量，柳書琴則推估當和《臺灣新文學》「相當，或者更多」。〔註4〕而像一千本這樣的發行量對於語文同一性的擴張終究是有限的。

不過，就當時臺灣人唯一的言論機關《臺灣新民報》來看，1937 年 6 月該報廢止漢文欄之前，1934 年該報發刊晚報的份量，據楊肇嘉的回憶指出，大約就有五、六萬份。〔註5〕若然，則此發行量是超過《臺灣日日新報》同年平均發行量 42777 份。〔註6〕也就是說，這樣的發行量仍有助於成為抗衡殖民同化的依據，維繫對此語文同一性的基礎。

因此，日治時期識字率（無論日文或漢字）的探討不僅是重要的研究，而且這也引出另一個議題，如王詩琅在〈一個試評——以「臺灣新文學」為中心〉歸納出以漢文書寫的臺灣文學衰微的四個原因：

一、寫作者及讀者層的教育關係。

二、和中國文化或是文學很沒有接觸的機會。

三、臺灣文學是要用甚麼話文表現的問題還未確定。

四、沒有職業的作家之確立。〔註7〕

針對第四個原因，雖然王詩琅進一步說是「過去的經驗，教訓我們」的原則，但這個提法即使在文化商品繁盛的今天看來，仍是苛求。至於第三個原因，據其考察以為當時「臺灣語式的白話文」（即本研究的臺灣白話文）已是「必然的歸趨」的說法，多少也應證本研究指出當時臺灣白話文體趨於成

〔註3〕 藤井省三著，張季琳譯，《臺灣文學這一百年》（臺北：麥田出版，2004）頁56。

〔註4〕 柳書琴，〈本土、現代、純文學、主體建構——日據時期臺灣新文學雜誌〉，《文訊》213（2003.07），頁22。

〔註5〕 楊肇嘉著，《楊肇嘉回憶錄》（臺北：三民，2007）頁433。

〔註6〕 李承機著，《台湾近代メディア史研究序說——植民地とメディア——》（東京大學總合文化研究科博論，2004.5）頁349。

〔註7〕 王錦江，〈一個試評——以「臺灣新文學」為中心〉，原載於《臺灣新文學》1：4（1936.5.4）。見李南衡主編，《日據下台灣新文學　明集5　文獻資料選集》（臺北：明潭，1979）頁217。

形的看法。最後，他指出「極明顯的，則不須說明」〔註 8〕的前兩項，反倒是值得深究的根本原因。因為正是長期的語言同化政策的箝制，使深諳漢文的讀眾無從擴大培養、增加，更無法與作者持續擴大此文學話語場域，更遑論職業作家的確立了。但這樣說，並不是說臺灣人就伏首稱臣了。因為本研究所得出的臺灣白話文體的成形即彰顯了台灣人的抗衡企圖，而日後臺灣人雖轉而以殖民語言——日文作為文學語言，但在這巧妙在地（工具）理性的選擇之下，臺灣人依然寫出自己定義的殖民地風景。如徐瓊二〔註 9〕以日文書寫的〈島都的近代風景〉〔註 10〕其中的一段：

> 貧苦的家境、姊姊的去世，為求家計而身著制服的處女強顏歡笑地工作著。那其中有血汗也有淚水。這樣的悲劇不是只有一兩例，恐怕幾乎占了整個人類社會。島都的近代風景不正是悲劇的都會嗎？但事實上幾乎全是悲劇的主人翁，何以故？因他們卻莫名地沉溺於爵士、色情、倦怠以及欺騙裡，應是悲劇的都會是憂鬱的、完全停滯的，轉變中的都會，在悲劇裡有著進步，然而在倦怠與憂鬱裡全是退化。

這裡從「N 車掌」少女堅韌的生活態度，到進步與退化並呈的〈島都的近代風景〉摹寫裡，我們看到一種憂鬱文體，然而「我」回想「N 車掌」的遭遇卻說：「島都的近代風景是憂鬱的風景，但在悲劇之後應將之轉變成悲壯而雄偉的風景。」這裡的悲壯而雄偉的期待，是對現存「不均等的現實」的臺北的期待，隱含着徐瓊二的「戰鬥性」〔註 11〕視角。然而這日文小說的分析，正是本研究專注臺灣白話小說的另一侷限；因此，除了繼續深植、擴大漢文文體研究〔註 12〕的時代縱深之外，日治時期臺灣的日文小說這一領域仍是筆者尚

〔註 8〕 同上註，頁 217。

〔註 9〕 徐瓊二（1912.2.24-1950.11.18）即徐淵琛，臺北市人。1950 年 11 月 18 日以匪諜罪名遭處刑，結束一生。見徐守綱，〈追悼先父徐瓊二先生〉，蕭友山、徐瓊二著，陳平景譯，《臺灣光復後的回顧與現狀》（臺北：海峽學術，2002）頁 1。

〔註 10〕 原名〈島都の近代風景〉，《第一線》（1935.1.6）。

〔註 11〕 星名宏修，〈複數的島都／複數的現代性——以徐瓊二的〈島都的近代風景〉為中心〉，《台灣文學與跨文化流動——東亞現代中文文學國際學報第三期臺灣號》（2007）（臺北：文建會，2007）頁 195。

〔註 12〕 據近期陳培豐的研究，本研究指出的混雜的臺灣白話文體，他則將之視為中性或中介色彩的混合文體，稱此為「殖民地漢文」（亦即日治時期的變體漢

待努力之處。

　　最後，是筆者的文化思索。歷史不曾是過去的文獻、史料的存在而已，原本我們解讀、詮釋這些文獻、史料的初衷，就不是這麼簡單的，我們是以身處的現實脈絡去理解過去；同樣的，以此脈絡去想像未來。歷史的理解如此，文化的認同亦然，當下始終是我們的起點。尤其是臺灣文化的建構，它不僅是自我認同的確認歷程，它更是不斷「破」與「立」的過程。因此，眼前的文化論述無須建立在獨特性的強調上，而應是多元吸納、優游與自信。誠如齊格蒙特・鮑曼（Zygmunt Bauman）所言：

> 我認爲用漩渦（eddy）而不是島嶼（island）的意象來把握文化認同的本質可能更合適。只有當認同盡可能不斷地吸納和祛除不是由它們自身所產生的文化問題時，它們才能保持自身獨特的外形。認同不依賴於它們的獨特性，而是逐漸地由選擇／再利用／重新安排文化問題的不同方式所構成，這些文化問題對於任何人都是相同的，或者至少都是需要潛在面對的。正是變革的趨勢和能力，而不是恪守曾經建立的形式和內容才保證了文化認同的連續性。〔註13〕

而上述文化認同的連續性，就臺灣的脈絡看來，它應是建立在對外來文化以及在地文化的選擇／再利用／重新安排上。從本研究混雜的台灣白話小說文體分析裡，可以看到的並非臺灣知識分子的智力發明，而是他們對三〇年代新文化運動的思索和行動。這些精神遺產，或許是如今我們看清自己以及前景的借鏡。

　　文）。在形態上涵蓋古典漢文、通俗漢文或和式漢文，同時摻雜現代化語彙。詳見其著，《想像和界限——臺灣語言文體的混生》（臺北市：群學，2013.07）頁 69、302。

〔註13〕齊格蒙特・鮑曼著；鄭莉譯，《作爲實踐的文化》（中國北京：北京大學出版社，2009.4）頁 61。Zygmunt Bauman, *Culture as praxis*, London :SAGE, 1999.

參考書目

一、報章雜誌

1. 新高新報（1929.5-1938.2）
2. 臺灣文藝叢誌（1917.1.1-1923.7.25），臺中：臺灣文社。
3. 臺灣青年（1920.7.16-1922.2），新文學雜誌叢刊，東方文化書局複刊。
4. 臺灣（1922.4.10-1923.10），新文學雜誌叢刊，東方文化書局複刊。
5. 臺灣民報（1923-1932），東方文化書局複刊版。
6. フオルモサ（1933.7.15-1934.6）新文學雜誌叢刊，東方文化書局複刊。
7. 南音（1932.1.1-1932.9.15），新文學雜誌叢刊，東方文化書局複刊版。
8. 先發部隊（1934.7.15），新文學雜誌叢刊，東方文化書局複刊。
9. 第一線（1935.1.6），新文學雜誌叢刊，東方文化書局複刊。
10. 臺灣文藝（1934.11.5-1936.8），新文學雜誌叢刊，東方文化書局複刊。
11. 臺灣新文學（1935.12.28-1937.6），新文學雜誌叢刊，東方文化書局複刊。
12. 台灣大眾時報週刊（1928.3.24-1928.7.9），台北：南天書局影印，1995.8。
13. 新台灣大眾時報（1931），台北：南天書局影印，南天書局影印，1995.8。
14. 三六九小報（1930.9.9-1935.9.6），台北：成文縮印本。
15. 河原功監修，風月、風月報、南方、南方詩集（1935-44 復刻本），台北：南天，2001。
16. 民俗台灣，臺北市：南天，1941-5。
17. 新新 1:7（1946.10.17 覆刻版），臺北：傳文文化，1995。

二、網路資源

1. 臺灣日日新報（大鐸資訊）

2. 臺灣時報（漢珍數位圖書）
3. Literature Online
4. Oxford English Diction
5. Oxford Reference Online: Premium Collection
6. Oxford Scholarship Online
7. 大英百科全書線上繁體中文版

三、華文專書

1. 臺灣省五十一年來統計提要，臺灣省行政長官公署統計室編印，1946。
2. 胡適文存第一集，臺北：遠東圖書，1953。
3. 尉天驄編，鄉土文學討論集，臺北：遠景出版，1978。
4. 李南衡主編，日據下臺灣新文學 明集 2 小説集一，臺北：明潭出版社，1979。
5. 李南衡主編，日據下台灣新文學明集 5 文獻資料選集，臺北：明潭，1979。
6. 史明著，台灣人四百年史，臺北：蓬島文化，1980。
7. 王力著，漢語史稿，中國北京：中華書局，1980.6。
8. 甘居正著，中文文法與標點符號，臺北：黎明文化，1980.11。
9. 陳少廷編撰，臺灣新文學運動簡史，臺北：聯經，1981。
10. 周策縱原著，楊默夫編譯，五四運動史，臺北：龍田出版社，1981.1。
11. 林進輝編，台灣語言問題論集，台北：台灣文藝雜誌社，1983。
12. 黃武忠，臺灣作家印象記，臺北：眾文圖書，1984。
13. 劉勰著；周振甫注，文心雕龍注釋，臺北：里仁書局，1984。
14. 格蘭特（Damian Grant）撰；蔡娜娜譯，顏元叔主譯，寫實主義，臺北市：黎明，1985。
15. 徐元選注，歷代諷諭詩選，臺北：木鐸出版社，1988。
16. 吳瀛濤著，臺灣諺語，臺北：臺灣英文，1988。
17. 陳望道著，修辭學發凡，台北：文史哲出版社，1989.1。
18. 李獻璋編，臺灣民間文學集，台北：龍文，1989。
19. 卡西爾（Ernst Cassirer）著，結構群譯，人論，台北：結構群，1989。
20. 盧修一著，日據時代台灣共產黨史（1928～1932），台北：前衛，1990。
21. 張恆豪編，楊雲萍、張我軍、蔡秋桐合集，臺北：前衛，1990。
22. 張恆豪編，王詩琅、朱點人合集，臺北：前衛，1990。
23. 賴和作；張恆豪編，賴和集，臺北：前衛，1990。
24. 張恆豪編，楊雲萍、張我軍、蔡秋桐合集，臺北：前衛，1990。

25. 張恆豪編,陳虛谷、張慶堂、林越峰合集,臺北:前衛,1990。

26. 陳芳明編,楊逵的文學生涯,臺北:前衛,1991。

27. 葉石濤著,臺灣文學史綱,高雄:春暉出版社,1991。

28. 楊秀芳,臺灣閩南語語法稿,臺北:大安出版社,1991。

29. 許極燉著,臺語文字化的方向,臺北:自立晚報,1992。

30. 葉石濤,文學來自土地,台灣文學的困境,高雄:派色文化出版社,1992.7。

31. 尹懋謙、何詠華編著,英漢修辭格比較,中國長沙:中南工業大學出版社,1992。

32. 曾玉昆著,高雄市各區發展淵源,高雄市:高雄市文獻委員會,1992。

33. 黃時得著,評論集,板橋市:北縣文化,1993。

34. 泰瑞・伊果頓(Terry Eagleton)原著;吳新發中譯,文學理論導讀,臺北:書林,1993。

35. 林瑞明著,臺灣文學與時代精神——賴和研究論集,臺北,允晨,1993年8月。

36. 張恆豪編,賴和集,臺北:前衛,1994。

37. 陶東風著,文體演變及其文化意味,中國昆明:雲南人民,1994.5。

38. 楊遠編著,標點符號研究,臺北:東大,1995。

39. 楊熾昌著,葉笛漢譯,呂興昌編訂,水蔭萍作品集,台南:台南市文化中心,1995。

40. 龔鵬程編,臺灣的社會與文學,臺北:東大,1995年11月。

41. 羅素著;馬元德譯,西方哲學史,中國北京:商務印書館,1996。

42. 施懿琳編,周定山作品選集,彰化市:彰縣文化,1996。

43. 梁明雄著,日據時期臺灣新文學運動研究,臺北市:文史哲,1996。

44. 鄭坤五著,鯤島逸史,高雄縣岡山鎮:高雄縣立文化中心,1996。

45. 陳紹馨著,臺灣的人口變遷與社會變遷,臺北:聯經,c1979,1997。

46. 施淑著,兩岸文學論集,台北:新地文學出版社,1997。

47. 葉笛等譯,呂興昌編訂,吳新榮選集2,台南縣新營市:南縣文化,1997。

48. 陳逸雄編,陳虛谷作品集,彰化市:彰化縣立文化中心,1997。

49. 葉渭渠著,日本文學思潮史,中國北京:經濟日報出版社1997.3。

50. 吳新榮著,葉笛等譯,呂興昌編訂,吳新榮選集,台南縣新營市:南縣文化,1997。

51. 薛鳳昌著,文體論,台北:臺灣商務印書館,1998.8臺二版一刷。

52. 許俊雅編，楊守愚作品選集（補遺），彰化市：彰縣文化，1998。

53. 陳芳明著，左翼台灣——殖民地文學運動史論，台北：麥田，1998。

54. 劉捷著，我的懺悔錄，臺北：九歌，1998。

55. 高中甫、寧瑛編，20世紀德國文學史，中國青島：青島出版，1998。

56. 連雅堂，臺灣語典，臺北：金楓出版社，1999。

57. 吳叡人譯，想像的共同體，臺北：時報文化，1999。

58. 派翠西亞・鶴見（E. Patricia Tsurumi）著；林正芳譯，日治時期臺灣教育史，宜蘭市：仰山文教基金會，1999。

59. 許俊雅著，日據時期臺灣小說研究，臺北：文史哲，1999。

60. 葉渭渠、唐月梅著，日本文學史——近代卷，中國北京：經濟日報出版社，2000.1。

61. 若林正丈、吳密察主編，臺灣重層近代化論文集，臺北：播種者文化公司，2000。

62. 米蘭・昆德拉著，孟湄譯，小說的藝術，香港：牛津大學出版社，2000。

63. 劉紀蕙編，書寫臺灣：文學史、後殖民與後現代，臺北：麥田，2000。

64. 徐亞湘著，日治時期中國戲班在台灣，台北：南天，2000。

65. 林瑞明編，賴和全集，台北：前衛，2000。

66. 塞爾登編，劉象愚等譯，文學批評理論，中國北京：北京大學，2000.5。

67. 葉啓政著，對社會研究「本土化」主張的解讀，社會學和本土化，臺北：巨流，2001。

68. 彭小妍主編，楊逵全集，臺南：國立文化資產保存研究中心籌備處，2001。

69. 狹間直樹編，梁啓超・明治日本・西方：日本京都大學人文科學研究所共同研究報告，中國北京：社會科學文獻出版社，2001.3。

70. 薩特著；（美）韋德・巴斯金編；歐陽友權，馮黎明譯，薩特論藝術，中國桂林：廣西師範大學出版社，2001.12。

71. 林穗芳編著，標點符號學習與應用，臺北：五南，2002。

72. 詹姆斯・費倫著，陳永國譯，做為修辭的敘事，中國北京：北京大學，2002.5。

73. 管錫華著，中國古代標點符號發展史，中國成都：巴蜀書社，2002.9。

74. 周婉窈著，海行兮的年代：日本殖民統治末期臺灣史論集，臺北：允晨文化出版，2002。

75. 李郁蕙著，日本語文學與台灣——去邊緣化的軌跡，臺北：前衛，2002。

76. 陳恆嘉譯，王育德全集6台灣語常用語彙，臺北：前衛，2002。

77. 賴青松等譯，王育德全集14台灣史論&人物評論，臺北：前衛，2002。

78. 艾恩・瓦特 Ian Watt 著；魯燕萍譯，小說的興起，臺北市：桂冠，2002。

79. 柄谷行人著；趙京華譯，日本現代文學的起源，中國北京：生活・讀書・新知三聯書店，2003.1。

80. 班雅明（Walter Benjamin）著；徐小青譯，駝背小人，中國上海：上海文藝出版社，2003.3 重印。

81. Louis Dumont 著；黃柏棋譯，個人主義論集，臺北：聯經，2003。

82. 中島利郎編，一九三〇年代臺灣鄉土文學論戰資料彙編，高雄：春暉，2003。

83. 陳建忠著，賴和的文學與思想研究，高雄：春暉，2004。

84. 劉崇稜著，日本近代文學精讀，臺北：五南，2004。

85. 黃慶萱著，修辭學，臺北：三民書局，2004。

86. 若林正丈、吳密察主編，跨界的臺灣史研究——與東亞史的交錯，台北：傳播者文化有限公司，2004。

87. 林少陽著，"文"與日本現代性，中國北京：中央編譯出版社，2004.6。

88. 小森陽一著，陳多友譯，日本近代國語批判，中國長春：吉林人民出版社，2004.1。

89. 陳淑容著，一九三〇年代鄉土文學／臺灣話文論爭及其餘波，臺南市立圖書館，2004.12。

90. 河原功著；莫素微譯，臺灣新文學運動的展開，臺北：全華，2004。

91. 申丹著，敘述學與小說文體學研究，中國北京：北京大學，2004.5 第三版。

92. 王德威編著，臺灣：從文學看歷史，臺北：麥田，2005。

93. 伊格爾頓（Terry Eagleton）著；郭國良，陸漢臻譯，沃爾特・本雅明，中國南京：譯林出版社，2005.10。

94. 呂紹理著，展示臺灣：權力、空間與殖民統治的形象表述，臺北：麥田出版，2005。

95. 陳培豐著；王興安，鳳氣至純平編譯，「同化」的同床異夢：日治時期臺灣的語言政策、近代化與認同，臺北：麥田出版，2006。

96. 劉世生，朱瑞青編著，文體學概論，中國北京：北京大學出版社，2006.12。

97. 艾曉明著，中國左翼文學思潮探源，中國北京：北京大學出版社，2007.1。

98. 安德魯・本尼特（Andrew Bennett），尼古拉・羅伊爾（Nicholas Royle）著；汪正龍，李永新譯，關鍵詞：文學、批評與理論導讀，中國桂林：廣西師範大學出版社，2007.6。

99. 楊肇嘉著，楊肇嘉回憶錄，臺北：三民，2007 四版二刷。

100. （加）拉馬爾；（韓）姜乃熙主編，印迹 3：現代性的影響，中國南京：

江蘇教育出版社，2008.2。

101. 陳培豐著，想像與界限──臺灣語言文體的混生，臺北市：群學，2013.7。

四、外文專書

1. Edward Sapir, *Language: an introduction to the study of speech*, New York: Harcourt, Brace and company, 1921.

2. Ernst Cassirer, An Essay on Man: an introduction to a philosophy of human culture, New Haven: Yale university Press, 1944.

3. René Wellek and Austin Warren, *Theory of literature,* New York: Harcout, Brace & World，1956.

4. Kathleen Hall Jamieson , Karlyn Kohrs Campbell eds., *Form and Genre: Shaping Rhetorical Action*, Falls Church: Speech Communication Association, 1978.

5. M. M. Bakhtin, 'Discourse in the Novel', *The dialogic imagination: four essays*, ed. Michael Holquist, tr. Caryl Emerson and Michael Holquist, Austin: University of Texas Press, 1981,

6. Damian Grant, *Realism*, London: Methuen, 1970.

7. Ronald Carter edited, *Language and literature: an introductory reader in stylistics*, London ; Boston:　G. Allen & Unwin, 1982.

8. Eric Hobsbawm/Terence Ranger （eds）, *The Invention of Tradition*, New York: Cambridge University Press, 1983.

9. Chris Baldick, *The Concise Oxford Dictionary of Literary Terms*, Oxford; New York: Oxford University Press, 1990.

10. Anthony Giddens, *The Consequences of Modernity,* Cambridge: Polity Press, 1990.

11. Wales, Katie, *A dictionary of stylistics*, New York: Longman, 1991.

12. Susan Sniader Lanser, *Fictions of authority: women writers and narrative voice*, Ithaca: Cornell University Press, 1992.

13. Preminger, Alex; Brogan, T. V. F. （co-eds）; Warnke, Frank J.; Hardison Jr, O. B.; Miner, Earl （assoc. eds） ., *The New Princeton Encyclopedia of Poetry and Poetics.* Princeton, New Jersey: Princeton University Press, 1993.

14. James Phelan, *Narrative as Rhetoric: Technique, Audiences, Ethics, Ideology,* Columbus: Ohio State University Press, 1996.

15. Robert Con Davis, Ronald Schleifer ed., *Contemporary Literary Criticism: Literary and Cultural Studies, Longman,* 1998.

16. R. H. Matthews 編，牛津語言學辭典，中國上海：上海外語教育出版社，2000。

17. Vincent B. Leitch, *American Literary Criticism: from the Thirties to the Eighties*, New York: Columbia University Press。

18. Ashcroft, B., G Griffiths and H Tiffin. Post-Colonial Studies: The Key Concepts. London: Routledge, 2006.

19. 國勢新聞社編，臺灣新聞總覽，昭和十一年版。

20. 井出季和太著，臺灣治績志，臺北：臺灣日日新報社，昭和 12（1937），2。

21. 臺灣總督府警務局編；戴國煇解題，台灣總督府警察沿革誌（1938 年刊本），東京都：綠陰書房，1986〔昭和 61〕。

22. 台灣教育會編，臺灣教育沿革志，臺北：南天，1939。

23. 台灣総督府編，台灣統治概要，臺北：台灣総督府，昭和 20（1945）。

24. 山本正秀著，近代文体發生の史的研究，東京：岩波書店，1965。

25. 江連隆著『漢文教育理論実践』，東京：大修館書店，1984。

26. 根岸正純著，近代作家の文体，桜楓社，1985 年 3 月版。

27. 大久保典夫著，現代文學史序説 文体と思想，東京：笠間書院，1987。

28. Vincent B. Leitch;高橋勇夫譯，アメリカ文學批評史，東京：彩流社，1995。

29. 小森陽一，日本語の近代，東京：岩波書店，2000。

30. 陳培豐著，「同化」の同床異夢，東京：三元社，2000。

31. 加藤迪男編，20 世紀のことばの年表，東京：東京堂，2001。

32. 中島利郎等編，日本統治期台湾文学　文芸評論集（全五卷），東京：綠陰書房，2001。

33. 子安宣邦著，漢字論──不可避の他者，東京：岩波書店，2003。

34. 中島利郎・下村作次郎編，台湾隨筆集二，東京：綠陰書房，2003.4。

35. 大江健三郎著，話して考える」と「書いて考える，東京：集英社，2004。

36. 臺灣日日新報社編，台湾日日三十年史，東京：ゆまに書房（昭和 3 年刊本）東京：ゆまに書房，2004〔平成 16〕。

37. 近藤 伸二著，續・台湾新世代─現実主義と樂観主義，東京：凱風社，2005.10。

38. 柴田陽弘編著，風景の研究，東京：慶應義塾大學出版，2006。

39. 島崎藤村編，北村透谷集（岩波文庫創刊書目 復刻），東京：岩波書局，2006。

40. 麻原美子編，日本文學及其語言（日本の文学とことば），東京：東京堂，2007。

五、學位論文

1. 廖祺正，三十年代台灣話文運動，臺南：成功大學史語所碩論，1990。

2. 戴文鋒，日治晚期的民俗議題與臺灣民俗學——以《民俗臺灣》爲分析場域，嘉義：中正大學史研所博論，1999。

3. 黃文車，黃石輝研究，嘉義：中正大學中文所碩論，2001。

4. 黃建銘著，日治時期楊熾昌及其文學研究，臺南：成功大學歷史學研究所碩論，2001。

5. 陳韻如，郭秋生文學歷程研究（1929～1937），臺北：東吳大學中文所碩論，2002.6.

6. 李陸梅著，鄭坤五《鯤島逸史》研究，臺中：東海中文所碩論，2002。

7. 李敏忠著，日治初期殖民現代性研究——以《臺灣日日新報》漢文報衛生論述（1898～1906）爲主，臺南：成功大學臺灣文學所碩論，2004。

8. 陳美美著，臺灣現代主義文學的萌芽與再起，佛光人文社會學院文學研究所碩論，2004.6。

9. 徐俊益，楊逵普羅小說研究——以日據時期爲範疇（1927～1945），臺中：靜宜中文所碩論，2005。

10. 巫潔濡著，「肺癆」與「肺結核」——日治時期 Consumption 與 Tuberculosis 在臺灣的交會，臺北醫學大學醫學人文研究所碩論，2005。

11. 張安琪著，台灣白話漢文的形成與發展，新竹：清華大學臺灣文學研究所碩論，2006。

12. 呂美親，日本時代台語小說研究，新竹：清華大學臺文所碩論，2007.7。

13. 邱雅萍著，從日刊報紙「漢文欄廢止」探究「臺灣式白話文」的面貌，臺南：成功大學臺灣文學研究所碩論，2007。

14. 杉森藍撰，翁鬧生平及新出土作品研究，臺南：成功大學臺灣文學研究所，2007。

15. 蔡孟珂著，蔡秋桐及其小說研究，雲林科技大學漢學資料整理研究所碩論，2007。

六、單篇論文

1. 松永正義作；葉笛譯，關於鄉土文學論爭（1930～32 年），臺灣學術研究會誌，4（1989.12.25）。

2. 董之林譯，現代日本的話語空間，文藝理論研究，1994（01）。

3. 呂興昌，頭戴台灣天・腳踏台灣地——論黃石輝台語文學兮觀念和實踐，台灣新文藝8（1997.8）。

4. 陳伯陶，明治前期言文一致体の発生と挫折——『浮雲』を中心に，淡江學報36（1998.07）。

5. 蔡進雄，臺灣地區女性教育的歷史回顧與未來展望，兩性平等教育季刊5（1998.11）。

6. 陳家煌，保正伯的矛盾——論蔡秋桐及其小說，台灣文藝 166、167（1999.1）。

7. 陳芳明著，臺灣新文學史（1）——臺灣新文學史的建構與分期，聯合文學，178（1999.8）。

8. 張圍東，日據時代臺灣報紙小史，國立中央圖書館臺灣分館館刊，5:3（1999.3）。

9. 王順隆，日治時期台灣人「漢文教育」的時代意義，臺灣風物 49：4（1999.12）。

10. 陳芳明，寫實文學與批判精神的抬頭，聯合文學 16: 5=185，2000.3。

11. 陳建忠，新興的悲哀——論蔡秋桐小說中的反殖民現代性思想，台灣文學學報 1（2000.6）

12. 黃惠禎，楊逵與賴和的文學因緣，台灣文學學報 3（2002.6）。

13. 鄭志敏，日治時期的臺灣文學與公共衛生——以蔡秋桐小說〈奪錦標〉為例，臺灣文學評論 3：4，2003.10。

14. 中島利郎著，彭萱譯，日治時期台灣研究的問題點——根據台灣總督府的漢文禁止以及日本統治末期的台語禁止為例，文學台灣 46（2004.4）。

15. 李尚仁著，衛生為何不是保衛生命？民國時期另類的衛生、自我與疾病，台灣社會研究季刊 54（2004.6）

16. 石美玲，蔡秋桐小說詞彙及詞法研究，興大人文學報 34（2004.6）

17. 施懿琳，日治時期臺灣左翼知識分子與漢詩書寫——以王敏川為分析對象，國文學誌 8（2004.6）。

18. 石美玲，蔡秋桐小說的書寫策略，興大中文學報 16，2004.06。

19. 黃美娥，對立與協力：日治時期台灣新舊文學論戰中傳統文人的典律反省及文化思維，台灣文學學報 4（2004.8）。

20. 葉笛，素描吳坤煌——一個文化人的精神風景畫，創世紀詩雜誌 140/141，2004.10。

21. 孟慶樞，對日本 20 世紀 80 年代以來文學批評的幾點思考，外國文學批評（2005.01 期）

22. 朱惠足，帝國主義、國族主義、「現代」的移植與翻譯：西川滿《台灣縱貫鐵道》與朱點人〈秋信〉，中外文學，33:11（2005.4）

23. 趙京華，與柄谷行人一起重讀《日本現代文學的起源》，博覽群書（2005.11 期）。

24. 李尚霖，漢字、台湾語、台湾話文——植民地台湾における台湾話文運動に対する再考察，『ことば社会』9号（2005.12.25）。

25. 陳培豐，識字・閱讀・創作和認同——1930 年代鄉土文學論戰的意義，

第五屆東亞學者現代中文文學國際研討會論文，2006.10。

26. 吳叡人著，福爾摩沙意識型態——試論日本殖民統治下臺灣民族運動「民族文化」論述的形成（1919～1937），新史學 17: 2（2006.6）。

27. 李敏忠，1930 年臺灣墨學論爭的近代意義，國立成功大學台灣文學系第四屆研究生論文發表會，成大台文系主辦，2007.4.26。

28. 星名宏修，複數的島都／複數的現代性——以徐瓊二的〈島都的近代風景〉為中心，台灣文學與跨文化流動——東亞現代中文文學國際學報第三期 臺灣號（2007），臺北：文建會，2007。

29. 黃美娥，文體與國體：日本文學在日治時期臺灣漢語文言小説中的跨界行旅、文化翻譯與書寫錯置，「帝国主義と文学」會議論文，愛知大學，2008.8。

30. 陳培豐，日治時期臺灣漢文脈中的想像——帝國漢文・殖民地漢文・中國白話文・臺灣話文，「帝国主義と文学」會議論文，愛知大學，2008.8。

31. 李敏忠，〈混雜、嘲諷的文體風格與啓蒙意識形態——論蔡秋桐的現代小説特色〉，《臺灣文學研究學報》第十期（2010.4）。

附錄　小說分析文本刊行表

（李敏忠製）

作　者	題　目	時　間	出　處	版　本	備　註
鷗	可怕的沉默	1922.4	《台灣文化叢書第一號》		
賴和	一桿「稱仔」	1925.12.4	《臺灣民報》九十二、九十三號，1926.2.14、21	林瑞明編《賴和全集（一）小說卷	
賴和	鬥熱鬧	1926.1.1	《臺灣民報》八十六號	林瑞明編《賴和全集（一）小說卷》	
賴和	補大人	1927	《新生》雜誌第一集（昭和二年）	林瑞明編《賴和全集（一）小說卷》	參考
賴和	不如意的過年	1927.12.14	《臺灣民報》第一八九號（1928.1.1）	林瑞明編《賴和全集（一）小說卷》	參考
楊守愚	瘋女		《臺灣民報》291號（1929.12.15）	張恆豪編，楊守愚集（前衛）	
楊守愚	醉	1929.12.10	《臺灣民報》249號（1930.1.1）	張恆豪編，楊守愚集（前衛）	
楊守愚	誰害了她	1929.12.12	《臺灣民報》204、205號（1930.3.15、22）	張恆豪編，楊守愚集（前衛）	
楊守愚	生命的價值		《臺灣民報》254～256號（1929.3.31、4.7、14）		

賴和	蛇先生	1930.1.1、11、18	《臺灣民報》二九四、二九五、二九六號	林瑞明編《賴和全集（一）小說卷》	
楊守愚	冬夜（又題：慈母的心）	1927.11.6	《臺灣新民報》第311～313號（1930.5.3、10、17）	張恆豪編，楊守愚集（前衛）	
賴和	彫古董	1930.4.30	《臺灣新民報》312～314號（1930.5.10、17、24）	林瑞明編《賴和全集（一）小說卷》	
陳虛谷	榮歸		《臺灣新民報》322～323號（1930.7.16、26）	張恆豪編，陳虛谷、張慶堂、林越峰合集（前衛）	
郭秋生	鬼	1930.9.27-11.1	《臺灣新民報》三三二至三三九號	李南衡主編《日據下台灣新文學明集2》	後收錄於李獻章編《臺灣小說選》（預定1940.12出版）印刷中被禁
陳虛谷	放炮	1930.10.3	《臺灣新民報》第336～338號（1930.10.25、11、8）	張恆豪編，陳虛谷、張慶堂、林越峰合集（前衛）	
楊守愚	侖辨	1930.9.16	《臺灣戰線》（1930.10）	張恆豪編，楊守愚集（前衛）	
賴和	棋盤邊	1930.10	《現代生活》日期不詳	林瑞明編《賴和全集（一）小說卷》	後收錄於李獻章編《臺灣小說選》（預定1940.12出版）印刷中被禁
楊守愚	出走的前一夜	1927.11.16	《臺灣新民報》第343～344號（1930.12.13、20）	張恆豪編，楊守愚集（前衛）	
賴和	辱！？	1930.10	《臺灣新民報》三四五號（1931.1.1）	林瑞明編《賴和全集（一）小說卷》	收錄於《臺灣小說選》
楊守愚	過年	1930.12.10	《臺灣新民報》345、346號（1931.1.1、10）	張恆豪編，楊守愚集（前衛）	
蔡秋桐	帝君庄的祕史	1930.12.04-1931.4.16	《新高新報》249～267，10回連載		章回小說，參考
？	以其自殺，不如殺敵	1931.2.11	手稿	文學台灣18（1996.4）	現藏於賴和紀念館
楊守愚	女丐	1928年11月28	《臺灣新民報》346、347號（1931.1.10、17）	張恆豪編，楊守愚集（前衛）	

楊守愚	彼特先生	1930.12.17	《臺灣新民報》350號（1931.2.7）	張恆豪編，楊守愚集（前衛）	
蔡秋桐	保正伯	1931.2.28	《臺灣新民報》三五三號	《楊雲萍、張我軍、蔡秋桐合集》（前衛）	
賴和	浪漫外記	1931.3.7、14、21	《臺灣新民報》三五四、三五五、三五六號	林瑞明編《賴和全集（一）小說卷	
楊守愚	一個晚上	1930.11.2	《臺灣新民報》354、355號（1931.3.7、14）	張恆豪編，楊守愚集（前衛）	
蔡秋桐	連座	1931.4.5	《新高新報》273、274、275、276號		參考
蔡秋桐	放屎百姓	1931.4.28	《臺灣新民報》三六一、三六二號	《楊雲萍、張我軍、蔡秋桐合集》（前衛）	
賴和	可憐她死了	1931.5.9、16、23、30、6.6	《臺灣新民報》三六三號、三六七號	林瑞明編《賴和全集（一）小說卷	
蔡秋桐	有求必應	1931.7.2-8.27	《新高新報》278、二回遺佚、282、284、287號		參考
蔡秋桐	奪錦標	1931.7.25-8.8	《臺灣新民報》三七四、三七六號	《楊雲萍、張我軍、蔡秋桐合集》（前衛）	
楊守愚	就試試文學家生活的味道吧		《臺灣新民報》第382、383號（1931.9.19、26）	張恆豪編，楊守愚集（前衛）	
楊守愚	夢		《臺灣新民報》第386、387、388號（1931.10.17、24、31）	張恆豪編，楊守愚集（前衛）	
蔡秋桐	新興的悲哀	1931.10.24-11.7	《臺灣新民報》三八七～三八九號	《楊雲萍、張我軍、蔡秋桐合集》（前衛）	
楊守愚	啊！稿費？		《臺灣新民報》第391號（1931.11.21）	張恆豪編，楊守愚集（前衛）	
楊守愚	爸爸！她在使你老人家生氣嗎？		《臺灣新民報》第392、393、394號（1931.11.28、12.5、12）	張恆豪編，楊守愚集（前衛）	

楊守愚	斷水之後	1931.12.26	《臺灣新民報》第407、408號（1932.3.19、26）	張恆豪編，楊守愚集（前衛）	
賴和	歸家	1932.1.1	《南音》創刊號	林瑞明編《賴和全集（一）小說卷》	
周定山	老成黨		《南音》創刊號、第一卷第二號、第二卷第三號（1932.1.1、1.15、2.1）	施懿琳編，周定山作品選集	
賴和	豐作	1932.1.1、9	《臺灣新民報》三九六、三九七號	林瑞明編《賴和全集（一）小說卷》	本文曾由楊逵譯成日文刊載於《文學案內》二卷一號新年號（東京，1936.1）
賴和	惹事	1932.1.17、4.2、7.25	《南音》一卷二號、六號、九號、十合刊號	林瑞明編《賴和全集（一）小說卷》	後半段收錄於《臺灣小說選》
朱點人	島都	1932.1.30-2.20	《臺灣新民報》四〇〇至四〇三號	張恆豪主編《朱點人、王詩琅合集》（前衛）	另載於李南衡主編《日據下台灣新文學明集2》
楊逵	貧農的変死	確切時間不詳	手稿	《楊逵全集》（國立文化資產保存研究中心籌備處）	
楊逵	剁柴団仔	1932.4.14	手稿	《楊逵全集》（國立文化資產保存研究中心籌備處）	
周定山	摧毀了的嫩牙——爲彬彬——		《南音》第一卷第八、九、十號合刊（1932.6.13、7.25）	施懿琳編，周定山作品選集	
賴和	善訟的人的故事	1932.12.20	《臺灣文藝》二卷一號，1934.12.18	林瑞明編《賴和全集（一）小說卷》	後收錄於李獻章編《臺灣小說選》（1936.5）
楊守愚	決裂		《臺灣新民報》第396～399號（1933.1.1、9、16）		
朱點人	紀念樹	1934.2.6	《先發部隊》創刊號 1934.7.15	張恆豪主編《朱點人、王詩琅合集》（前衛）	

朱點人	無花果	1934.2.7	《臺灣文藝》創刊號 1934.11.5	張恆豪主編《朱點人、王詩琅合集》（前衛）	
朱點人	蟬	1934.10.15	《第一線》1935.1.6	李南衡主編《日據下台灣新文學明集 2》	
郭秋生	王都鄉	1934.10.16	《第一線》1935.1.10	李南衡主編《日據下台灣新文學明集 2》	
林越峰	到城市去		《臺灣文藝》創刊號（1934.11.5）	張恆豪編，陳虛谷、張慶堂、林越峰合集（前衛）	
朱點人	賊頭兒曾切	1934.11.20	《第一線》1935.1.6	張恆豪主編《朱點人、王詩琅合集》（前衛）	參考
蔡秋桐	興兄	1935.4	《臺灣文藝》二卷四號	《楊雲萍、張我軍、蔡秋桐合集》（前衛）	
楊逵	死	1935.4.2-5.2	《臺灣新民報》	彭小妍主編《楊逵全集　第四卷・小說卷（I）》	與手稿《貧農的変死》比較
蔡秋桐	理想鄉	1935.6.10	《臺灣文藝》二卷六號	《楊雲萍、張我軍、蔡秋桐合集》（前衛）	
朱點人	安息之日	1935.6.15	《臺灣文藝》二卷七號（1935.7.1）	張恆豪主編《朱點人、王詩琅合集》（前衛）	另載於李南衡主編《日據下台灣新文學明集 2》
張慶堂	鮮血	1935.7.25	《臺灣文藝》二卷九號（1935.9.24）	張恆豪編，陳虛谷、張慶堂、林越峰合集（前衛）	
蔡秋桐	媒婆		《臺灣文藝》二卷九號（1935.9.24）	《楊雲萍、張我軍、蔡秋桐合集》（前衛）	
賴和	富戶人的歷史	不詳		林瑞明編《賴和全集（一）小說卷》	
賴和	一個同志的批信	1935.12.13	《台灣新文學》創刊號，1935.12.28	林瑞明編《賴和全集（一）小說卷》	
楊守愚	赴了春宴回來	1935.12.10	《東亞新報》新年號（1936.1）	張恆豪編，楊守愚集（前衛）	

朱點人	秋信	1936.1.31	《臺灣新文學》三月號（1936.3.3）	張恆豪主編《朱點人、王詩琅合集》（前衛）	另載於李南衡主編《日據下臺灣新文學明集2》
蔡秋桐	王爺豬	1936.4.1	《台灣新文學》一卷三號	《楊雲萍、張我軍、蔡秋桐合集》（前衛）	
周定山	乳母		《台灣新文學》一卷第三號（1936.4.1）	施懿琳編，周定山作品選集	
張慶堂	年關	1930.1.23	《臺灣新文學》一卷第四期（1936.5.4）	張恆豪編，陳虛谷、張慶堂、林越峰合集（前衛）	
楊守愚	移溪	1936.5.14	《臺灣新文學》第一卷第五號（1936.6.5）	張恆豪編，楊守愚集（前衛）	
朱點人	長壽會	1936.6.16	《臺灣新文學》一卷第六號（1936.7.7）	張恆豪主編《朱點人、王詩琅合集》（前衛）	
張慶堂	老與死	1936.3.9 十一時	《臺灣新文學》一卷七號（1936.8.5）	張恆豪編，陳虛谷、張慶堂、林越峰合集（前衛）	
蔡秋桐	四兩仔土	1936.9.19	《台灣新文學》一卷八號	《楊雲萍、張我軍、蔡秋桐合集》（前衛）	
張慶堂	他是流淚了	1936 年 11 月 11 日夜十一時脫稿	《臺灣新文學》第二卷第一期（1936.12.28）	張恆豪編，陳虛谷、張慶堂、林越峰合集（前衛）	
朱點人	脫穎	1936.11.15	《台灣新文學》一卷十號（1936.12）		該刊「漢文創作特輯」，以「內容不妥當，全體空氣不好」為由，被日本當局禁止發行。
周定山	旋風		《台灣新文學》一卷第十號（1936.12）	施懿琳編，周定山作品選集	

說明：一、本表所列作品以現代小說為主，章回、民間、歷史故事不列入分析，僅作參考。

二、〈以其自殺，不如殺敵〉作者身分尚有疑義，故「作者欄」以「？」示之。

三、本表「時間」一欄，灰色底部分意指臺灣話文論爭期間。

跋

  此書改寫自《殖民地風景的書寫：1930 年代臺灣白話小說文體風格研究》（臺南：國立成功大學臺灣文學系博士論文，2009.6）。然則因時日更迭，當年（2009）所思、所見，於今有了改易、增補，但其研究動機、架構與史觀仍是當時的思維產物，自有其侷限，尤其不及與陳培豐教授《想像和界限——臺灣語言文體的混生》〔註1〕此新近研究對話更是憾事。為此，不避淺陋，藉以下二點意見，再次釐清本研究的觀念。如下：

  首先是「言文分立」（陳書稱作「言文分離」）此漢文書寫傳統的探討。該書以為，中國白話文的實踐對以北京話為母語的族群或許具有「言文一致」的意義，但對非以北京話為母語的大部分族群仍是「言文分離」。由言文一致的觀點來看，臺灣的「中國白話文」運動存在一個結構問題，也就是若以中國白話文為書寫標準，則必須要面對這個口語體和臺灣本地語言在語音上、表記上，以及使用習慣上的分離或落差。（該書，頁 108）此外，該書以日本為例，指出坪內逍遙曾在其著《小說神髓》對明治初期日本文藝界過度強調「言文一致」而使用過於俗白的文字敘事的方式，表示異議。他指出：在現代文學中，特別是小說裡的對話——也就是「言」（俗話）的部分及敘事，即「文」（文辭）的部分——其實是兩種不同性質和功能的文體。而構成小說的要素，主要還是在「文」不在「言」，用「俗話」這種口語體來總攬敘事與對話這兩個任務，其實是一種文學上「言文一致」的幻想。〔註2〕（該書，頁 189）

  然則本研究以為，所謂「言文一致」的幻想即凸顯了「言文不一致」的

〔註 1〕陳培豐著，《想像和界限——臺灣語言文體的混生》（臺北市：群學，2013.7）。
〔註 2〕柄谷行人，《近代日本の批評》（東京：福武書店，1992），頁 10～14。

事實。文學書寫即是「文（文字）」，而非「言（語言）」構成。讀眾始終有一種錯覺，以「言」默讀，所有「文」皆是「言」。但就書面語而言，依「文」唸「言」，才是閱讀事實；讀眾閱讀之「文」即作者由「言」落實紙面的「文」，這些即是經由修辭、藝術經營之後的文體。因此，即使小說的敘事（對話、敘述等）引用了俗話仍是「文」，是文學文體表現的一部份。

因此，論及「言文分立」當顧及兩個層次：（一）文學書寫是「文（文字）」，而非「言（語言）」構成；（二）漢字「言文分立」的書寫傳統，如本研究已提及的臺語讀漢字的「文白異讀」現象（本書，頁158）。又如畏友柯榮三所言，中國各地一直有以漢字書寫方言俗語之例，就民間戲曲來說，起源於閩南地區的布袋戲以及臺灣的原生劇種歌仔戲，都不乏可見民間藝人以漢字（有正規漢字亦有俗字）紀錄演出劇本之例，但我們知道，無論布袋戲或歌仔戲演出時的語言，並不是所謂的「官話」。閩南地區流傳著一部由丁拱辰（1800-1875，泉州晉江人）所寫的《初學指南尺牘》，中有所謂〈學寫信正話俗語駢注〉，[註3]，書影如下：

根據〈學寫信正話俗語駢注〉的說明可知，大字（表兄爾要何處去……）是所謂「正話」，小字則是「俗語」（表兄汝卜的落去……），反映出閩南地

〔註 3〕 又名《指南尺牘生理要訣》，目前所知最早有咸豐八年（1858）刊本（挪威奧斯陸皇家大學圖書館藏）。此處所引版本為 1937 年 3 月由嘉義玉珍漢書部刊行，是 1930 年代流傳於臺灣的諸多翻印本之一，相關意見與資料蒙柯榮三博士提供，特此感謝。

區民間通行已久的「閩南語」漢字書寫傳統。某些記音漢字也同樣可被使用於「歌仔冊」中。要瞭解 1930 年代臺灣庶民對於北京話（官話）系統之文言文、中國白話文，這兩種同樣以漢字書寫，但句法性質卻有所別的文體，負人（莊遂性，1897～1962）〈臺灣話文雜駁（二）〉（《南音》1 卷 2 號，1932.01）中的一段話值得我們參考：「……其實中國白話文未必能夠比淺白的文言水（文）容易使臺灣大眾理解。若以這些數字拿來和從來流通於大眾中間的《千金譜》、《昔時賢文》,《三伯英臺》或是各種歌仔書之普及狀勢相比較，恐怕還要差得多哩！」換言之，從朗讀文言文的層面來看，臺灣人以「言」誦「文」的能力並不差。再談到《三伯英臺》這類具有「普及狀勢」之「歌仔書」,其以臺灣本地語言進行俗白敘事的成分必不會少，臺灣本地歌仔冊編著者登場後，歌仔冊中甚至有以漢字表記日語（礁邱薛：タクシー／海葛仔：ハイカラ）的有趣現象，透過通俗文學作品，日積月累地讓讀者依「文（漢字）」唸「言（日語）」,以漢字構築「文學的臺灣話」是可以被期待的。〔註4〕

其次是混雜的「語體漢文」意義的深究。借鏡十九世紀以後日本出現有別於「正統漢文」（遵從傳統中國古語文法作成的文章）的「變體漢文」（同以漢字排列卻使用不同文法的文體，如和式漢文、中國白話文、帝國漢文、漢文訓讀體、殖民地漢文、臺灣話文、混成漢文）的現象，陳培豐將日治時期在臺灣在地生發的「殖民地漢文」也視之爲「變體漢文」。（該書，頁 20～21）經其考察，《臺灣教育會》雜誌的漢文欄有許多文章是以「殖民地漢文」寫成，它不只是本土現代媒體萌芽的沃土，更在淬煉臺灣獨有的漢文文體過程中佔有一席之地。而此文體成形的方式該書稱之「混成語現象」。（該書，頁9）對此，本研究以爲，借用「混成語（Creole）」不如早已通用的「混雜（hybrid）」一詞來得有效、適切。

理由無他，此處的「混成語現象」實乃日治時代臺灣多語環境的反映，這是殖民地文化的混雜使然，這不限於語言、文體的意義而已，更是文化現象。進一步說，混成的「殖民地漢文」,與本研究的臺灣白話小說所使用的「語體漢文」無異，就是混雜的文體，是殖民現代體制下的產物。名稱上，陳書依據「正」、「變」邏輯概括此殖民地的現代文體；本研究則以「語體漢文」命名此現代文體，其理在於，漢文的「文言」、「語體」雖劃分不易，但以肆

〔註4〕本段觀點爲與柯榮三先生討論、交換所得，仍有尚待釐清之處，敬祈學界前輩指正。

應現代而生的「語體漢文」之名更能擴及於戰後，具連續性、有效性。此外，「漢文」乃東亞各國共同擁有的「同文」，其間的「差異」可依據各國語法、文體來劃分。據此，陳培豐即言：「在當下的臺灣……不是只有使用不同的表記法、表記不同的聲音才能凸顯「差異」；善用「同文」，也就是表意文字這個「類似」，還是足以製造出界線以作爲自己存在的根據和主張。」（該書，頁 335～336）這樣的觀點，正是陳書對戰後臺灣語言運動的建言，也是其用心之處。同樣要持續用心的筆者，對本書得以出版，除了感謝花木蘭出版社的抬愛，更由衷感念論文指導教授呂興昌教授以及陳萬益教授、施懿琳教授、黃美娥教授、李育霖教授、陳培豐教授等平日的教導，使筆者領略學術研究當有的嚴謹、創見與耐心；領略這一路得以安頓身心的文學況味，感恩。最後謹以一詩感念這一路走來的風景、人情：

> ### 如歌的行板
>
> 偶然間，似針捶地的聲音
> 悄然以金黃色的速度
> 兀自在午後鳴響
>
> 原是時間的一只別針
> 跌落跟前，尋找忘了歸處的影子
>
> 停歇在照片角落的你說：
> 獨吟最好
> 在微渺的甬道，依海的另一邊
> 眺望煦陽更美
>
> 如今 且讓我以垂落之姿與你
> 隔山對酌
> 與所有木麻黃針葉般的張望 張望
> 所有蒼綠

─李瓜《徵友啓事》（新北市：讀冊文化，2013.02）